10/23

Manu
El cielo con las manos

Manu
El cielo con las manos

Daniel Frescó

AGUILAR

© Daniel Frescó, 2005
© De esta edición: Aguilar, Altea, Taurus, Alfaguara S. A., 2005
Leandro N. Alem 720, (1001) Ciudad de Buenos Aires

ISBN: 987-04-0271-2

Hecho el depósito que indica la ley 11.723
Impreso en la Argentina. *Printed in Argentina*
Primera edición: diciembre de 2005

Diseño de cubierta: Claudio A. Carrizo
Fotografía de cubierta: Marcelo Figueras
Fotografías de interior: Gentileza *La Nueva Provincia*, Gonzalo
Suardiaz, Asociación Bahiense de Basquetbol, Marcelo Figueras y
Nora Ferrante.

Una editorial del Grupo Santillana que edita en:
Argentina - Bolivia - Brasil - Colombia - Costa Rica - Chile -
Ecuador - El Salvador - España - EE.UU. - Guatemala -
Honduras - México - Panamá - Paraguay - Perú - Portugal -
Puerto Rico - República Dominicana - Uruguay - Venezuela

Frescó, Daniel
    Manu : el cielo con las manos - 1a ed. - Buenos Aires :
Aguilar, Altea, Taurus, Alfaguara, 2005.
    304 p. ; 24x15 cm.

    ISBN 987-04-0271-2

    1. Ginóbili Emanuel-Biografía. I. Título
    CDD 927.963 3

Índice

El contenido de este libro refleja el punto de vista del autor y no cuenta con la aprobación expresa del personaje biografiado.

A mis hijos Alan, Michelle y Georgina.
A Marisa, mi mujer.
Que son lo mejor de mi vida.

Prólogo

Cuando a fines de 2004 comencé a dar forma a la idea de un libro sobre Emanuel Ginóbili, muchas de las personas que entrevisté me preguntaron por qué había decidido hacerlo cuando el personaje transitaba todavía la mitad de su carrera deportiva. Mi respuesta era clara. Una curiosidad personal y profesional de conocer a fondo la historia de quien —viniendo del básquet, un deporte que no es de los más populares del país— había logrado conquistar el corazón de los argentinos e ingresar en el reducido círculo de los máximos ídolos. Suponía que detrás de sus resonantes triunfos debía de haber una historia que merecía ser contada.

Debo reconocer que los resultados de la investigación superaron ampliamente mis expectativas. Es que el fenómeno Ginóbili resulta entendible sólo en el contexto en que Emanuel nació y se desarrolló. Si su historia fascina, es porque constituye una parábola sobre el destino, la fuerza de voluntad, la obsesión sin límites, el talento, la inteligencia y la paciencia para tejer un objetivo para el cual, de algún modo, se está predestinado. No es la historia de alguien común sino de alguien muy singular.

Emanuel Ginóbili nació en una familia especial, en cuya casa del Pasaje Vergara 14, de Bahía Blanca —considerada por todos como una prolongación del club del barrio—, se respira básquet en cada rincón. El padre, Jorge, fue jugador, técnico y directivo de este deporte y transmitió a sus hijos —a través del ejemplo cotidiano— la pasión por el baloncesto y por una filosofía de vida regida por su-

11

tiles pero rígidas conductas virtuosas. Raquel, la madre, que acompaña con dulzura el fervor deportivo de su familia, se ocupó con gran esmero de la formación intelectual y moral de sus hijos y supo poner los límites cuando fue necesario. Los dos hermanos mayores —Leandro y Sebastián— se entusiasmaron desde pequeños con el básquet, lo jugaron —y uno de ellos aún lo juega— con calidad. Fueron dos espejos en los cuales Manu buscó reflejarse. Como si se tratara de una extensión natural de la familia, creció entre un grupo incontable de amigos —muchos de ellos personajes importantes de este deporte— que se reunían en esta mítica casa para seguir los partidos en la charla posterior, las anécdotas y las estrategias.

A ese entorno familiar hay que agregar el club del barrio, Bahiense del Norte —ubicado a apenas cien metros del domicilio de los Ginóbili—, segundo hogar de Manu, ejemplar formador de jóvenes, que preserva desde su fundación un clima familiar difícil de encontrar en otros lados.

Todo eso ocurre además en una ciudad, Bahía Blanca, considerada capital nacional del básquet, donde este deporte despierta la misma o mayor pasión que el fútbol. Así, desde muy chico, Emanuel supo aprovechar al máximo este contexto y extraer lo mejor de él. Si se suman su inteligencia, su mentalidad ganadora, su sacrificio y entrega, no es extraño que Manu haya apostado siempre, con humildad, a ser el mejor de todos.

Poder escribir su vida fue una experiencia que me permitió conectarme con los mejores valores de esa familia, del club de barrio, de su gente y de toda una ciudad. Gracias a ellos, que me abrieron las puertas de sus casas y también sus corazones en prolongadas entrevistas, pude conocer detalles inéditos y reconstruir paso a paso cada una de sus etapas personales y profesionales; en otras palabras, saber cómo se gestó el ídolo. Cada viaje a Bahía Blanca fue un viaje a ese mundo tan particular. Cada diálogo con todos los que han tenido que ver con su formación en la Argentina, en Europa o en los Estados Unidos, me permitió conocer las claves de su evolución como ser humano y como deportista. Y relatarlo en un primer libro sobre su vida, para revelar, en definitiva, el modo en que la forja de una personalidad triunfadora como la de Manu no es producto del azar o de la fortuna sino de la tenacidad individual y de un entorno, de un momento y hasta de un país.

Daniel Frescó

Árbol genealógico

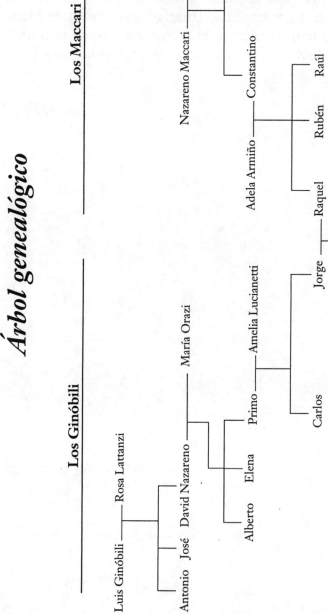

Los Ginóbili

Los Maccari

Luis Ginóbili — Rosa Lattanzi

Antonio   José   David Nazareno — María Orazi

Alberto   Elena   Primo — Amelia Lucianetti

Carlos   Jorge — Raquel

Leandro   Sebastián   Emanuel

Nazareno Maccari — Rosa Rossi

Adela Armiño — Constantino

Amelia
Gerardo
Isolina
Luis
Orlando
Rodolfo
Catalina

Rubén   Raúl

Capítulo I

Jorge "Yuyo" Ginóbili, jugador de Bahiense Juniors.

51 centímetros

"DIOS ESTÁ CON NOSOTROS"

El día que nació, aprendió la importancia de llegar al lugar indicado en el momento justo. Lo que luego sería una constante en su vida, quedó en evidencia ese jueves 28 de julio de 1977. El primero en comprobarlo había sido su bisabuelo David, cien años atrás. Y ahora le tocaba a él.

En las primeras horas de ese día, Raquel Maccari de Ginóbili tuvo los inequívocos síntomas que le indicaron que su tercer hijo estaba por llegar. Despertó a Jorge, su marido, que enseguida comenzó a organizar la partida hacia el hospital. Se sentía muy tranquila. En los nueve meses de gestación no había tenido inconvenientes y había podido disfrutar del embarazo. Sólo le faltaba disfrutar también del nacimiento.

Mientras Jorge "Yuyo" Ginóbili llamaba a su cuñada Rosita para que cuidara a sus otros dos hijos —Leandro, de siete años y Sebastián, de cinco—, y preparaba el automóvil, Raquel llamó por teléfono a la partera para comunicarle la novedad. "Tómese una Buscapina, vuelva a la cama, relájese y por la mañana me habla de nuevo", le dijo con la habitual respuesta de un llamado de las dos de la madrugada de una madre con un embarazo a término. A Raquel se le ocurrió recordarle que ése sería su tercer parto. Del otro lado de la línea se escuchó un rápido cambio de planes. "Vaya a internarse ya mismo que yo llamo al doctor Galassi para avisarle."

A las dos y media de la madrugada, el termómetro marcó cero grados tres décimas, que sería, finalmente, la temperatura más baja de ese día en Bahía Blanca, una típica marca para el crudo invierno de la ciudad. La cercanía de la casa de la calle Pasaje Vergara 14, el domicilio de los Ginóbili, con el Hospital Español de la calle Estomba 571 —a sólo tres cuadras de distancia— mitigó la sensación del frío.

Recibieron la primera sorpresa cuando llegaron al hospital. "No hay cama disponible", les informaron. El imprevisto les hizo darse cuenta de que no eran el lugar ni el momento exacto para el nacimiento. Mientras Raquel seguía con las contracciones, Yuyo cambió rápidamente los planes. Decidió encarar hacia la Maternidad del Sur. Quedaba a escasas diez cuadras pero en esas circunstancias todo parecía más lejano.

El peregrinaje tuvo así la segunda escala. Pero el destino quiso nuevamente que ése no fuera el lugar. Allí también estaban todas las habitaciones ocupadas. El bebé, que estaba listo para salir al mundo, aprendió rápidamente el valor de llegar al lugar exacto y esperar el momento justo. "Cuando llegamos no lo podíamos creer. Tampoco había cama. Estuvimos una hora y media dando vueltas con el auto hasta que finalmente fuimos al otro extremo de la ciudad, al Hospital Italiano. Lo único que queríamos en ese momento era encontrar un lugar para que naciera nuestro hijo", recuerda veintisiete años después Yuyo. Raquel, a su lado, califica de "movidita" a esa madrugada aunque aclara que "lo llevé bárbaro". El alivio se produjo cuando arribaron al Hospital Italiano y les confirmaron que recibirían a la parturienta. Raquel quedó internada, le colocaron el goteo, y siguió con el trabajo de parto. El bebé ya había llegado al lugar exacto. Sólo tuvo que aguardar el momento justo. Es que el obstetra, el doctor Silvio Galassi, estaba en Monte Hermoso, una localidad ubicada a 110 kilómetros de Bahía. Y había que esperarlo.

Contra los pronósticos de su médico, Raquel estaba convencida de que sería un varón. "El doctor creía que después de dos varones yo estaba desesperada por una nena. Pero durante todo el embarazo, que fue divino, estuve segura de que sería un varón. Tanto era así que tenía elegido el nombre casi desde el principio. Con mi marido nos habíamos puesto de acuerdo: si era mujer, él elegía el nombre; si era el revés, yo".

Con la llegada del obstetra, todo se aceleró y fue llevada a la sala de partos. Como era costumbre por esos años, Yuyo debió quedarse en la sala contigua. "Me quedé solo y esperando que se encendiera la luz que me indicara el sexo del bebé. Luz rosa si era nena, y celeste si era varoncito. 'No mires la luz porque seguro es un varón', me dijo Raquel antes de entrar." Y no se equivocó.

En la sala de partos todo se desencadenó rápidamente. "Fue muy fácil. Las contracciones vinieron una atrás de otra y... 'mmm, es otro nene...', me dijo el médico y confirmó lo que íntimamente yo ya sabía. Cuando lo pude ver, me di cuenta enseguida de que era parecido a los hermanos, sólo que a diferencia de ellos era negrito... muy negrito... Y se lo llevaron a bañar. En esa época no era como ahora que te lo entregan rápido...", relata Raquel con la misma facilidad y emoción con que recuerda ese momento. "El nacimiento fue a las siete de la mañana. Pesó tres kilos seiscientos y midió cincuenta y un centímetros —recuerda con precisión Jorge—. Me lo trajeron un rato después todo envuelto. Cuando lo vi me pareció la viva imagen de Leandro. Era igual a mi hijo mayor cuando nació."

Rosita —la cuñada que se había quedado en la casa cuidando a Leandro y a Sebastián y que vivía en la casa contigua— fue la encargada de contarles a los hermanos la llegada del nuevo miembro de la familia. "Dormíamos en una habitación de abajo, en unas cuchetas. Me acuerdo que mi tía nos sacudió a los dos y nos dio la noticia del nacimiento —dice Leandro—. Viví su llegada con mucha expectativa. Yo tenía 7 años cuando nació y para mí fue como el juguete más preciado. En cambio, cuando nació Sebastián yo tenía dos años. Era muy chica la diferencia de edad y no pude disfrutarlo tanto."

Con el nacimiento del nuevo varón llegó la hora de ponerle nombre. "Como estaba tan segura, tuve elegido el nombre casi desde el principio del embarazo. Fue un día que estaba leyendo la Biblia. Lo vi y me encantó. El nombre y su significado. 'Emanuel, Dios está con nosotros.' Al principio, mi marido —que si hubiera sido nena habría elegido Julieta o Juliana— no estuvo muy de acuerdo. Tenía miedo de que de sobrenombre le dijeran 'Manolo'. Y no le gustaba. Pero bueno... No fue 'Manolo' pero le quedó 'Manu'."

Yuyo tuvo el consuelo de elegir el segundo nombre. Y no dudó: David, como su abuelo. Emanuel David. Ese sería el nombre de su tercer hijo.

Casualidad o no, años después, muchos fanáticos tomarían el significado del primer nombre al pie de la letra y llevarían a Emanuel Ginóbili a la categoría de una deidad del básquet mundial.

EL PRIMER GINÓBILI

David Nazareno Ginóbili supo llegar al lugar indicado en el momento justo. Un valor que su familia conservaría con el correr de los años y que caracterizaría, en especial, cien años después, a uno de sus bisnietos, Emanuel.

Como muchos de sus compatriotas, David Nazareno Ginóbili (o Ginnóbili, según algunos documentos de la época) dejó su Italia natal, asolada por la pobreza, y emigró en búsqueda de un futuro mejor. El destino y el año elegidos no pudieron ser más propicios: la Argentina, más precisamente la ciudad de Bahía Blanca, 687 kilómetros al sur de Buenos Aires, en el año 1900. Es que en coincidencia con el comienzo del siglo XX se iniciaba allí un período de prosperidad y desarrollo que fue un imán para aquellos que buscaban la oportunidad de comenzar una nueva vida. Y David no la dejaría pasar.

Sin embargo, hasta llegar a ese momento, la ciudad —fundada en 1828 como una fortaleza militar con el preciso objetivo de ser un freno al avance de los indígenas— debió atravesar primero un período de ostracismo. Aislada del resto del país, tenía casi una única vía de comunicación: la marítima. Su evolución, entonces, quedó muy limitada. En el libro *Manual de Historia de Bahía Blanca* (Universidad Nacional del Sur, 1978), dirigido por el historiador Félix Weinberg, se relatan las impresiones del naturalista Charles Darwin, quien pasó por la ciudad en las primeras décadas del siglo XIX. En el escrito se expresa que "antes de cerrarse el año 1832 se produjo un acontecimiento que si bien pudo pasar inadvertido para los pobladores del fuerte, habría de dar notoriedad a la pequeña población del sur argentino. Se trata de la visita que realizó a Bahía Blanca el naturalista inglés Carlos Darwin, que permaneció aquí entre el 16 de agosto y el 8 de septiembre. En su libro *Viaje de un naturalista alrededor del mundo* dio a conocer sus impresiones sobre Bahía Blanca, que no son por cierto muy favorables. 'Cuando se llega a este pequeño establecimiento todo se ve bajo un desagradable aspecto y [...] no es para menos [...] Bahía Blanca apenas merece el nombre de pueblo [...]; un foso profundo y una muralla fortificada rodean algunas casas y a los cuarteles de tropas. Este establecimiento es muy reciente y desde que existe ha reinado siempre la guerra en las cercanías".

Tuvieron que pasar casi sesenta años para que esa descripción de Darwin comenzara a revertirse. Desde su fundación, la ciudad debió soportar el ataque de los indios y fueron muy pocos los que se atrevieron a afincarse lejos del fuerte. Por esta razón, su escasa población se mantuvo prácticamente inalterada hasta 1856. Ese año arribó la denominada Legión Agrícola Militar. En un intento por colonizar la zona con otro sistema, se reclutó en Buenos Aires un importante grupo de italianos con conocimientos militares y agrícolas. Y, junto con sus familias, fueron enviados a Bahía Blanca. En su casa del centro de Bahía Blanca, Weinberg explica que entonces "Buenos Aires era un estado independiente, se había separado de la Confederación y necesitaba cuidar la frontera.

Reclutaron así una buena cantidad de italianos, de los que llegaban a diario al puerto de Buenos Aires. Las condiciones que debían tener los legionarios era que tuvieran familia, que fueran agricultores y, claro, que cuidaran la frontera. Para ello les fue suministrado armamento. El gobierno se había dado cuenta que poblar sólo con militares no servía ya que terminaban víctimas de los indios. La idea fue, entonces, poblar con agricultura y defensa. La Legión se radicó en las afueras de Bahía y fundaron Nueva Roma, a unos 25 kilómetros de acá".

Pero la experiencia fue un fracaso. "Hubo una serie de discordias internas entre los legionarios que terminó en una rebelión. Ese fue el fin de la colonia. Algunos volvieron a Buenos Aires. Pero un centenar se radicó en Bahía Blanca", dice Weinberg. Agrega que muchos de ellos dejaron la agricultura y se dedicaron a trabajos urbanos. Fue así como en poco tiempo accedieron a cierta prosperidad. Hacia 1870, la municipalidad puso en venta quintas y solares que fueron comprados por esos italianos. "Los que se quedaron era gente de alguna formación, que tenía cierta cultura. Y son el origen de muchas familias de Bahía. Una de ellas es la de José Penna, una figura importante de la medicina, incluso hay un hospital que lleva su nombre en Buenos Aires. Y nació acá en Bahía". Entre estos italianos, algunos profesionales y otros comerciantes, comenzó a gestarse la base de lo que sería luego la fuerte clase media de Bahía Blanca.

Esta primera presencia de italianos en la ciudad fue el prolegómeno de un fenómeno migratorio mucho más masivo que comenzó a gestarse a partir de 1880. Y en esto tuvo que ver la campaña al desierto llevada a cabo por el General Roca, que despejó la amenaza que suponían los indígenas y con la llegada del Ferrocarril Sud, que, en 1884, unió Bahía Blanca con Buenos Aires. "Eso fue fundamental —dice Weinberg—. Hasta entonces la comunicación con Buenos Aires se hacía con barquitos. Cuando aparece el ferrocarril comienza el despegue de Bahía, que deja de ser un rincón en el fin del mundo. El puerto se inaugura el mismo año que el ferrocarril, construido por los mismos dueños, ya que les convenía tener un puerto para poder sacar los productos. Fue un momento de un dinamismo tremendo. Diría que casi para el cine. Empiezan a llegar capitales y el comercio adquiere gran vitalidad. El crecimiento es notable". Bahía Blanca comienza a ser el punto de referencia de los productores agropecuarios del sudoeste de la provincia de Buenos Aires y de zonas cercanas como La Pampa y Río Negro. En 1901, su puerto ya era el segundo exportador de lana sucia detrás de Buenos Aires. Ese desarrollo en la zona rural repercutió en el centro urbano a través de un importante empuje comercial y de servicios para el creciente mercado interno.

De la mano de esta explosión de la ciudad, vino el aluvión inmigratorio.

Para el historiador, el caso de los inmigrantes constituye un fenómeno dramático y complejo. "Si uno intenta imaginarlos saliendo de sus pueblos, con el cúmulo de rupturas que eso significa, ve que es conmovedor. La mayoría llega con una mano atrás y otra adelante y guiados por un gran espíritu emprendedor. Vienen primero solos y después llaman a sus hermanos y luego a sus padres. Es la biografía de casi todos... está calcada..."

Efectivamente, muchas de esas historias son similares. Hacían las travesías desde sus pueblos en carreta hasta Génova, el puerto desde donde partía la mayoría de los emigrantes. Luego, y una vez a bordo del barco que los traería a América, con pasajes de tercera clase, viajaban al menos treinta días hasta arribar a Buenos Aires. Y finalmente, los que elegían Bahía Blanca debían hacer otra travesía en tren. Todo con el marco del desarraigo pero con la esperanza de encontrar una vida mejor.

La de David Nazareno, el primero de los Ginóbili en afincarse en Bahía Blanca, es una de esas historias. Tenía 20 años y todas las ilusiones cuando llegó a la ciudad en el 1900. En su Italia natal habían quedado sus padres, Luis Ginnóbili y Rosa Lattanzi. David era de la zona Ascoli Piceno, en la región de Le Marche. Y, como tantos otros, llegó con el sueño de "hacer la América". En Bahía Blanca se había comenzado a asentar una importante colonia de italianos, la mayoría de ellos "marcheggianos".

Es que para ese momento histórico, de despertar económico y crecimiento productivo de la ciudad, hizo falta numerosa mano de obra. Y allí estuvieron, sobre todo, los italianos y los españoles que en número más que importante empezaron a llegar al centro urbano. De esta manera —y según consta en el libro dirigido por Weinberg—, a principios del siglo XX la población extranjera superó el total de la población nativa. Según los censos de la época, en 1895 los argentinos eran en Bahía 7724 y los extranjeros, 6514. En 1906, once años después, se invirtió la diferencia: 19.140 extranjeros y 18.415 argentinos. Para 1914, casi se duplicó el número de la población y los argentinos (35.766) vuelven a superar, aunque levemente, a los extranjeros (34.503).

En el caso específico de la inmigración italiana, hay un dato más que relevante. En 1901, el 58 por ciento de los extranjeros de Bahía Blanca eran italianos. "Si computamos a los inmigrantes y a sus hijos —agrega Weinberg—, para antes de la Primera Guerra la mitad de la población de Bahía Blanca era de origen italiano".

Este fenómeno se potenció con la convocatoria a otros familiares de quienes ya se habían afincado. Uno de ellos fue David, que, como tantos otros, después de lograr instalarse, mandó a llamar a sus hermanos. El 22 de diciembre de 1905 llegó Antonio, cinco años menor, y el 4 de noviembre de 1907, Giusseppe, luego argentinizado como José, de 17 años de edad. Antonio y José eran agricultores y partieron del puerto de Génova. Uno a bordo del buque *Ravenna* y otro del *Virginia*. Llegaron al puerto de Buenos Aires y de allí se dirigieron hacia el sur argentino.

Cuando Antonio llegó a Bahía Blanca, encontró a su hermano ya casado con María Orazi, por entonces de 19 años, y con la novedad de que había sido padre. Es que en ese mismo año, 1905, David tuvo su primer hijo. Lo

24

llamó Primo, tal vez por ser el primer Ginóbili nacido en Bahía Blanca.

A poco de llegar, David ya había logrado instalarse. Trabajaba como maquinista en el ferrocarril y había comenzado a formar una familia. Su sueño empezaba a tomar forma. Un sueño que cien años después, uno de sus descendientes, su bisnieto Emanuel, se encargaría de multiplicar. No solo "haría la América" sino que la conquistaría, la pondría a sus pies.

LA CALLE ESTOMBA

Los profundos ojos celestes de David Ginóbili fueron testigos del crecimiento vertiginoso de la ciudad. Aunque tenía todavía mucho por delante para desarrollarse —vastas zonas cercanas al centro eran campos casi pelados—, la imagen para el recién llegado era muy distinta de la que había visto Charles Darwin en 1832. La pujanza que denotaba y las posibilidades que ofrecía mitigaban cualquier impacto negativo inicial. "La ciudad que encuentran los inmigrantes —dice Weinberg— tiene gran cantidad de construcciones. La planta urbana, que no era tan chica, empieza a estar más organizada y con divisiones más precisas; aunque a cinco o seis cuadras del centro hacia afuera aún era campo". Precisamente en una de esas calles, Estomba —que debe su nombre al coronel que fue el primer comandante de la Fortaleza—, se estableció David Ginóbili con su familia. En la zona se habían afincado muchos de los inmigrantes italianos. Las viviendas eran una suerte de quintas en cuyos fondos cultivaban sus propias huertas. Todo un sello de la colonia italiana. Se aprovechaban los tamariscos —una planta que crece en los salitrales y que brotaba naturalmente allí— para separar los terrenos.

La calle Estomba había cedido el lugar comercial preeminente a San Martín y Soler, arterias que comunicaban la estación de ferrocarril con el centro de la ciudad. Pero no por ello dejó de ser una de las más importantes.

Sobre el número 825 echó raíces David con su esposa María Orazi. Una de las características de David era que tenía el cabello muy rubio con un tinte que tiraba al pelirrojo. Su estatura mediana contrastaba con la de su esposa, que era muy alta. Quienes los observaban juntos podían comprobar que María le llevaba por lo menos una cabeza. La casa donde se instalaron estaba ubicada a ocho cuadras de distancia, en línea recta, de la plaza principal. Estomba sería la columna vertebral por donde se construirían los cimientos familiares y sociales. Con el correr de los años se convertiría en el hilo conductor de los principales afectos de los Ginóbili.

Al nacimiento de Primo en 1905 se sumó el de Alberto en 1908 y el de Elena en 1910. Estos primeros Ginóbili nacidos en Bahía Blanca crecieron casi al mismo tiempo que la ciudad. Ya en 1911 —según lo consigna el libro de Weinberg— eran 500 los establecimientos comerciales. Entre 1885 y 1910 se creó la primera red telefónica, el alumbrado público eléctrico y domiciliario, el servicio de gas, el servicio de agua corriente, una línea de ómnibus de tracción a sangre primero y los tranvías después. Y los primeros automóviles comenzaron a desplazar a los carros tirados por caballos. En ese contexto, se habilitaron las primeras escuelas públicas y privadas. En 1903, el primer colegio secundario: la Escuela Nacional de Comercio, una prestigiosa institución pública que educaría a distintas generaciones de bahienses y a la cual concurrirán luego los nietos y bisnietos de David Ginóbili. Y en 1906, el Colegio Nacional y la Escuela Normal Mixta. En el primero de ellos, concluiría sus estudios secundarios en la década de 1940 un joven nacido en Bahía Blanca, hijo de un inmigrante judío nacido en Ucrania y de una entrerriana, que tendría reservado un lugar entre los más destacados científicos del siglo: César Milstein. Como otro ejemplo de la impronta que poseían quienes llegaban al país a buscar un futuro mejor, y que luego constituirían la fuerte clase media local, Milstein recordaría luego que para sus padres "ningún sacrificio era demasiado grande a fin de que sus tres hijos fueran a la universidad".

Mientras David trabajaba en el ferrocarril, María cuidaba de sus hijos y hasta se hacía tiempo para una labor que la apasionaba. Como una adelantada a su época, colaboraba con los médicos del Hospital Municipal de Bahía Blanca, también ubicado sobre la calle Estomba, a sólo dos cuadras de su casa. María Orazi aplicaba inyecciones y ventosas, ayudaba a colocar huesos maltrechos y hasta fue instrumentista de los cirujanos del nosocomio.

Los Ginóbili no tuvieron dificultades para integrarse con la gente de la ciudad que los cobijó, pero al mismo tiempo no dejaron de lado los vínculos con sus paisanos. Es que la colectividad italiana había creado asociaciones de ayuda mutua. Los italianos que se afincaron en Bahía Blanca —como en otros lugares del país— generaron espacios de encuentro en clubes y sociedades. Los vínculos familiares, de vecindad y solidaridad que traían de sus pueblos fueron trasladados a los nuevos lugares de residencia. En 1882, se fundó la Sociedad Italiana de Socorros Mutuos. Y en 1912, al fusionarse las tres más importantes —entre ellas, Italia Meridionale y 20 de Septiembre—, quedó una sola, con el nombre de Italia Unita. Los prolijos directivos de entonces dejaron asentados en los libros todos los detalles de sus actividades. Desde las pensiones que otorgaban, los gastos de cada una de las dependencias y hasta las actas de las asambleas de sus socios y quiénes habían participado. Libros escritos con pluma y tinta, con una letra muy precisa, que son verdaderos documentos de la época. Muchos de ellos no sobrevivieron al paso del tiempo. Sin embargo, en la sede de la Sociedad, es posible hallar hoy algunos que, luego de desempolvarlos, prueban la notable tarea social que desarrollaban. En dos de ellos se puede comprobar el vínculo de los Ginóbili con la institución y su marco de pertenencia. En uno, sobre la tapa dura y escrito a mano sobre una etiqueta, se puede leer "Elenco dei Soci", es decir el listado de socios. En la hoja 79, con el número de socio 849 figura "Ginobili, Antonio".

Y con el número 850, "Ginobili, Davide". Los hermanos están anotados uno debajo del otro, con letra perfectamente legible. Al costado del nombre de Antonio figura la dirección "Estomba frente Pulci", la misma que la de David. El segundo de los libros identificado con una etiqueta con el título "Lista Elettorale Gennaio 1921". Allí, entre los nombres de Gilardoni Antonio y el de Giacomelli, Evelina están los de Ginobili, Davide y Ginobili, Antonio. Los Ginóbili participaban con su voto en la elección de las autoridades de la Sociedad y mantenían abiertos los vínculos con sus paisanos. Pero al mismo tiempo se enraizaban cada vez más con la ciudad y su gente. David, con su trabajo como maquinista del ferrocarril, una tarea que requería una cierta especialización y que le permitió un cierto ascenso social. María, colaborando en el hospital municipal. Y Primo, Alberto y Elena completando sus estudios. Los varones hicieron su secundario en el Colegio Don Bosco; Elena, en el María Auxiliadora. Trabajo, salud, educación e integración fueron los pilares con los que David y María formaron a su familia. Demostraron que a pesar del desarraigo tenían muy claro que querían, en particular, tener los pies bien plantados sobre la tierra. Una característica que lograron imponer entre los suyos y que se mantendría intacta de generación en generación.

BAHIENSE JUNIORS

La proporción casi exacta de argentinos y extranjeros que componía el total de la población de Bahía facilitó una fusión que se dio casi en forma natural. Pero fueron los hijos de esos inmigrantes quienes completaron el cuadro de la integración global. Prueba de ello fueron los numerosos clubes de barrio que empezaron a crearse en distintas zonas de la ciudad. Inicialmente, se trató de instituciones muy precarias construidas alrededor de terrenos baldíos. "La mayoría de los que los fundan son inmigrantes o sus hijos —explica Félix Weinberg—.

Esta tendencia revela que esta gente no está pensando en el regreso a su país de origen, sino todo lo contrario. Está buscando asentarse y estrechar lazos con la nueva tierra. Es cierto que muchos regresaron porque no encontraron el oro que creían que habría en las esquinas. Pero quienes sí se quedaron comenzaron a socializar, a generar más vínculos. La creación de estos clubes fue una forma de echar raíces, de decir 'acá estamos y nos quedamos'".

Los clubes fueron sostenidos por el esfuerzo de los vecinos, que los utilizaban como punto de encuentro de sus familias y amigos. Muchos de ellos tenían al básquet como una de sus principales actividades. Fue el turno, entonces, de jóvenes emprendedores. Uno de ellos, Primo, el hijo mayor de David. Él y otros dieciséis muchachos tuvieron el sueño de crear un club. Y lo concretaron. El 15 de diciembre de 1930, cuando Primo tenía 25 años, fundaron Bahiense Juniors. En ese momento ni siquiera tenían un lugar donde erigir las instalaciones. Por eso la sede debió establecerse en el domicilio de uno de esos jóvenes. La casa elegida fue la de Guillermo Salomoni, en Estomba al 700. Salomoni, además, fue ungido como primer presidente de la flamante institución.

Las primeras actividades deportivas, el fútbol y el atletismo, se empezaron a practicar en un predio de la calle Zelarrayán, en medio de las quintas que abundaban por esa época. Poco después, en Vicente López esquina Juan Molina, cada vez más cerca del lugar donde finalmente se constituiría Bahiense Juniors: un predio de la calle Salta, número 28, a metros de la calle Estomba y justo a la vuelta de la casa paterna de los Ginóbili. El terreno, de unos 60 metros de ancho por 150 de largo, fue adquirido gracias al dinero ahorrado por los asociados —unos 7000 pesos— más un préstamo otorgado por un banco privado por otros 7000. Los fondos del nuevo lugar de Bahiense Juniors lindaban con la vivienda de David Ginóbili, en Estomba 825. Justamente parte de esos terrenos —que aún hoy conservan— fueron cedidos por David.

Por entonces, Primo ya se había recibido de perito mercantil y trabajaba como inspector de planos de Obras Sanitarias, donde se lo reconoció como un "detallista" en su labor. Su tiempo lo dividió, entonces, entre el trabajo y Bahiense Juniors, institución de la cual sería directivo durante más de veinte años, muchos de ellos como vicepresidente. El esfuerzo personal de estos directivos, que más que formales dirigentes eran vecinos con vocación por los demás, fue lo que sostuvo a la institución. Las instalaciones eran sumamente precarias. La cancha de básquet no estaba techada, y el piso era de tierra. Pasó bastante tiempo hasta que se pudo hacer de alisado de cemento y de baldosas. Y muchísimos más hasta que pudo ser techada. A su costado, estaban las infaltables canchas de bochas, juego por excelencia de la comunidad italiana, y en los fondos la improvisada zona para practicar atletismo. La parte delantera del terreno era un amplio espacio también al aire libre, utilizada como pista de baile. Cerca de ella, una humilde cantina, el único lugar que estaba bajo techo, completaba las instalaciones.

Primo apoyó el desarrollo de los deportes y en especial del básquet, que cada día ganaba más adeptos en Bahía Blanca. Hay constancias de que ya desde 1916 se lo practicó con pasión en la ciudad. El mentor fue Robert Langton Clegg, un británico que estaba a cargo del departamento de Vías y Obras del Ferrocarril Pacífico. Un año después, en 1917, se creó la Liga Bahiense de Basket-Ball y, casi al mismo tiempo, se logró organizar un torneo con siete equipos. Cuatro de ellos estaban integrados por obreros y empleados del Ferrocarril Pacífico. Pero un incidente en el partido final no permitió que terminase el encuentro, y el torneo y la Liga pasaron a mejor vida.

Finalmente, el 11 de enero de 1929 quedó constituida la Asociación Bahiense de Básquet, con Olimpo, Estudiantes, Liniers, Pacífico, River Plate y Aga Cross como clubes fundadores. Ese mismo año se celebró el primer campeonato local, que fue ganado por Pacífico. Para el mes de mayo de ese año, se habían anotado ya veintitrés equipos para participar en las cuatro categorías creadas: Primera, Segunda, Tercera y Cadetes. El primer torneo concitó la inscripción de 168 jugadores en las tres primeras categorías.

En 1936 —cuando ya participaban 700 jugadores en la Liga y los principales clubes comenzaron a trasladar sus campos de juego más cerca del casco céntrico de la ciudad—, Bahiense Juniors se afilió a la Asociación Bahiense de Básquet. Y comenzó a competir con el resto de los clubes.

La aparición del básquet como un fenómeno particular en Bahía Blanca —en un país futbolero por excelencia— tiene distintas explicaciones. Félix Weinberg arriesga una interesante interpretación. "Desde el punto de vista social, el básquet, a diferencia del fútbol, es un fenómeno de clase media. Y acá en Bahía hay una clase media bastante antigua, relacionada con el crecimiento de estos inmigrantes que vienen con una mano atrás y otra adelante, pero que luego logran un ascenso social. Tal vez el practicar el básquet marcaba una distancia social con el fútbol, no solo una rivalidad deportiva. Que los hijos lo jueguen, y en el club de barrio de a la vuelta de sus casas, es un fenómeno de contención más que interesante".

En este contexto del nacimiento de Bahiense Juniors, de la proliferación de clubes de barrio y del crecimiento del básquet en la ciudad, Primo Ginóbili se casó con Amelia Lucianetti, "Tita" para los íntimos. Como no podía ser de otra manera, se instalaron muy cerca del club. La vivienda estaba ubicada sobre el Pasaje Vergara, a pocos metros de Estomba. Unos 100 metros separaban su casa del club. Este mismo camino lo harían a diario los hijos de Primo y "Tita", que no tardaron en llegar. Primero Carlos en 1938, y después Jorge, el 26 de julio de 1941.

Cuarenta y cinco años después de la fundación de Bahiense Juniors, por la decisión de otros visionarios —entre los que se encontraba Jorge Ginóbili—, que resolvieron fusionar el club con otro del que solo lo distanciaban tres cuadras, se terminó de moldear un club de barrio que sería la cuna de los mejores basquetbolistas. Uno de ellos, Emanuel, bisnieto del inmigrante David, nieto del soñador Primo e hijo del visionario Jorge.

LOS MACCARI

Dicen que cuando Nazareno Maccari llegó a la zona de Bahía Blanca, en 1900, el primer impacto fue tan negativo que se llevó las manos a los bolsillos del pantalón para confirmar si tenía algún dinero para emprender el regreso a su Italia natal. El viento, el barro y la sal, tan naturales del lugar, lo habían hecho dudar. Obviamente, dinero no tenía y resolvió quedarse. Pero nunca se arrepintió de esa decisión. Por el contrario, se afincó y rápidamente formó una gran familia que se caracterizó por su pujanza y su unión.

Nazareno había nacido en el pueblo de Pollenza, en la provincia de Macerata en la región de Le Marche, en 1873. Tenía 17 años cuando llegó a Bahía Blanca. Rosa Rossi, que luego se convertiría en su esposa, arribó el 9 de diciembre de 1906 a Buenos Aires a bordo del barco *Virginia*, el mismo en el que un año después llegaría Giusseppe Ginóbili, uno de los hermanos de David. La versión familiar cuenta que Rosa viajó por casualidad en el barco con un homónimo de quien luego sería su marido. Efectivamente, esa historia pudo ser corroborada. Según consta en los archivos de Migraciones, otro Nazareno Maccari, de 39 años, fue compañero de la travesía en el *Virginia*.

Nazareno —el original— y Rosa tuvieron ocho hijos: Amelia, Gerardo, Constantino, Isolina, Luis, Orlando, Rodolfo y Catalina. Constantino nació un año bisiesto, el 29 de febrero de 1912. Pero ésa no sería la única curiosidad: el día de su nacimiento fue coincidente con la caída de la famosa piedra movediza de Tandil, ciudad se encuentra a 380 kilómetros de Bahía Blanca. Años después, Constantino Maccari —ya convertido en padre de familia— bromearía: "El día que yo nací fue tan movido que hasta se cayó la piedra movediza". Sin saber entonces que su vida sería la simiente de otra persona que causaría un gran movimiento por su personalidad y su destreza deportiva.

Durante un tiempo, Nazareno Maccari fue casero de la quinta de Duprat, un médico muy conocido de Bahía, ubicada en la zona norte de la ciudad. Algunos de sus hijos, entre ellos Constantino, crecieron en ese lugar y guardan un recuerdo dulce de esos primeros años. La majestuosidad de una casa como la de los Duprat, que tenía doce habitaciones, y la amplitud de la quinta, fueron un atractivo especial para esos niños. Luego los Maccari fueron a vivir a Médanos, una localidad distante 45 kilómetros de Bahía Blanca. Esas fueron épocas duras. Trabajaban en el campo con la ayuda de sus hijos. Los memoriosos recuerdan que, debido al frío, el agua se les congelaba dentro de la precaria casa donde vivían. Constantino era uno de los que se debía levantar temprano, casi de madrugada, para arrear a los caballos y después colaborar con el arado. Pero su padre Nazareno, además del trabajo, se preocupaba por la lectura y la instrucción. Y le hacía lugar también a la formación de sus hijos. A pesar de que el dinero escaseaba, reservaban para la compra de diarios y revistas que llegaban en tren una vez por semana. Es que a Nazareno le gustaba mucho la lectura. Y eso se lo transmitió a sus hijos.

Finalmente, Nazareno y Rosa se afincaron en Bahía Blanca. Inicialmente, en la calle Estomba 1301. Con el correr de los años, los Maccari llegaron a ser muy conocidos en el barrio. La proveeduría y almacén de Ramos Generales de los hermanos Maccari —ubicada primero en la esquina de Estomba y Salta, justo en la esquina de Bahiense Juniors, y luego en diagonal, en Estomba y Juan Molina— surtió a la gente del lugar. Los productos Maccari, desde comestibles hasta detergentes, no faltaban en las casas de los vecinos.

Constantino, el tercer hijo de Nazareno y Rosa, conoció a los 22 años, en la localidad de Rondeau, a Adelia Armiño, hija de Fidel, un español de Valle del Valdivielso, Burgos. Se casaron en 1944, cuando Adelia tenía 20 años, y fueron a vivir a la casa de los Maccari en Estomba 1301. "Ellos vivían todos juntos —dice hoy a los 81 años Adelia—, y yo con ellos. Pero nunca hubo una sola palabra fea, nunca un problema. Había mucha unión entre todos los hermanos". Adelia no oculta su orgullo a la hora de hablar de su marido y una sonrisa franca acompaña cada uno de sus comentarios. "Constantino era un santo, se llevaba bien con todo el mundo. Era muy trabajador e hizo de todo. Fue sodero, encargado de la fábrica de sus hermanos y le gustaba muchísima atender su propia huerta".

Constantino y Adelia tuvieron tres hijos. Raquel, la primera, nació en 1946. Ya por entonces habían dejado el hogar paterno de los Maccari y vivido en distintas casas a lo largo de la calle Estomba. Precisamente cuando Raquel nació, vivían en Estomba 798, en la esquina de Bahiense Juniors y a metros del domicilio de los Ginóbili, en Pasaje Vergara. Luego llegaron Rubén, en 1948, y Raúl, en 1959.

Un encuentro entre miembros de las dos familias, calle Estomba y Bahiense Juniors mediante, estaba muy próximo a concretarse. Un encuentro que aunaría lo mejor de las dos familias y en el que confluiría el espíritu de sus mayores.

EL BÁSQUET Y LAS QUERMESES

En los Estados Unidos y en Europa el baloncesto se afianzaba cada vez más. Y en el extremo sur de América, en Bahía Blanca, comenzaba a suceder lo mismo. En 1946, poco después de culminada la Segunda Guerra Mundial, cuando Jorge Ginóbili tenía cinco años, se formó en los Estados Unidos la National Basket-ball Asociation (NBA) y el 1° de noviembre, once equipos participaron de su primera temporada.

En la Argentina comenzaba a gobernar quien sería uno de los protagonistas principales de la vida política del país en el siglo XX: el general Juan Domingo Perón.

Fue durante su primera presidencia, en 1950, cuando la Argentina logró un hito histórico: ser campeón mundial de básquet. En ese torneo, jugado en el Luna Park de Buenos Aires, el combinado nacional venció en la fase final a Brasil, Francia, Egipto y Estados Unidos. Uno de los símbolos de ese equipo fue Oscar Alfredo Furlong.

La Argentina fue primera, Estados Unidos segunda y Chile tercero. En décimo lugar quedó Yugoslavia, con su capitán Nebojsa Popovich, quien anotó el primer punto del Mundial. Debieron pasar cincuenta y cuatro años para que la Argentina obtuviera un logro internacional de parecido valor: la medalla de oro en los juegos olímpicos de Grecia 2004, donde un Ginóbili sería protagonista principal.

Fueron años de gloria deportiva para Bahiense Juniors. Cuando Jorge Ginóbili, hijo de Primo y Tita, se iniciaba en el básquet, el equipo de primera división logró obtener sus primeros campeonatos. Fueron tres consecutivos: en 1951, 1952 y 1953. Pero este último se vio empañado por la muerte de David Ginóbili, el 18 de julio. Ya jubilado de su trabajo en el ferrocarril y con la llegada de los nietos, se había dedicado en sus últimos años a disfrutar de su familia y de su huerta. Para entonces, se había mudado a otra casa, aunque sin abandonar sus afectos. Por el contrario, los reafirmó. Siguió en la calle Estomba, esta vez en el 846, enfrente de donde había vivido y justo en la esquina de Pasaje Vergara. A pocos pasos de allí, en el número 18 de Vergara, se había instalado su hijo Primo. Enfrente, en el número 17, su hermano Alberto. La imagen de David quedó registrada a fuego en sus nietos. Para María "Kuka" Ginóbili, la hija de Alberto y prima hermana de Jorge, su abuelo David había sido una persona muy digna. "Quizá la característica mas notoria de mi nono, el primer Ginóbili, fue su humildad. David era muy tranquilo, parco y muy dulce. Tenía unos ojos muy celestes y un cabello muy rubio que heredaron después algunos de sus bisnietos. Yo era chica pero lo recuerdo muy dedicado a su huerta, a su gallinero. En el fondo del terreno, había hecho una gran habitación donde guardaba todos sus tesoros. Tenía un gran aparador con espejo donde guardaba todas sus cosas. De cada lugar tenía algo. Me acuerdo de una lechera blanca que había sido del ferrocarril y que yo heredé. Tengo un recuerdo muy dulce de él, de su buen humor. Recuerdo las comidas ricas de los domingos de mi Nona... ese vino Gamba de Pernice sobre la mesa. Realmente, fue una suerte nacer en ese lugar. Y con ellos, que tenían la sencillez de la gente de barrio...". Kuka no deja de señalar la importancia que David y María le daban al estudio de sus hijos. "Tenían esa temática de 'm'hijo el dotor'. Mi papá Alberto me decía lo mismo que David le decía a él y a Primo: que la mejor herencia que nos podía dejar era la dignidad y el estudio. Fueron patrones de conducta muy fuertes que nos transmitieron y que siguen hasta el día de hoy. Los Ginóbili siguen siendo personas muy dignas, con un sello de caballerosidad y de humildad".

David falleció a las tres y media de la tarde del 18 de julio de 1953 debido a una miocarditis crónica, en su casa de Estomba 846, y fue inhumado al día siguiente a las once de la mañana en el cementerio local.

Doce días después de la muerte de su abuelo David, Jorge Ginóbili cumplió 12 años de edad. No le habían faltado motivaciones para apasionarse desde muy pequeño por el básquet y por Bahiense Juniors. La cercanía de su casa con el club, la presencia de su padre como directivo y hasta como director técnico, lo marcaron para siempre. "Vivíamos a la vuelta del club y desde muy chico mi papá me llevaba de la mano hasta allá", recuerda Jorge relatando un ritual que él mismo, naturalmente, repetiría años después con sus propios hijos. "Además de ser uno de los fundadores, fue dirigente muchos años. Incluso en alguna oportunidad llegó a dirigir el equipo de básquet, que era el deporte principal. Fue natural entonces que nosotros también lo jugáramos". Desde pequeño, fue testigo del trabajo de su padre y de los demás vecinos por cuidar del club. Era un trabajo que hacían a pulmón, sacándole horas al tiempo libre para juntar el dinero suficiente para mantener las instalaciones, tener la vestimenta para los distintos equipos y conseguir pagar los costos. Fue así como surgieron las quermeses de Bahiense Juniors, que llegaron a ser de las más famosas y concurridas de Bahía Blanca. Adelia Maccari las tiene muy presentes. "Se hacían al aire libre. Las de Bahiense eran muy tradicionales. Nosotros teníamos el bar en la esquina y siempre se nos llenaba cuando había quermeses." Hay quienes sostienen que por ellas pasaron en la década de 1950 Mario Clavel y Varela-Varelita. Por esos años, y sacándole unos metros a la pista de baile, se techó una parte de adelante de Bahiense del Norte para utilizarla como salón de fiestas.

Jorge "Yuyo" Ginóbili, apodado así porque apenas nació alguien asoció sus cabellos parados con los yuyos, empezó jugando al básquet en Bahiense en infantiles. Le tocó debutar por casualidad. A sus compañeros les habían aplicado una vacuna en el colegio, tuvieron una reacción y terminaron con fiebre. Esa fue su oportunidad. "Si bien en esa época no había categorías menores, desde los 10 años me la pasé jugando con mi hermano y sus amigos, que eran mas grandes que yo", dice Jorge.

Adelia Maccari, que años más tarde se convertiría en su suegra, recuerda a los Ginóbili "desde siempre, y en especial a Yuyo cuando era chico. Usaba esos pantalones que no eran ni largos ni cortos..., esos que quedaban debajo de la rodilla, se los hacía así la mamá... Me acuerdo de verlo así con esos pantalones". Yuyo cursó la primaria en la Escuela N° 6 de la calle Blandengues y la secundaria en la Escuela Nacional de Comercio, en la que también cursarían sus hijos.

El estudio, el básquet y Bahiense fueron las preocupaciones de Jorge durante su infancia y adolescencia. Fue testigo también del segundo Campeonato Argentino que se realizó en Bahía Blanca. Sucedió en 1957 y se trató del de mayor participación de la historia, con la presencia de veintisiete delegaciones. El despliegue que se hizo en la ciudad es recordado aún por muchos que vieron pasar la antorcha olímpica por todos los clubes de Bahía hasta su destino final, el estadio de Estudiantes, donde se jugó el torneo.

Un año después, y luego de haber transitado por las distintas categorías y de haber salido campeón en juveniles, Yuyo Ginóbili, de 17 años, debutó en la Primera de Bahiense Juniors. Fue un partido frente a Estudiantes, jugado en la cancha del club Napostá. Ya medía 1,85 metros; y si bien había jugado en todos los puestos, principalmente lo hacía de base. "En esa época hablar de un jugador de 1,85 era hablar de un jugador alto", dice Yuyo. Quienes lo vieron jugar lo definen como "técnicamente de buena línea" y de buen tiro desde el perímetro, aunque años más tarde recibiría cargadas de sus hijos porque los tiros libres los hacía a dos manos, de abajo hacia arriba, en el estilo "palangana". Jorge recuerda muy bien su mejor marca en un partido: 28 puntos en un cuadrangular para permanecer en primera división entre Bahiense, Estrella, Pacífico y San Lorenzo del Sud. "Yo jugué muchos años cuando todo era distinto —dice Yuyo—. Era otro tipo de juego, había otro sistema. Todo se hacía por deporte, era más lírico, no se cobraba, era amateur. Básicamente, estaban los campeonatos locales, se jugaba el Provincial y, una vez al año, el Argentino. No existía la Liga Nacional. Hasta que surgió esa gran camada que cambió la historia".

La "gran camada" a la que hace referencia Yuyo fue una generación de deportistas que haría de Bahía Blanca sinónimo de básquet. Precisamente Jorge Ginóbili, que llegó a formar parte del seleccionado local, fue contemporáneo de ellos, y testigo y parte de una época increíble y única.

BAHÍA, CAPITAL NACIONAL DEL BÁSQUET

La década del 60 marcó la explosión del básquet en Bahía Blanca. Los cimientos colocados en los años anteriores fueron el trampolín para un salto que quedaría en la historia. Ya no se trataba solamente de la notable participación de sus habitantes en los juegos locales. La atinada conducción de la dirigencia local, la creación de una de las mejores escuela de árbitros y la inclusión de entrenadores bahienses que tendrían gran proyección nacional acompañaron ese proceso. La aparición de extraordinarios jugadores fue una consecuencia casi lógica de semejante explosión. Y generó la época de oro del básquet de Bahía Blanca. Alberto Pedro Cabrera —apodado luego Mandrake—, Atilio José Fruet y José De Lizaso, llevaron a la ciudad a lograr grandes hazañas deportivas. "Cabrera fue lo más grande que hubo acá en Bahía —dice Yuyo—. Un fuera de serie, un creador. No tenía un físico privilegiado para jugar y hasta parecía que era lento en sus movimientos. Pero tenía una calidad y una velocidad mental impresionantes. Él jugaba en Estudiantes y yo en Bahiense. Tuve el privilegio de enfrentarlo en distintas oportunidades. Y también me tocó sufrirlo. Fue un fenómeno."

La conmoción que generó entonces el básquet fue advertida por los dirigentes de Bahía y en 1963, cuando nadie en el país lo hacía, trajeron para dar una clínica a un técnico norteamericano llamado Joseph Rudolph Vancisin. Sólo estuvo un mes —aunque después volvería en otras dos oportunidades— pero sus enseñanzas revolucionaron el básquet local. "Dejó una escuela que aplicada en las canchas por nuestro equipo sorprendió a nuestros rivales —afirma Roberto Seibane, de la Asociación Bahiense de Básquetbol y todo un especialista de ese deporte en Bahía Blanca—. Hoy es sencillo ver por televisión todo el básquet del mundo en directo. Pero en esa época no. En los 60 traían una película con alguna final de la NBA y en el auditorio de la Universidad local había cola para poder verla. En ese contexto, traer a un técnico de ese nivel fue muy importante".

A los 63 años, Atilio José "Lito" Fruet sigue tan apasionado por el básquet como cuando lo practicaba. Quienes lo conocen dicen que habla y opina como jugaba. Es decir, sin medias tintas, sin esconder nada, dándolo todo, y aclarando que no le gustan las comparaciones, porque "son odiosas". Con esa salvedad, deja sus impresiones. "En mi época el clima del básquet en la ciudad era muy importante. Las Primeras jugaban a cancha llena, que eran de tierra o de baldosa y al aire libre y las pelotas que se usaban eran de cuero", dice Fruet en una oficina de su empresa de materiales eléctricos.

Las actuaciones de Fruet comenzaron a trascender las fronteras de su ciudad. En 1963, fue convocado para integrar la Selección Argentina. Jugó el Mundial de ese año, en el que el equipo nacional terminó octavo. "En mi primera designación para la Selección, llego a la Capital Federal para participar del equipo. En el primer entrenamiento, el director técnico me pregunta en qué puesto jugaba. Alguien le dijo: 'traelo a este que es un ídolo en Bahía y la está rompiendo'. Y me mandó llamar. Pero no sabía cuál era mi puesto. Yo era pívot, pero como vi que los muchachos que practicaban eran todos lungos le dije que jugaba por afuera, de 3 o de 4, para ver si colaba. Los de Bahía no podían creer cuando después me vieron jugar por afuera...", dice Fruet, que con el ejemplo ilustra las diferencias entre el básquet de entonces y el de hoy.

La presencia de Lito Fruet, la llegada de Alberto Cabrera y la incorporación de José De Lizaso, que era de Necochea, hicieron de la Selección de Bahía un equipo muy poderoso que ganó todo lo que se propuso. "Era muy difícil juntar tan buenos jugadores —dice Fruet—. ¿Y qué pasó? Del 60 al 70 ganamos todo. Y además se fueron incorporando otros excelentes jugadores como Ernesto Gehrmannn, Jorge Cortondo y Alfredo Monachesi. En esa década, se produce en Bahía el *boom* del básquet".

"Además de ganar todos los provinciales, desde el '66, menos en el '68, y hasta el '75 ganaron todos los Argentinos —dice el memorioso Seibane—. Y siempre de visitantes. Representaban a Buenos Aires pero la base era la de Bahía. Los clubes de la Capital Federal y de Buenos Aires querían venir para ganarnos. Y venían. Pero no podían con nosotros", cuenta orgulloso. Y Fruet agrega que "además Bahía fue la única ciudad de la Argentina en traer equipos del exterior. El nuestro era un equipo muy competitivo y nos querían enfrentar. Vinieron equipos de Estados Unidos, de universidades norteamericanas, de Brasil, de Uruguay. Los partidos eran a estadios repletos y de un entusiasmo pocas veces visto".

La ciudad vibraba con la competencia local y con la representatividad de su seleccionado. Responsable fue esa camada única y, en especial, el Beto Cabrera. "Era distinto, un jugador NBA, diría —compara con respeto un emocionado Fruet, su rival en el básquet local, uno con Estudiantes y el otro con Olimpo, pero compinches en la Selección Bahiense—. Me puedo llenar la boca hablando de él. Nació para jugar al básquet pero era un tipo que no paraba de aprender. Es que además de jugar, leía el partido, ayudaba al técnico y nos enseñaba cómo movernos dentro de la cancha. Era un exquisito". Fruet recuerda que fueron los primeros en traer la marca a presión. "Cabrera se la vio en un Mundial a los japoneses y la trajo. La usamos en un Argentino y ese día Capital no pudo pasar la mitad de la cancha".

Para Oscar "Huevo" Sánchez, un entrenador bahiense que luego tendría un rol clave en la formación y carrera de Emanuel Ginóbili, Cabrera fue un adelantado a su época. "Ahora se ven cosas que él ya hacía hace treinta años. Sistemas de juego, tácticas, defensa de los tiradores, el hombre a hombre. Era un tipo muy inteligente, muy obsesivo. Fue el primero en viajar a Europa para ver cómo jugaban Yugoslavia, Rusia y los demás equipos. Captaba todo y después lo traía a Bahía. Y lo aplicaba."

Con el correr de los años y de sus actuaciones, Cabrera adquiriría la dimensión de un ídolo único. Su temprana muerte en el año 2000, víctima de una fulminante leucemia, no lo privó de saber que había sido consagrado como el mejor deportista de Bahía Blanca del siglo. Su presencia, y la de los otros que lo acompañaron en esos años de oro, fue el prolegómeno de la aparición de otro fenómeno que provocaría otra conmoción en Bahía Blanca, en la Argentina y que trascendería sus fronteras.

Bahiense del Norte

Esos años de oro del básquet local fueron también años de oro para Jorge Yuyo Ginóbili. Pero no en el aspecto estrictamente deportivo. En 1961 se produjo el inevitable encuentro entre los Ginóbili y los Maccari. La calle Estomba fue el hilo conductor; y el lugar común, Bahiense Juniors. Yuyo vivía en Pasaje Vergara 14 y Raquel Maccari en Estomba 780. A menos de 150 metros uno de otro. Y el club estaba justo en el medio. Además de jugador, Jorge era por entonces el entrenador de los más pequeños. Uno de sus alumnos era, precisamente, Rubén, hermano de Raquel. Jorge tenía 20 años, y Raquel, 15. Así, ese barrio de casas bajas —a escasas siete cuadras del centro de la ciudad, donde las quintas y los baldíos se extendían casi sin edificios a la vista, de calles de empedrado y con Bahiense Juniors como principal testigo— fue escenario de un noviazgo que duró seis años.

El nuevo domicilio de Raquel tenía una explicación. Pocos años antes, el 12 de julio de 1955, Constantino Maccari, su padre, tuvo un golpe de suerte. El número que había comprado en la tradicional rifa de los Bomberos Voluntarios de Bahía Blanca —que repartía importantísimos premios— salió favorecido con el premio mayor. El 11.941 le permitió a Constantino ganar un chalet de dos plantas totalmente amueblado en la avenida Alem 970, frente al club Universitario, en una de las zonas residenciales de la ciudad, que valía medio millón de pesos. Un sonriente Constantino quedó registrado en la fotografía de *La Nueva Provincia* del 18 de julio de ese año cuando las autoridades de Bomberos le entregaron la escritura. Los Maccari no llegaron a ocupar el chalet ya que prefirieron venderlo. Con el dinero compraron una propiedad ubicada, como no podía ser de otra manera, en la calle Estomba. Constantino instaló allí su fábrica de soda, de donde era posible verlo salir a hacer el reparto a bordo de una camioneta Chevrolet del año '27. La buena fortuna de Constantino tendría años más tarde un fiel heredero: uno de sus nietos, el tercer hijo de su hija Raquel.

Jorge cumplió con el servicio militar —por entonces era obligatorio en la Argentina— y a los 21 años, cuando lo terminó, comenzó a trabajar como empleado administrativo en la empresa tabacalera Nobleza Piccardo, donde permanecería durante treinta y nueve años. Desde entonces, su vida pasó por el trabajo y por el básquet. Y también, claro, por Raquel.

En diciembre de 1968, Raquel y Jorge contrajeron matrimonio. La fiesta, como era de esperar, se realizó en salón de Bahiense Juniors. Los hijos no tardaron en llegar. El 17 de marzo de 1970 nació Leandro, el primogénito. "Al principio era muy feo y el único que lo vio hermoso fue mi esposo Constantino, que estaba como loco con su nieto —recuerda Adelia, la mamá de Raquel—. Ella tuvo un embarazo muy lindo. Si hasta el día anterior al parto estuvo andando en bicicleta." Con el correr de los días se pudo comprobar rápidamente que los genes de su bisabuelo David Ginóbili estaban presentes en él: era rubio y de ojos celestes. Y lo mismo sucedió cuando, el 10 de junio de 1972, nació Sebastián. El segundo hijo de Jorge y Raquel también llevó la impronta física de David. Jorge siempre lamentó que su padre Primo no llegara a conocer a sus nietos. Había fallecido el mismo año de su casamiento, 1968, pero en el mes de enero. "Murió muy joven, tenía 63 años. Siempre sentí que no haya podido conocer a ninguno de sus nietos", dice Jorge.

Entre el nacimiento de Leandro y el de Sebastián, se produjo la mayor proeza del básquet de Bahía Blanca. Yugoslavia, el campeón del mundo, llegó a la ciudad para jugar con el seleccionado local. La noche del 3 de julio de 1971, sin Fruet, que estaba lesionado, pero bajo la batuta de Alberto Cabrera, consiguió un resultado histórico. Le ganó a Yugoslavia —cinco de sus integrantes pasaban los dos metros de altura— por 78 a 75. "Yo ya los conocía, había jugado contra ellos en un Mundial. Pero de ese partido quedé afuera por una lesión en el codo —recuerda Fruet—. Ese día se inauguró el estadio de Olimpo, que estuvo repleto. Para nosotros fue un partido importantísimo. Y la gente enloquecida. Pero debo aclarar que en Bahía la gente siempre nos acompañó. Es que todos los que integramos esa Selección teníamos nuestro puesto ganado. Cada uno tenía su personalidad. Y éramos distintos unos de otros hasta para jugar. Pero cuando entrábamos a la cancha éramos una familia. Así fue como jugamos partidos memorables y llegamos a la Selección Argentina." A la hora de señalar alguno de esos partidos memorables —además del triunfo sobre Yugoslavia—, Fruet se acuerda en particular de uno contra un equipo norteamericano. "Le ganamos a estadio lleno. Hay una foto donde Cabrera me hace un pase para atrás sin mirar y la pelota pasa entre el trapecio y yo hago el doble. Me explotaba el tímpano del ruido que hizo la gente..."

Fue por esos años, también, cuando los directivos de Bahiense alcanzaron otro logro: el de techar la cancha de básquet, beneficiados por un préstamo del Ministerio de Bienestar Social a cargo de Francisco Manrique, por 10.500 pesos. Ya habían conseguido techar la cancha. Sólo restaba cerrarla por completo, algo que concretarían pocos años después.

En 1973, una lesión marcó la culminación de la carrera basquetbolística de Jorge Yuyo Ginóbili. "Fue una lesión importante, una luxación en el hombro. Estuve cuarenta y cinco días con el brazo muy mal y ya no hubo vuelta atrás." Jorge había practicado el básquet durante veinte años. Pero su vinculación con el deporte que lo apasionaba no había terminado. Por el contrario, su actividad siguió en aumento. Y, al igual que su padre, siguió vinculado a todas las actividades del club. Desde enseñarles a los más chicos hasta formar parte de la comisión directiva. "Cuando iba al club hacía de todo. Nos hacíamos tiempo para enseñarles a los más pequeños. Y a mis hijos los llevaba de la mano. Como mi padre hizo conmigo."

Los clubes ya eran en Bahía Blanca uno de los motores sociales de la ciudad. Solo en el barrio de Bahiense Juniors, y en diez cuadras a la redonda, convivían nueve de ellos.

Era el lugar de encuentro de las familias y vecinos, el punto en común. Cada uno con su propia identidad aunque con características similares. Las instalaciones eran mínimas y lo que se lograba construir se debía al esfuerzo de los asociados. Sostenerlas no resultaba una tarea sencilla.

En 1975, los directivos de Bahiense Juniors —entre los que se encontraba Yuyo— tomaron una decisión que sería vital para su crecimiento posterior. Resolvieron fusionarse con Deportivo Norte, otro club que estaba en la misma calle Salta, en el número 351, a tres cuadras de distancia. La fusión se concretó en términos bastante ecuánimes, en lo que a resignación de identidad se refiere. Así, para el nombre del nuevo club se eligió una parte del nombre de cada uno. Bahiense de uno y Norte del otro. Y el 1º de diciembre nació Bahiense del Norte. Hasta los colores de la camiseta del nuevo club fueron una combinación perfecta de las dos anteriores. El amarillo era el color preponderante en Bahiense Juniors, y el azul, el secundario. En Deportivo Norte, el color principal era el rojo, y el azul el que lo acompañaba. De esta manera, los nuevos colores de Bahiense del Norte fueron el amarillo y el rojo con vivos azules. "Fue una idea bárbara de gente visionaria", dice hoy Yuyo. Y tiene razón. Es que la fusión fue bastante audaz para la época. Quienes la llevaron a cabo tuvieron la capacidad de entender que sólo aunando esfuerzos tenían alguna posibilidad de seguir adelante. Y lo hicieron no sin resistencias de algunos que preferían dejar todo como estaba. Pero fueron más los que creyeron que era necesario resignar una parte de lo que eran para seguir creciendo. La fusión implicó la venta del predio de Deportivo Norte. El nuevo club se estableció donde estaba Bahiense Juniors. Es decir, en Salta 28.

Esta decisión cobra mayor relieve si se tiene en cuenta el convulsionado tiempo político y la grave debacle económica que vivió en esos años la Argentina. La muerte del general Juan Domingo Perón —que había regresado al país tras un exilio de dieciocho años y accedido a su tercer período presidencial— potenció la crisis. Su viuda, María Estela Martínez, "Isabelita", quedó a cargo del Ejecutivo. Pero el vacío de poder y los graves enfrentamientos entre bandas armadas de izquierda y de derecha dentro del peronismo profundizaron aun más la tensión. En ese mismo 1975, se produjo el denominado "Rodrigazo" —por el ministro de Economía Celestino Rodrigo—, que practicó una devaluación del 160 por ciento, un incremento de las naftas del 180 por ciento y de las tarifas de los servicios públicos del 75 por ciento. Como tantas otras instituciones que estaban sostenidas por la clase media —las más afectadas por esas medidas—, los clubes de barrio sufrieron las consecuencias. Para muchos de ellos, fue el comienzo de la desaparición. Sólo en Buenos Aires, por ejemplo, de las 700 instituciones que había en los años 40, en los 90 quedó la mitad.

Bahiense del Norte pudo así estar más preparado para emparentarse con los clubes poderosos. Poco después —y gracias a la fusión— la cancha de Alsina 28 también quedó totalmente cerrada. El cerramiento de pared a pared se pudo hacer a cambio de la cesión de los terrenos de Salta 351 de Deportivo Norte.

El primer presidente del flamante club fue Jorge "Yuyo" Ginóbili, hijo de uno de los fundadores de uno de los clubes madre. Pero al tiempo que iniciaba una larga carrera dirigencial, se dio uno de los últimos gustos en la práctica del básquet. Formó parte del equipo de veteranos de Bahiense del Norte del primer y único Campeonato de Veteranos. Fue en junio de 1976. Participaron además los clubes Estrella, Estudiantes, Napostá, Sportivo Bahiense, Pacífico, San Lorenzo, Independiente y Leandro Alem. Bahiense del Norte se coronó campeón con un doble convertido sobre la hora por Bruno de Marchi, un compañero de Yuyo. En una nota del número 8 del segundo año de la revista *Encestando* —publicación local muy consultada por los fanáticos—, acompañada por una foto del equipo y bajo el título de "Bahiense del Norte, con lo justo y a lo último", se da cuenta del campeonato obtenido por el "quinteto de la calle Salta". Para la revista "el campeón simbolizó ante todo la fuerza, incluyendo buenas producciones de Ginóbili, De Marchi y Del Gobbo", y califica a Yuyo como "el émbolo" de Bahiense del Norte. "Particularmente entiendo que salió lindo —dijo Yuyo a *Encestando*—, aunque debo confesar que esperaba ansioso la finalización porque físicamente resultó bastante bravo. Es que se alargó demasiado en la definición y uno no está en ritmo como antes..."

Bahiense del Norte nació entonces con la impronta de una sabia decisión y de esfuerzos compartidos. Y logró así superar ese período con mayor fortaleza. Con ese mismo espíritu, se ocupó de la formación de los jóvenes que se acercaban al club. Y los resultados no tardaron en llegar. De su semillero surgirían jugadores que luego harían historia. Tres de ellos lograrían en 2004 la máxima conquista del básquet argentino: el oro olímpico. Y uno de ellos en particular sintetizaría las mejores cualidades de su familia, de su club, de su barrio y de su ciudad.

Capítulo II

Manu en el Jardín de Infantes del colegio Claret.

1,10 metro

UNA LUZ EN LA OSCURIDAD

Cuando nació Emanuel Ginóbili, la Argentina llevaba un año y cuatro meses bajo la dictadura militar más dura de su historia. El 24 de marzo de 1976, las fuerzas armadas, tras un violento golpe de Estado, habían desalojado del gobierno a Isabel Perón. El vacío de poder, las luchas de facciones dentro del gobierno de Isabelita y la violencia entre grupos paramilitares y la guerrilla fueron las excusas que alegaron las fuerzas armadas para quebrantar el orden constitucional. El autodenominado Proceso de Reorganización Nacional instauró un régimen de represión y terror que se extendió a todos los rincones del país. Bahía Blanca, por cierto, no quedó al margen. Estudiantes de la Universidad del Sur fueron especialmente vigilados y perseguidos. La desconfianza ganó las calles, y sus habitantes, como en el resto del país, se replegaron sobre sí mismos. Con las instituciones democráticas clausuradas, con la libertad de expresión anulada, la sociedad argentina debió aprender una nueva forma de vivir.

En julio de 1977 —el mes del nacimiento de Emanuel Ginóbili—, un dólar costaba 416 pesos y la famosa "tablita" cambiaria del poderoso ministro de Economía de la dictadura, José Alfredo Martínez de Hoz, estaba en plena vigencia. El ciclo del dólar barato, los viajes al exterior de extensos sectores de la clase media y la época del "deme dos" comenzaban a despuntar.

El día después de que Raquel dio a luz a Emanuel, el equipo de básquet del club Obras Sanitarias —por entonces uno de los más destacados del país— perdió en el Luna Park con el Francana de Brasil por 78 a 75 y quedó relegado al tercer puesto del Sudamericano de Clubes. La noticia —que de algún modo entristeció a los Ginóbili— no alcanzó a opacar los fastos que produjo el nacimiento de Emanuel... aunque nadie podía imaginar entonces que ese bebé dormilón y quejoso les iba a dar algún día alegrías de otra clase, menos gregaria.

En esos años, el deporte argentino transitaba un tiempo de gloria: el de la consolidación del zurdo tenista Guillermo Vilas, que marcaría un antes y un después en el tenis nacional, y el de la aparición de quien se convertiría en el mejor futbolista de todos los tiempos, el también zurdo Diego Armando Maradona. Diego había debutado en la primera división de Argentinos Juniors con sólo 16 años —el 20 de octubre de 1976— y poco después, en febrero de 1977 —cinco meses antes del nacimiento de Emanuel—, en la Selección mayor.

La vida cotidiana en la Argentina de esa época no era fácil: fueron años de plomo. Sin embargo, aun en los momentos de mayor oscuridad de un país —y quizá como contrapartida—, los mejores valores de su gente pueden germinar y florecer. La luz que irradió su familia, su barrio, su club y su ciudad fue el contexto que, sumado a sus cualidades personales, le permitieron a Emanuel crecer, desarrollarse, tener luz propia. Y forjar una personalidad que amalgama lo mejor de los argentinos: la pasión, el talento, la inteligencia, la disciplina y, fundamentalmente, la humildad y la sencillez. Rasgos distintivos de este deportista, también zurdo, que está tocado por la varita mágica de los elegidos.

"BOBOTINO"

Los registros familiares —difusos en la memoria de cualquier grupo cuando se trata del tercer hijo— afirman que las primeras palabras que pronunció Emanuel fueron, como no podía ser de otra manera, "mamá" y "papá". Pero hasta llegar a ese momento mostró que no quería pasar inadvertido y que la atención de la familia debía estar dirigida todo el tiempo hacia él. Los testimonios de padres, hermanos y tíos así lo confirman. "Era bravo de bebé y muy nervioso. Tomó la teta hasta los seis meses —dice su mamá Raquel— y era bastante complicado a la hora de comer. Si tomaba la teta, no tomaba la leche; si tomaba la leche, no quería tomar la teta... Y si no tomaba ninguna de las dos cosas, lloraba..." Raquel trata de explicar esa conducta: "tal vez, al ser el tercer hijo, una ya no tenía la misma paciencia, pero él era muy temperamental; es más, diría que tenía un temperamento del diablo...". Yuyo, por su parte, ratifica las expresiones de su esposa. "Fue el bebé más difícil de los tres. No dormía de noche, era rebelde... terrible."

El tío Raúl Maccari, hermano de Raquel, dice que Emanuel fue muy distinto de todos. "Esperábamos a otro rubio con ojos celestes. Y Manu rompió esos esquemas. Enseguida se hizo notar porque era tremendo. Era muy inquieto. Por ejemplo, a Raquel le encantaba tejer a máquina. Pero cuando nació Emanuel la tuvo que archivar. Tenía que estar todo el tiempo ocupándose de él." Raúl sostiene que Emanuel es físicamente más parecido a los Maccari. "La nariz... es un Maccari puro y de carácter muy parecido a mi papá Constantino, que era reservado pero muy divertido."

Yuyo dice que cuando Emanuel empezó a caminar se acabaron esos problemas. Sucedió exactamente a los diez meses y cinco días de haber nacido. El viernes 2 de junio de 1978. Era el tiempo en que las transmisiones televisivas en la Argentina comenzaban a las 4 la tarde. Las series preferidas eran *Bonanza* y *El Zorro*; y la telenovela *Un mundo de veinte asientos*, con Claudio Levrino y Gabriela Gilli, por canal 9, era una de las más vistas.

La fecha y el registro exacto del momento en que Manu dio los primeros pasos están intactos en la memoria familiar. Fue el día del debut de la Selección Argentina en el

Mundial de Fútbol de 1978. "Me acuerdo perfectamente porque pasó caminando frente al televisor en medio del partido entre la Argentina y Hungría", dice Yuyo. Y es Raquel la que completa el cuadro. "Estábamos mirando el partido y Manu se largó a caminar. Claro, eran sus primeros pasos y venía a los tumbos. Se cayó y se pegó la cabeza contra una punta de la mesa ratona del living. Se hizo un corte en la frente. ¿Si llamamos al médico? No... le pusimos un apósito. Él siguió con sus intentos y nosotros seguimos mirando el partido." Ese primer partido terminó 2 a 1 a favor de la Argentina, con goles de Leopoldo Jacinto Luque y Daniel Bertoni. La Selección Nacional finalmente terminaría ganando el Mundial. Pero en esa anécdota del golpe en la frente en el primer intento de caminar muchos ven el ejemplo de lo que sería después una de las características deportivas de Emanuel: recibir golpes, no quejarse, levantarse y seguir adelante hasta conseguir su objetivo.

El mes de diciembre de 1978 trajo la preocupación de un inminente conflicto armado con la vecina República de Chile, gobernada entonces por otro dictador: el general Augusto Pinochet Ugarte. En enero de ese año, el gobierno militar argentino había rechazado el laudo arbitral de la corona británica por el diferendo entre los dos países por el Canal de Beagle. Una creciente tensión llegó a su punto culminante cuando a fines de año el gobierno *de facto* del general Jorge Rafael Videla dio la orden de movilizar tropas. En muchos lugares del país, en especial en el sur, se sintió con más fuerza esa tensión. Bahía Blanca fue uno de esos sitios. El sábado 23, bajo una llovizna, las calles de la ciudad vieron el paso del Regimiento 7 Coronel Ramón Estomba rumbo a "un lugar no determinado del sur del país" debido al "alerta a la [sic] que obliga la tensa situación por el conflicto del Beagle", como dirían los documentos periodísticos de la época. A modo de desfile militar, tanques con soldados en las torretas, carros blindados, remolques con artillería pesada y otros vehículos militares pasaron por la Avenida Colón y otras calles céntricas de

Bahía Blanca, donde muchos aún recuerdan los simula-
cros de ataques aéreos —con apagón incluido— que mo-
dificaron, entonces, los hábitos cotidianos de la ciudad.
Finalmente, una mediación de último momento del Papa
Juan Pablo II y el envío de una misión encabezada por el
cardenal Samoré, impidieron que se concretara la locura
de un enfrentamiento bélico entre los dos países.

En esa época, los hermanos de Manu, Leandro y Sebastián, tenían 8 y 6 años, respectivamente. Y, al igual que
su padre, ya habían tejido un vínculo muy fuerte con
Bahiense del Norte y con el básquet. Leandro rememora
esos primeros tiempos. "De cuando era chico me acuerdo
con mucho cariño de las quermeses que se hacían ahí.
Ahora ya está todo construido pero en esa época era todo
potrero. No nos dejaban jugar al fútbol, pero al fondo había como un cañaveral donde con mis amigos hacíamos
casas con chapas. Y nos quedábamos a dormir ahí. Mi vie-
ja tenía que salir a los gritos para venir a buscarnos." Los
cien metros que separaban la casa de la calle Vergara 14
de Bahiense del Norte eran un simple trámite para los
hermanos Ginóbili. Raquel o Yuyo los llevaban hasta la
esquina de Estomba, los ayudaban a cruzar la calle y de
ahí sólo tenían que doblar por Salta hacia la izquierda
hasta el número 28. "Ya desde los seis años íbamos solos
—dice Sebastián—. Prácticamente vivíamos ahí. No sólo
era ir a jugar al básquet. Gran parte de nuestra vida pasaba por ahí. Nuestros amigos eran del club. Jugábamos a
las escondidas, andábamos en bicicleta..."

Además del colegio y del club, la actividad de los Ginóbili más pequeños también tenía otra parada obligato-
ria: la casa de los abuelos maternos, Constantino y Adelia
Maccari. Ya habían dejado la propiedad donde habían instalado la fábrica de soda, y hasta que le devolvieran otra
casa en Estomba 753, que tenían alquilada, vivieron en
Ayacucho al 1200. Fue la única vez que se alejaron —aunque en forma temporaria— de la calle Estomba. La de
Ayacucho era una propiedad grande, de diez por veinte
metros, pero al mismo tiempo bastante desolada. Tanto

que los chicos encontraban lugares para hacerla más atractiva. La habían bautizado como "el rancho" y hasta tenían espacio para jugar a las bochas con el abuelo. "Estaba a cinco cuadras de mi casa —dice Sebastián—. Así nuestro circuito no iba más allá de esas cinco cuadras a la redonda..." Leandro, el primer nieto de Constantino, por el cual este tenía especial debilidad, recuerda siempre a su abuelo con una sonrisa. "Le hacíamos lo que queríamos. A mí me iba a buscar en bicicleta y me llevaba en un canastito que él mismo había hecho. Era un fenómeno..."

Poco después del nacimiento de Emanuel, los abuelos Maccari volvieron a instalarse en la casa de Estomba 753, donde Constantino vivió hasta sus últimos días y donde aún vive Adelia. "Se levantaba a las seis y cuarto de la mañana y ya se iba para la parte de atrás de la casa —dice Sebastián—. Ahí tenía una huerta donde plantaba de todo. Había muchos árboles frutales y cuando llegaba la época de cosechar íbamos nosotros. Nos trepábamos al nogal, a la higuera y lo ayudábamos." El tío Raúl Maccari —hombre sensible y bondadoso— no puede ocultar la emoción cada vez que habla de su padre y los ojos se le llenan de lágrimas: "Mi papá —recuerda— tenía fascinación por su huerta. Plantaba tomates, lechuga, achicoria, zapallo... El jardín no le importaba. Siempre decía que las flores no producen nada...".

Para los hermanos Ginóbili, ir a la casa del abuelo era toda una aventura. No por la distancia sino por todo lo que encontraban una vez que llegaban allí. "Mi abuelo era muy especial. Además de la huerta, en la parte de atrás de la casa tenía de todo —dice Sebastián—. No tiraba nada y guardaba todo en un galponcito al que le decíamos la 'villa miseria'. Ahí hasta hacía soda con unos sifones antiguos. De todo tenía: conejos, un tero, un peludo, chimangos, perros, gatos, tortugas... Estaba lleno de jaulas para los conejos. Y también un gallinero. Un hermano de mi abuela vivía en el campo, en Villa Iris, a unos 80 kilómetros de Bahía, y cada vez que mi abuelo iba para allá, bicho que encontraba, bicho que se traía. Me acuerdo de un loro, que todavía está en la casa, que grita como loco. No sabés lo que es. A la mañana pega cada alarido..." Sebastián recuerda con su franca sonrisa cada una de las vivencias con su abuelo y todavía se sorprende cuando dice que eso pasaba "en una casa que está a sólo siete cuadras de la Plaza Rivadavia, pleno centro de Bahía Blanca". En la casa de "Bobotino" —así le decía Manu a su abuelo Constantino en su media lengua cuando era pequeño—, los hermanos Ginóbili tuvieron una de sus mejores escuelas. Y fue uno de los lugares luminosos donde Emanuel aprendió el valor de disfrutar de las cosas simples de la vida.

EL "HUEVO" SÁNCHEZ

A partir de 1972, los chicos de hasta diez años de Bahía Blanca que jugaban al básquet pudieron comenzar a competir en una categoría denominada Preniños y después Mini-bidi. Hasta entonces, sólo existían las categorías desde 12 años. De esta manera, además de jugar, pudieron competir a más temprana edad. Desde 1979, se pusieron en práctica las categorías que rigen hasta hoy. La inicial era Premini, para niños de hasta diez años de edad.

Si bien ya lo practicaban, Leandro y Sebastián encontraron así un marco competitivo donde desarrollar su básquet y continuar con la pasión de Yuyo. Y con los colores de Bahiense del Norte, claro. El primero en comenzar fue Leandro. "El básquet era como un alargue de mi cuerpo. Mi vida era mi casa, el club, la pelota y la escuela. Empecé a jugar como algo natural. Era el deporte que mi viejo amaba y que yo empecé a querer. Pero no lo jugué porque mi viejo me haya inducido. Al contrario. Me salió solo. Con mis hermanos pasó después lo mismo."

En su casa, Raquel tenía una regla de oro: nada de aros. "Si quieren jugar, nos decía mi mamá, vayan al club. No quería que le rompiéramos las plantas. También es cierto que teníamos el club a la vuelta y era otra época. Estaba abierto las 24 horas y no había tantas actividades como las que tiene ahora." Sebastián recuerda otra de las reglas de la casa. "La hora de la siesta era sagrada. No podíamos hacer ruido. Y si nos pasábamos un poco de la raya, nos mandaban para el club."

Testigo privilegiado de esta movida primero, y partícipe después, fue el pequeño Emanuel. La llegada de otras personas —entre ellas, un personaje que combinó la pasión por el básquet y el amor por la familia— completarían en los años siguientes un particular e irrepetible marco de crecimiento para el más chico de los Ginóbili.

Por recomendación del árbitro Rodolfo Gómez, señalado como uno de los mejores que hubo en la Argentina, Oscar "Huevo" Sánchez llegó en 1978 a Bahiense del Norte para dirigir el equipo. Nacido en Bahía Blanca en 1959, heredó de su padre la pasión por el básquet. Creció en Alem, el mismo club de su progenitor. Los partidos de básquet de Veteranos, en los que jugaba su padre, y los de bochas, acompañaron su crecimiento. De la mano de su papá, pudo palpar y sentir en las canchas el furor de la época de oro del básquet local. En Alem jugó desde los siete hasta los quince años. Incluso estuvo a punto de pasar a Estudiantes, cuyo referente máximo era Alberto Cabrera. "Ese año de 1975 —recuerda Sánchez—, el Beto Cabrera jugó una final del Torneo Argentino con una hernia. Y a pesar de eso salieron campeones. Después que lo operaron, me regaló su camiseta. Pero me dijo que tenía prohibido usarla todavía." Fue precisamente gracias a Cabrera que Sánchez llegó a la dirección técnica. Tenía 16 años. "Cuando falleció mi padre, Cabrera me dio una división de minibásquet para dirigir. Recuerdo que me pagaba cien pesos para el micro. Así fue como empecé. Y a los 17 años ya comencé con la Primera. Yo buscaba emular a Cabrera, que era un fenómeno. Creo que Beto marcó mi vida. Le debo tantas cosas... Sufrí mucho con su muerte...". Ese fue el comienzo de una trayectoria muy exitosa que lo llevaría a ser, con el correr de los años, uno de los mejores técnicos de la Argentina. Y que lo convertiría en el principal protagonista de la carrera basquetbolística de Leandro, Sebastián y, en especial, de Emanuel Ginóbili.

Cuando Sánchez empezó en Bahiense, trabajando en la escuelita de básquet, también conducía El Nacional. En esa época era habitual que un técnico dirigiera distintos equipos. Con El Nacional obtuvo el tercer puesto del torneo local en 1978.

Jorge Ginóbili era el presidente de Bahiense del Norte cuando Oscar Sánchez fue contratado. Si bien no se conocían personalmente, el Huevo había oído hablar de Yuyo y sabía que había jugado en el primer equipo de Bahiense Juniors. "Me encontré con un club muy de barrio, donde todo se hacía a pulmón. Y donde las familias estaban permanentemente ayudando. Los Montecchia, los La Bella, los Ginóbili. Son apellidos de gente que está en el club de por vida y ayudando al básquetbol", dice Sánchez. No pasó mucho tiempo antes que la inicial relación profesional se transformara en una relación personal mucho más estrecha, que se prolongaría en el tiempo. "Los Ginóbili son como mi familia —dice Oscar—, soy un enamorado de todos ellos."

En 1979, Sánchez trabajó también en Nobleza Piccardo, la empresa donde se desempeñaba Yuyo. Pero en un puesto diferente. "Empecé a trabajar de changarín. Iba a las 4 o 5 de la mañana a bajar cajones de cigarrillos. Así pude ganar dinero extra para viajar al exterior a hacer cursos." Precisamente esa fue una de las virtudes de Huevo. Aprovechar las enseñanzas de Cabrera. Y siempre que pudo, viajó al exterior a perfeccionarse. Estuvo en un Congreso Sudamericano de Entrenadores en San Pablo y en 1980, con apenas veintidós años, participó del Congreso Mundial que se llevó a cabo en Indianápolis, Estados Unidos. En esa misma ciudad, veintidós años después, uno de sus discípulos, Emanuel, tendría una actuación consagratoria.

Para Sánchez, Jorge Ginóbili fue y sigue siendo un gran consejero. "Es como mi padre, como un hermano. Es un tipo muy honesto. Y fue increíble la crianza que les dio a sus hijos." A Raquel la define como su mejor amiga. "Es la madrina de mis hijos. Desde 1978, todos los días, todas las mañanas, todas las tardes estábamos en su casa. La cocina de Raquel es parte de la historia del básquetbol de Bahía Blanca. Ir ahí era como ir a la Asociación. Iba el 'Viejo' Coleffi, el 'Pelado' Demarchi... yo... Todos coincidíamos en ese lugar. Y nos pasábamos horas hablando de básquet. Yo tenía un lugar reservado, que era especial para mí. No me sentaba a la mesa. Me gustaba estar en un costado, al lado de la cocina. Ese era mi lugar. En esa época a Raquel le decía 'Isabelita', porque manejaba todo. Me esperaba con el cheque en la esquina y me pagaba la mensualidad por mi trabajo en el club." A Sánchez se le nota la admiración que tiene por los Ginóbili. "Viven y van a vivir toda la vida igual. Tienen una conducta impresionante y se han sabido ganar el respeto de sus hijos."

En abril de 1979, cuando Emanuel no había cumplido aún los 2 años y el Huevo Sánchez hacía sus primeras armas en Bahiense del Norte, se celebró en Bahía Blanca el vigésimo octavo torneo Sudamericano de Básquet. Además de la Argentina participaron Brasil, Chile, Venezuela, Uruguay, Paraguay y Perú. Con la presencia de Alberto "Mandrake" Cabrera, que se había retirado del combinado nacional en 1975 pero que regresó a pedido del técnico Miguel Angel Ripullone, la Argentina se consagró campeón al ganarle en la final a Brasil por 90 a 85. El plantel estaba compuesto, además, por Carlos González, Jorge Martín, Luis González, Gustavo Aguirre, Adolfo Perazo, Fernando Prato, Carlos Romano, Eduardo Cadillac, José Luis Pagella, Carlos Raffaelli y Luis Oroño. Años después, una hija de Oroño ocuparía un lugar preponderante en la vida de Emanuel.

Una anécdota pinta de cuerpo entero la personalidad de Oscar "Huevo" Sánchez y su pasión por el básquet. Una mañana, como tantas otras, mientras tomaba mate en la cocina de la casa de los Ginóbili, Raquel recibió un llamado del colegio pidiéndole que los padres concurrieran a la escuela porque su hijo Leandro tenía problemas con la maestra. Le explicaron que el chico se pasaba el día tirando papelitos en un cesto de basura como si fuera un aro de básquet y no prestaba atención en clase. Leandro era un excelente alumno y la noticia sorprendió a Raquel, que resolvió ir de inmediato al colegio. "No lo puedo creer", dijo Raquel. Huevo le propuso llevarla. Cuando llegaron, Oscar amagó entrar con ella. "¿Adónde vas?", le preguntó Raquel. "Con vos, te acompaño", le respondió Oscar. En vano intentó Raquel que se quedara afuera. "No podés venir conmigo", le explicó. Pero no lo consiguió. Minutos después, estaban los dos sentados frente a la maestra. Oscar, simulando ser el padre de Leandro. Las palabras que entonces pronunció quedaron en la historia de las anécdotas familiares. Mirando fijamente a la maestra le dijo: "Pero señora, ¿usted está desubicada? ¿Cómo lo va a molestar con los deberes de la escuela? ¿No ve que cuando el chico tira los papelitos está entrenando? Que sea la última vez que le corta el entrenamiento al chico...".

Ese especial espíritu de Oscar "Huevo" Sánchez y su "locura" bien entendida por el básquet las vivió también Emanuel. No había cumplido todavía tres años cuando empezó a recibir de parte de Huevo las técnicas básicas de cómo picar la pelota y cómo llevarla. El lugar: la cocina de la casa de los Ginóbili.

LA HORA DE MANU

Raquel lo recuerda muy bien. "Tac, tac, tac, tac..." Con ese ruido tuvo que convivir diariamente cuando a Sánchez se le ocurrió enseñarle a Manu a picar la pelota de básquet. "Había vuelto de los Estados Unidos, de uno de los cursos, y se trajo unos guantes especiales para que los chicos aprendiera a picar la pelota y unos lentes que impedían mirar la pelota cuando la picaban. Manu tenía algo más de 2 años, hacía poco que había empezado a caminar... Yo le decía: 'pero no seas pesado, no ves que es muy chico'. Pero no había nada que hacer. Huevo era muy insistidor, un fanático", dice hoy Raquel. Yuyo, a su lado, completa la descripción de los implementos que usaba Sánchez. "Los guantes tenían como un botoncito en la palma que obligaba a sentir la pelota con los dedos. Lo otro era una anteojera que se colocaba debajo de los ojos, sobre la nariz, que impedía ver hacia abajo y obligaba a mirar hacia delante. Es decir, obligaba a sentir la pelota y no a verla."

Raquel —en la misma cocina en la que sucedía eso veinticinco años atrás— agrega: "Yo me reía con todas esas cosas. Y pensaba: 'Qué puede picar Manu siendo tan chico'. Pero Huevo insistía. Le decía 'poné la mano así'. Y así empezó Manu a aprender...". Yuyo completa la escena. "Le decía 'abrí los dedos', 'move la muñeca', 'picala de esta manera'. Y Manu nos volvía locos con la pelota picándola en la cocina."

Para Oscar Sánchez, fue natural enseñarle. "¿Por qué? Estábamos todo el día ahí. Era una familia de básquet. El club y la casa eran lo mismo. Son cosas que quizá surgieron de mi fanatismo, pero fue algo natural. Diría que fue algo memorable."

Pero la experiencia del aprendizaje no terminó allí. Una vez que Manu empezó a dominar mejor la pelota, Sánchez agregó un poco más de trabajo. "Cuando tenía tres o cuatro años, en la misma cocina de Raquel, le ponía las sillas en fila para que las pasara haciendo zigzag. Después le enseñamos a tirar al aro..."

Ya entonces, los tres hermanos Ginóbili compartían el mismo dormitorio. Era una pieza que Yuyo hizo construir arriba del garaje. En la cama de la izquierda dormía Sebastián; en la del medio, Emanuel y en la de la derecha, Leandro. "Cuando era chico —dice Raquel— le gustaba venir a nuestra cama y quedarse. Pero le decíamos que no. Entonces pedía al menos estar un ratito. Y cuando llegaba el momento de ir para su cama, la ceremonia volvía a empezar." El propio Leandro recuerda que "en nuestra pieza hacíamos todo el lío que queríamos. Y más de una vez Manu se pasaba a mi cama a dormir". Sebastián dice que "desde chico fue muy inquieto, de estar cargoseando, de estar siempre pegado al otro. Tengo esa imagen de verlo pululando por la cocina arriba nuestro. Eso sí, a la hora de dormir tenía que ser el primero. Pero no porque él quisiera, sino por mandato familiar".

Con el correr de los años, las paredes de esa pieza quedarían totalmente decoradas con elementos vinculados al básquet. Trofeos, medallas y pósters, en especial de la NBA, ocuparían gran parte de las paredes, del tiempo y del pensamiento de los tres hermanos.

En el país, en tanto, seguía creciendo la tensión política. Debido a las denuncias de flagrantes violaciones a los derechos humanos, comenzó la reacción internacional. En septiembre de 1979, arribó a Buenos Aires un grupo de delegados de la Comisión Interamericana de Derechos Humanos de la OEA. A pesar de las presiones de la dictadura militar, cientos de víctimas de desaparecidos se presentaron ante la Comisión para denunciar sus casos. La OEA llegó a computar unos 5000 casos de desapariciones. En un intento por tapar una realidad cada vez más ominosa, el gobierno de Videla respondió con una campaña mediática con la consigna "Los argentinos somos derechos y humanos".

En ese contexto, la Selección Juvenil de fútbol, con un inspiradísimo Diego Armando Maradona, conquistó con total justicia en Japón el título de campeón venciendo a Rusia en la final por 3 a 1. Al igual que en 1978, con el Mundial de los mayores, la dictadura militar intentó utilizar este logro deportivo para ocultar su cada vez más evidente ilegitimidad. La economía, además, comenzaba a mostrar señales preocupantes. La inflación trepó al 139 por ciento anual y la deuda externa llegó a los 19.000 millones de dólares. La industria nacional sufría los efectos del "dólar barato" con la consecuente secuela de cierre de fábricas y desocupación.

En Bahía Blanca, el básquet seguía produciendo hechos llamativos. En el torneo de 1980, casi todos los equipos que disputaron el torneo local tenían dos —y en algunos casos hasta tres— jugadores extranjeros.

También en ese torneo —que obtuvo el club Alem—, debutó en Primera con sólo 14 años, y en el equipo campeón, un chico que luego sería uno de los primeros argentinos en ser seleccionados en un *draft* de la NBA: Hernán Montenegro.

Yuyo, mientras tanto, seguía cumpliendo con sus obligaciones y sus pasiones: el trabajo en Nobleza Piccardo y su tarea como presidente de Bahiense del Norte. Y, por supuesto, con su rol de padre. Sobre todo, los sábados, el día de competencia de las categorías menores del básquet. Yuyo se encargaba de llevar a sus hijos a los partidos. Muchas veces en canchas diferentes y en horarios parecidos. Jugaban Leandro y Sebastián. Manu era el acompañante ideal. "Recuerdo muy bien un sábado —dice Jorge—. Leandro jugaba en una cancha y Sebastián en otra. Uno en categoría Mini y el otro en Premini. Como tantas otras veces, fui de acá para allá. Llevé a uno y llevé al otro. Y Manu siempre conmigo. Después me tocó ir a buscarlos. Primero a uno y después al otro. La última cancha fue la del club Pacífico. Hasta que finalmente pude regresar a mi casa. Ya distendido, me senté a la mesa para comer. Eso fue hasta que escuché la pregunta de Raquel: '¿Y Manu?'. Cuando me di cuenta de que no estaba, me levanté en silencio y creo que tardé veinte segundos en ir hasta la cancha de Pacífico. Cuando llegué, me lo encontré a Manu sentadito en la puerta del club. '¿Dónde estabas, papá?', fue lo único que me dijo. Después cada vez que pasábamos por ahí decía 'acá fue donde papá me dejó olvidado'. Siempre me pasó la factura por eso", dice hoy Jorge mientras repasa la anécdota con una sonrisa. Aunque en circunstancias muy distintas, no sería la única vez que quedaría olvidado en una cancha de básquet. Pero con la misma paciencia que aguardó ese día a su padre, veinte años después esperaría su oportunidad para demostrar sus cualidades y consagrarse como una estrella del básquet mundial.

La primera vez

Faltaba poco más de un mes para que cumpliera 4 años cuando Manu concurrió por primera vez al consultorio de quien sería su pediatra hasta la adolescencia, el doctor Carlos Fernández Campaña. "Conocí a los Ginóbili con el nacimiento de su primer hijo, Leandro. Venían en forma periódica para los controles de rutina o por alguna consulta por alguna enfermedad puntual de alguno de sus hijos. Eran padres muy dedicados a ellos y preocupados por darles una vida sana y deportiva", explica el médico en el mismo consultorio del centro de Bahía Blanca donde atendió a los Ginóbili y donde sigue ejerciendo su profesión.

El doctor Fernández Campaña tendría reservado un rol más que importante en las preocupaciones futuras de Emanuel: su crecimiento y su altura. Las visitas que se sucederían a lo largo de los años estarían signadas por esas variables. Cada consulta en lo de Fernández Campaña llegaría acompañada de la obsesión por medirse, por saber si había crecido o no. Incluso, en una oportunidad, en la adolescencia, saldría con una enorme sensación de frustración luego de un pronóstico poco optimista para sus pretensiones. Claro que no era esa la preocupación del viernes 19 de junio de 1981. Ese día, Fernández Campaña no tuvo que convencerlo —como debería hacerlo en las siguientes consultas— de que por una rutina que jamás variaba primero hacía la revisación médica y, sobre el final, tomaba la talla. Esa vez no fue necesario. El chequeo se hizo sin sobresaltos. Y al término de la consulta, supo que Emanuel pesaba ya 18,800 kilos y medía 1 metro con 10 centímetros. Así quedó registrado en la ficha que prolijamente hacía de cada uno de sus pacientes. A la misma hora que Emanuel concurría con sus padres al consultorio, el ministro de Economía de entonces, Lorenzo Sigaut, hacía pública una frase que quedaría en la memoria colectiva de los argentinos y pasaría a la historia como una de las más desacertadas de un funcionario público. Tras una jornada tensa en lo económico, las reservas habían perdido 252 millones de dólares y la moneda norteamericana había cerrado en 4750 pesos, Sigaut dijo entonces: "El que apueste al dólar, pierde". Pocos días después, a fin de mes, el billete verde cotizaba a 7700 pesos. Los que habían apostado al dólar, habían ganado.

Ya por entonces, Emanuel había comenzado a asistir al jardín de infantes del Colegio Claret, en Zelarrayán y Paraguay, a tres cuadras de su casa. "Manu fue tres años al jardín de infantes porque es de fines del mes de julio —dice Raquel—. Siempre fue uno de los más grandes. Fue desde los 4 hasta los 6. Algunos me decían que debería haberlo adelantado e inscripto en primer grado. Pero, ¿para qué? Todo tiene su tiempo, ¿no?" De todos modos, reconoce que al final Manu estaba bastante cansado de ir al jardín de infantes. "Decía que se aburría. Lo que pasa es que era bastante vivo y además, con los hermanos más grandes..." Leandro tenía una afinidad muy especial con su hermano menor. Y Emanuel no le iba a la zaga. Uno tenía debilidad; el otro, admiración. Así comenzaron a cimentar una relación que se haría más intensa con el correr de los años. Manu llegaría incluso a entablar una fuerte pero sana competencia con él. Leandro, por entonces, era el encargado de acompañarlo hasta el jardín. Y a pesar de esa afinidad, los días que no tenía ganas, no era de extrañar que lo llevara de a pataditas en la cola. "Cuando estaba con bronca lo llevaba así. Es que Manu era tan inquieto...", dice Yuyo.

Una de sus maestras en el Claret fue Mirta Liliana Petruf. "Tengo grabada la imagen del chico más alto de la sala, que siempre iba último en el trencito. Lo recuerdo muy bien. Era más bien introvertido, sumamente respetuoso y obediente, excelente compañero... Jamás hizo una travesura, parecía más maduro que el resto", le dijo Mirta Petruf al periodista Fernando Rodríguez en *La Nueva Provincia* del 21 de julio de 2002.

En esa época, Emanuel tuvo que competir por la atención en su casa con alguien que no estaba en sus planes: un gran danés que su tío Raúl apodó Khadaffi. "En esos años se hablaba mucho de Khadaffi. Y el perro era negro y muy grande. Por eso le puse ese nombre —relata Raúl—. Un perro de un amigo de la familia había tenido cría y Raquel quiso tener uno de los cachorros. El perro creció con Manu, que estaba muy celoso del animal. Cada vez que volvía del jardín, el perro, que era un cachorro de siete meses pero que pesaba 70 u 80 kilos, se le iba encima y lo lamía y, de juguetón que era, le mordisqueaba la cola. Y él salía llorando. 'Khadaffi me modió', gritaba en su media lengua. Y Raquel, que defendía a su mascota, le decía 'qué le hiciste'. Lo gracioso era que mientras madre e hijo discutían, Khadaffi se acomodaba en un sillón y miraba la situación. Y después no lo podían sacar más de ahí." Finalmente, pero no a causa de los celos de Manu, tuvieron que regalarlo. "Es que a los nueve meses ya pesaba 90 kilos, era enorme y resultaba imposible tenerlo en una casa."

En el jardín de infantes, Emanuel conoció a otro chico con el que transitaría gran parte de su niñez y adolescencia. Gonzalo Suardíaz, de él se trata, es hoy un consumado administrador de empresas que reside en Buenos Aires y que a la hora de hablar de Manu tiene la memoria de un historiador. "Yo vivía a tres cuadras de su casa. De la época del Claret tengo el recuerdo de los dos con el corte de pelo en forma de taza." Anticipando sus vivencias durante la primaria explica que "me acuerdo muchísimo de haber ido a la casa de su abuela, que era divina. Era una de esas casas con un ambiente muy familiar". Gonzalo compartiría también con Emanuel la escuela primaria y parte del colegio secundario.

Efectivamente, los hermanos Ginóbili pasaban mucho tiempo en la casa de sus abuelos maternos. Por entonces, Emanuel empezó a mostrar sus gustos por los números. Y Bobotino tuvo bastante que ver. "Casi vivíamos en la casa de mis abuelos —dice Sebastián—. Nos gustaba ir y a ellos les encantaba tenernos. Emanuel, ya a los cuatro años, sabía sumar y restar. Era impresionante. Mi abuelo Constantino tuvo mucho que ver con eso. Manu hacía las cuentas y él se las corregía." Jorge, el papá, agrega que "era increíble la velocidad que tenía con los números.

Agarraba el centímetro que usaba Raquel, leía los números y los iba sumando. Y sólo tenía 4 años. Lo que pasa es que era muy inquieto. A cada rato decía 'me aburro'. Tenía que estar todo el tiempo haciendo algo".

Manu saldaba esa necesidad de actividad permanente en Bahiense del Norte. Como lo habían hecho su padre de pequeño, y sus hermanos después, comenzó a ir solo cuando tenía 5 años. "Mi señora lo tomaba de la mano, lo cruzaba la calle Estomba y desde ahí se iba solo. Desde muy chico. Le encantaba ir al club. Era como su segunda casa", dice Yuyo. "Casi siempre Jorge estaba allá. Y ahí jugaba a todo", completa Raquel. Claro que Yuyo había tomado sus recaudos. Poco después del nacimiento de Manu lo asoció al club de la calle Salta 28. Así Emanuel Ginóbili quedó registrado en Bahiense del Norte como el socio número 778.

La fisonomía del club fue cambiando con los años. Como queda dicho, ya se había logrado techar la cancha de básquet y hacer el cerramiento correspondiente. Además, poco antes de la fusión —y como sucedería con algunos de los clubes de Bahía— vendió el "aire" de la parte delantera para la construcción de un edificio en propiedad horizontal. De esta manera, el salón de fiestas y la zona donde se hacían las quermeses dieron paso a un amplio gimnasio, unas habitaciones en el primer piso —utilizadas para albergar a jóvenes que llegaban al club desde pueblos cercanos para jugar al básquet— y un local al frente. Sobre ellos se construyó un edificio de once pisos. Bahiense modificó su fisonomía pero no su esencia. Quedaba aún mucho espacio y las actividades sociales no se interrumpieron en ningún momento. Y las deportivas se fueron organizando de acuerdo con los tiempos que se avecinaban. Precisamente la Asociación había determinado que, para agosto de 1982, todas las canchas de básquet debían tener tableros de vidrio. Y a partir de 1988 todos los gimnasios debían estar cerrados. Bahiense del Norte pudo cumplir con esos requisitos mucho antes de las fechas tope que se habían estipulado.

En Bahiense del Norte, el Huevo Sánchez seguía con su tarea de director técnico. En 1979, logró obtener el campeonato de la Segunda Ascenso. Y en 1983, cuando Leandro jugaba en Preinfantiles, obtuvo el campeonato de esa categoría. "Leandro tenía 13 años —rememora Sánchez— y jugaba muy bien al básquet. Pero Yuyo lo tenía cortito. Porque tenía una locura galopante. Se agarraba con los árbitros, pateaba los tableros. Era súper nervioso. Sebastián, que se notaba entonces que también tenía mucha pasta, era mucho más tranquilo."

Oscar "Huevo Sánchez" dejó luego Bahiense del Norte. Pero eso no impidió que creciera su relación con los Ginóbili. Tanto es así que Leandro, Sebastián y Emanuel llegarían al profesionalismo de su mano y en equipos que él dirigía. El destino quiso que los tres debutaran ante el mismo equipo: Peñarol. Cuando eso sucedió, ya estaba en vigencia la Liga Nacional de Básquet. Precisamente uno de sus mentores, el técnico León Najnudel, había estado en 1982 en Bahía Blanca, en la Biblioteca Bernardino Rivadavia, con los auspicios del diario *La Nueva Provincia* y la revista *El Gráfico*, para disertar acerca del proyecto de la Liga, que finalmente se concretó en 1985. Un año antes, Manu Ginóbili, que tenía entonces poco menos de 7 años, se federó ante la Federación de Básquetbol de la Provincia de Buenos Aires. Esa Liga Nacional sería el escenario donde Emanuel Ginóbili desplegaría todo su repertorio y empezaría a destacarse en el básquet profesional.

Fue durante los años en que Emanuel concurrió al jardín de infantes cuando la Argentina vivió uno de sus períodos más dramáticos de su historia reciente. En 1981, el general Roberto Viola había sucedido al general Videla en la presidencia de la nación. La explosión de la "tablita cambiaria" de Martínez de Hoz —para quien era igual "fabricar acero que caramelos"— dejó otro tendal de damnificados. El aparato productivo había quedado desmantelado y el cierre de fábricas crecía día a día. En dos años, la deuda externa se había casi duplicado y llegaba a los 35.000 millones de dólares. La irrupción de la televisión color un año antes, y la compra desesperada en el exterior de esos aparatos, dejaron de ser novedad para los argentinos. Hacia fines de 1981, y en un "golpe de palacio", el general Leopoldo Fortunato Galtieri desplazó a Viola en la presidencia. Galtieri —el "general majestuoso" como fue definido entonces en Washington por su disposición a combatir a los sandinistas en Centroamérica— llevó al país a una aventura militar con un final trágico: la guerra de Malvinas. El 2 de abril, valiéndose de un reclamo legítimo, recuperó por la fuerza las islas Malvinas. La reacción británica no tardó en llegar. La primera ministro Margaret Thatcher —agobiada en su frente interno— aprovechó la oportunidad y envió una poderosa fuerza militar. La incapacidad diplomática de los militares argentinos y la tozudez de la Thatcher, que quería utilizar la situación con el objetivo de fortalecer su gobierno, impidieron un arreglo negociado. La guerra no tardó en desarrollarse. Luego de setenta y cuatro días, el 14 de junio de 1982, las fuerzas argentinas se rindieron ante el mando inglés. Seiscientos cuarenta y nueve soldados argentinos habían perdido la vida. Casi trescientos se suicidarían en los años siguientes.

En Bahía Blanca el conflicto bélico se vivió con más intensidad que en Buenos Aires. No pocos bahienses fueron testigos del paso de los trenes de carga que llevaban hacia el sur del país los féretros vacíos. Los mismos que después de la guerra regresarían con decenas de soldados argentinos muertos.

La derrota en Malvinas, la crisis económica agravada por la guerra, y las consecuencias cada vez más evidentes de la represión ilegal obligaron a la dictadura militar a iniciar su retirada. Y el general Reynaldo Bignone, que reemplazó a Galtieri en el cargo de presidente, convocó a elecciones generales. El sentimiento tras la guerra —una mezcla de frustración, dolor y desengaño— dio paso a una euforia popular por el retorno de la democracia. En ese marco histórico del país desarrollaría Emanuel Ginóbili sus primeros años de la escuela primaria. Empezaba para él y para una Argentina dramáticamente deshilachada una nueva, esperanzada etapa.

Capítulo III

Acta N° 17/84

Federación de Basquetbol de la Provincia de Buenos Aires

Ficha N° 11.414

Nombre y Apellido   Emanuel David GINOBILI

Domicilio   Vergara   14

Fecha de Nacimiento   28 de Julio de 1977

Estado   Soltero

Comprobante de Identidad   DNI   N° 25994973

Firma

Por la ASOCIACION DE BASQUETBOL

SECRETARIO D. CABELLO
ASOCIACION SECRETARIO

VICEPRESIDENTE

Impresión Digital

ACTUACIÓN ANTERIOR

AÑO	FEDERACION o ASOCIACION	CLUBS
2-7-84	ASOCIACION BAHIENSE	Bahiense del Norte

PASES

AÑO	DE	A

Ficha de afiliación a la Federación de Basquetbol de la Provincia de Buenos Aires.

1,43 metro

BÁSQUET, COMPUTADORAS Y TORTUGAS

Poco antes de iniciar la escuela primaria, Emanuel fue llevado por sus padres al consultorio del doctor Fernández Campaña. Era el 10 de octubre de 1983, el mismo día en que se anunció que el costo de vida había aumentado el 21,4% en septiembre, y que en el año llevaba acumulado el 225,11%. Tres semanas después, en un marco de euforia por el fin de la dictadura y de esperanza por los tiempos que se anunciaban, Raúl Alfonsín sería electo nuevo presidente de los argentinos con el 51,74% de los votos, dejando en segundo lugar al candidato peronista, y favorito, Italo Argentino Luder.

El pediatra se determinó que Emanuel medía ya 1,26 metro y pesaba 24,100 kilos. Con esa estatura y ese peso —que sobrepasaban la media—, Manu comenzó el primer grado en la escuela Nº 6 Julio A. Roca, la misma en la que habían estudiado sus hermanos. Estaba ubicada en la calle Caronti y —como no podía ser de otra manera— Estomba. Exactamente a cuatro cuadras de su casa de Pasaje Vergara. Su maestra fue Diana Tuminello de Del Gobbo, que ejerció la docencia durante veinte años en esa escuela. "Una no tiene el registro de todos los chicos. Pero conocía a los Ginóbili desde siempre, antes de que Emanuel naciera. Yo vivía a una cuadra de Bahiense Juniors, club al que concurrí cuando era chica. Una prima de Raquel, que había sido compañera mía en quinto grado, tenía un negocio justo enfrente de mi casa. Y ella me comentaba las novedades de la familia. Así me enteré del nacimiento de cada uno de sus hijos. Pero lo que no me imaginé fue que uno de ellos sería alumno mío", dice Diana, ya retirada de la docencia pero con la misma elegancia que cuando dictaba las clases. Diana fue maestra de Manu también en segundo y tercer grado. Se trató de una experiencia piloto que se hizo en esa época. La idea de las autoridades era probar si se lograban mejores resultados pedagógicos cuando los chicos pasaban más años con las mismas maestras. Pero fueron las propias docentes las que, luego de la experiencia, sacaron conclusiones negativas. "Les dijimos que no tenía sentido. Porque tres años es mucho tiempo para que un chico esté con los mismos docentes. Se crea un vínculo afectivo muy fuerte y después el corte es más difícil", explica Diana. Manu y los demás alumnos de ese curso fueron de los pocos bahienses que tuvieron tres años a la misma docente. "Era un grupo muy unido y él estaba muy bien integrado. No era bullicioso. Era un chico normal que sabía lo que quería. No tuvo ningún problema de aprendizaje, en absoluto. Era prudente, humilde y un poco introvertido. Jugaba con sus compañeros, no era de quedarse quieto. No me dio nada de trabajo", recuerda con precisión. Diana resalta que Emanuel era muy cumplidor y prolijo y se la nota aliviada al decir que en esa época ya no obligaban a los zurdos a escribir con la mano derecha. "Lo recuerdo con mucho cariño. Fue un alumno excelente. Pero así como se dice que detrás de un gran hombre hay una gran mujer, yo siempre digo que detrás de un buen alumno hay buenos padres. Nunca hizo falta llamarlos. Nos veíamos a la salida o en alguna reunión colectiva." Diana se jacta de que otro gran jugador bahiense, Juan Espil, también fue alumno suyo. "Es nueve años más grande que Manu. Pero siempre digo que ellos saben que el aro es redondo porque el cero lo aprendieron conmigo", bromea con orgullo y picardía. Espil se convertiría en uno de los ídolos de Manu, en especial por su tiro. Jugaría de escolta, el mismo puesto en que lo haría Emanuel, y hasta llegarían a compartir la Selección Argentina, en la cual sería su sucesor.

Por haber nacido a fines de julio, Manu comenzó la primaria con los 6 años ya cumplidos y a poco de cumplir los 7. Era uno de los más grandes en edad y, por esa razón, también uno de los más altos del grado. "En primero, segundo y tercer grado fue el más alto. Por eso, cuando formaban fila, siempre era el último. Ése es el registro que tengo de él." Diana recuerda incluso el lugar que Manu ocupaba en el aula: "A la derecha de un pizarrón verde, en el último banco de la fila de pupitres que estaba contra la pared, pero del lado del pasillo. A los más altos una los sentaba atrás para que todos pudieran ver mejor".

En esos años, su compañero de banco era Gonzalo Suardíaz, con el que había compartido el Jardín de Infantes. "Estábamos todo el tiempo juntos. Manu era un pibe muy inteligente. De esos que sobresalen mucho, especialmente en matemáticas e inglés. Tenía facilidad para el estudio, y por eso también buenas notas", dice Gonzalo. En los juegos, Emanuel siempre lo aventajaba y ya mostraba un espíritu competitivo que sería su sello personal en los años venideros. Con sus hermanos o sus amigos, en competencias simples o más complicadas, siempre quería ganar. "Jugara lo que jugara, la gastaba. Al básquet, al fútbol incluso... Y no le gustaba perder a nada...", recuerda Gonzalo.

Al salir de la escuela, iban los dos para el mismo lado, cargados con sus pesadas mochilas. Los destinos eran la casa de uno o del otro o la de sus respectivas abuelas. Sólo tenían que caminar unos setenta metros hacia la derecha, llegar a Estomba y volver a doblar a la derecha. A unos quince metros, estaba la casa de la abuela de Gonzalo. Si seguían derecho otras tres cuadras, llegaban a Vergara 14. Claro que en el camino pasaban forzosamente por la puerta de la vivienda de los abuelos Maccari y a escasos cincuenta metros de la de Bahiense del Norte. Pero el primer paso obligado era el de la abuela de Gonzalo, que solía poner un pañuelo en el balcón: era la contraseña de que tenía preparada la comida. Si los chicos la veían, sabían que el almuerzo estaba listo. "Nos quedaba muy cerca porque vivía justo a la vuelta de la escuela —dice Gonzalo—.

Pero también íbamos mucho a la casa de los abuelos de Manu. Me acuerdo de que eran muy amantes de los animales. En el patio del fondo tenían un gallinero y un montón de otros bichos. Para nosotros era una aventura ir a esa casa. Nos parecía que entrábamos a un submundo impresionante y misterioso..." El abuelo Constantino ejercía sobre ellos una atracción irresistible. "Mi papá, creo, tenía olor a chico —cuenta un emocionado Raúl Maccari—. Además de sus nietos y de los amigos de sus nietos, venían también los hijos de los vecinos. Se le pegaban todos. Les encantaba estar con él. Tenía esos dichos medio pavos de los que todos se reían... Él les prestaba mucha atención; jugaba con ellos a las cartas: al culo sucio, a la escoba, al chinchón." En realidad, Manu tuvo desde pequeño una relación muy especial con su abuelo. Jugar a las cartas con él era uno de sus pasatiempos favoritos "Manu le hacía trampas continuamente para ganar —recuerda el hermano Sebastián— y mi abuelo se hacía el que no se daba cuenta." Esa peculiar relación se fue acrecentando con el correr de los años y aquellas inocentes trampas infantiles se transformaron en una serie de pequeños gestos cómplices, íntimos, casi secretos, que nunca dejaron de sorprender y cautivar a "Bobotino", hasta el último día de su vida.

Hay un hecho que puede parecer banal, pero que reviste en este caso una importancia inusitada: se podría decir que Manu, en esos años de iniciación, vivió prácticamente a los saltos: en el camino desde la escuela a su casa, o simplemente cuando iba caminando por la calle, jugaba en forma obsesiva a algo que lo apasionaba. Consistía en saltar para tocar, con la punta de los dedos, las chapitas con números que identifican a las casas. Para un chico de 8 o 9 años, la altura a la que están ubicadas es considerable. El ganador era el que tocaba más chapitas. "Siempre me quedó grabado ese juego —dice Gonzalo—. Me pegaba cada paliza... Te imaginás... yo jugaba al rugby y él al básquet. Con eso solo bastaba... Lo jugábamos todo el tiempo. Hasta cuando volvíamos del club, que estaba a una cuadra de su casa... ahí estábamos los dos, saltando como tontos para tocar las chapitas. Yo no llegaba ni loco. Y Emanuel sí. Y eso que no era tan alto, ¿eh?" Esos elásticos saltos de la infancia adquirieron un sentido diferente en los recuerdos de Gonzalo veinte años después, cuando su compañero de juegos infantiles ya se no elevaba para tocar las chapitas de las casas sino para penetrar sin permiso entre duros adversarios y llegar hasta alturas casi imposibles.

La pasión por las computadoras ocupaba también buena parte de su tiempo. Como muchos chicos de entonces, hizo sus primeras armas con la Commodore 64. Con ella empezó a entender su funcionamiento y, además, le sacó el jugo con los juegos de la época, como el Mario Bros. "Era todo un avanzado —dice Gonzalo—. Ya de chiquito le gustaban las compus. Nos la pasábamos jugando en la pieza de arriba de su casa".

Ese temprano interés por las computadoras le permitió adentrarse sin dificultad en el mundo de la informática. Más adelante, Manu aprovecharía esa capacidad en uno de los temas que más le gustaban: las estadísticas en el básquet. Para entender mejor el funcionamiento de las computadoras, Manu contaría en el futuro con la imprescindible colaboración de otro compañero de la primaria: Federico Radavero, con quien no tenía afinidad alguna en esos primeros tiempos escolares, aunque Federico también jugaba al básquet, en el club Liniers. "Empecé a los ocho años y Manu ya jugaba en Bahiense. Un par de veces al año nos enfrentábamos. En esa época era una pulga... chiquito pero muy escurridizo." De todos modos, el interés por el mundo de las computadoras pudo más que cualquier diferencia infantil. En poco tiempo, serían compañeros de ruta en los desafíos que les imponía el mundo de la informática. Y sería el inicio de una amistad que se prolongaría en el tiempo y que le permitiría a Federico integrarse en el círculo más íntimo de Emanuel.

Pero no sólo se divertían con la informática: "El pibe tenía dos o tres tortugas como mascotas —dice Gonzalo veinte años después con una sonora carcajada—. El juego consistía en encontrarlas primero que el otro, porque se escondían en la parte de atrás de la casa y no era fácil descubrirlas..."

Gonzalo describe con claridad el ambiente en lo de los Ginóbili. "Era todo básquet. Había siempre gente del básquet. Uno llegaba y estaban los hermanos, sus amigos y los directores técnicos. Me acuerdo los coscorrones que le daban. Era un ambiente muy canchero. Y él mamó todo eso. Era un chico entre muchos grandes. Por eso siempre fue un pibe que se desenvolvió muy bien, porque vivía rodeado de gente grande. Y no tenía vergüenza. Además, ahí no parabas de escuchar de básquet todo el día. Era básquet, básquet y básquet..."

El ambiente de la casa, las enseñanzas de Huevo y la presencia de sus hermanos funcionaban como el mejor motivador para el pequeño Emanuel. "Desde muy chico estuvo dedicado al deporte. Lo acompañé millones de veces a Bahiense. Le gustaba pasar todo el día ahí. Me acuerdo que había un sereno, un cuidador que era una risa. Se llamaba "Cacho" y ya falleció. Fue muy famoso en Bahiense. Nosotros le teníamos terror porque nos sacaba corriendo. Y encima yo no era socio", dice Gonzalo, y agrega que fue allí donde vio a Manu jugar al básquet por primera vez. "Tenía facilidad. Se notaba que tenía condiciones. Pero, que yo recuerde, no fue sino en los últimos años de la secundaria cuando empezó a destacarse."

Esos fueron los primeros pasos de Manu en el básquet. Y, en especial a partir de 1984, cuando se federó en la Asociación Bonaerense y debutó —al igual que lo habían hecho su padre y sus hermanos— en las divisiones menores de Bahiense del Norte.

UNA POSTA IMAGINARIA

Por muchas razones, 1984 fue un año pleno de hechos simbólicos para los bahienses. El 16 de enero se jugó el Cuadrangular de Primera División, que culminó con el triunfo —y el consiguiente campeonato— de Estudiantes sobre Pacífico por 97 a 81. Tras ese partido, Alberto "Beto" Cabrera se retiró, a los 38 años, de la práctica activa del básquetbol. Atrás quedaba una carrera única. Con la camiseta de Bahía Blanca había obtenido doce títulos provinciales y con la de la provincia de Buenos Aires, nueve campeonatos argentinos. Con la Selección Nacional jugó dos mundiales y cuatro Sudamericanos, el último en 1979, en Bahía Blanca, donde salió campeón. En el ámbito local ganó cinco campeonatos oficiales y doce del Torneo de Bahía Blanca.

Dueño de una personalidad sin par y reconocido por todos como un verdadero ídolo, Cabrera fue un ejemplo humano y deportivo. Se lo eligió como deportista del siglo XX en Bahía Blanca y en agosto de 2005 cinco años después de su fallecimiento, se le dio su nombre a la avenida de entrada a la ciudad.

Aunque participaría después como entrenador, el destino quiso que Cabrera se retirara justo cuando la idea de la Liga Nacional de Básquet, una competencia entre los principales clubes del país, comenzaba a tomar forma. Tras muchos años de planificación se decidió que comenzara en 1985, después del Torneo de Transición, que se jugó precisamente durante 1984. Así, el sueño de su inspirador, el director técnico León Najnudel, comenzó a hacerse realidad.

Como si se tratara de una posta invisible, casi seis meses después de que Cabrera oficializara su retiro del básquet, y tres días antes de que Diego Armando Maradona fuera presentado como nuevo jugador del Napoli ante ochenta mil fanáticos, un chico que aún no había cumplido los 7 años estampó su firma y sus ilusiones en la ficha de la Federación de Básquetbol de la Provincia de Buenos Aires. La fecha: 2 de julio de 1984. Le correspondió el número 11.414. Su club: Bahiense del Norte, de la Asociación Bahiense de Básquet. La ficha fue suscripta por el secretario, Antonio Cabello, y el vicepresidente, Jorge Spinelli. Sobre esas firmas, y con una letra trabajosa y prolija típica de un alumno de primer grado, quedó registrada la firma del chico: "Emanuel". El nombre completo, la dirección y la fecha de nacimiento fueron escritos a máquina. Y, por si hiciera falta, se aclaraba que su estado civil era soltero. Una foto de un Manu muy serio, con flequillo, y sus huellas digitales, completaban la ficha. Lo que no pudo quedar escrito fue el futuro promisorio que le esperaba al pequeño Emanuel. Veinte años después de federado, se convertiría en el mejor sucesor de Alberto "Mandrake" Cabrera y en un fiel representante de la más pura escuela bahiense de básquet.

Y si de símbolos se trata, fue también en 1984 cuando un hijo dilecto de Bahía Blanca, ejemplo de la triste parábola a la que se han visto sometidos los científicos y pensadores argentinos a lo largo de la historia, alcanzó uno de los mayores logros a los que se puede aspirar. César Milstein, que en la década de 1940 había estudiado en la Escuela Nacional de Bahía Blanca, obtuvo el Premio Nobel de Medicina por sus investigaciones sobre el sistema inmunológico y su aporte a la lucha contra el cáncer. Milstein se había radicado en Inglaterra tras emigrar en 1963 debido a la persecución que ejerció sobre los científicos el régimen del general Juan Carlos Onganía.

La parábola de los símbolos de ese año se completó, en septiembre, con la entrega al presidente Raúl Alfonsín del informe elaborado por la CONADEP (Comisión Nacional para la Desaparición de Personas) con los resultados de la investigación acerca de la represión ilegal. Presidida por el escritor Ernesto Sabato, la Comisión pudo comprobar la desaparición de 8960 personas y detalló las violaciones a los derechos humanos durante la dictadura militar en un informe que pasó a la historia con el nombre de *Nunca Más*.

No eran ésas, claro, las preocupaciones del pequeño Emanuel. Ya federado, comenzó a participar en las divisiones menores de Bahiense del Norte. Sus primeros entrenadores en la categoría Premini fueron Fabián de Ángelis y Fabio Liberotti. Fabián estaba muy identificado con el club. Era vecino, vivía a la vuelta de Salta 28, y además integró sus equipos hasta los 19 años. Cuando tenía 17, le dieron la oportunidad de dirigir a los más pequeños. Hoy, a los 37 años, vive en Rada Tilly, provincia del Chubut, donde trabaja como preparador físico y entrena a los chicos. Desde allí habla con orgullo de su pasado pero insiste en aclarar que "simplemente tuve la suerte de que me tocó dirigir Premini justo cuando empezó Manu. Fueron mis primeras armas como director técnico. Pero para mí era como dirigir la NBA. Si habré cometido errores... Igual, ahora cuando les cuento a mis alumnos que dirigí a Manu, se ríen, no me creen". Fabián conocía bien a los Ginóbili. A Yuyo, y en especial a Leandro y a Sebastián, con los que compartió muchos partidos como jugador. Por eso no tiene inconvenientes a la hora de recordar a Manu en sus comienzos. "Era chiquito y jugaba normal, como cualquier otro chico de Premini. Era un zurdo flaquito que agarraba la banda lateral y corría para la izquierda. Diría que era un zurdito neto." Recuerda que entonces se hablaba de Manu más por la historia de sus hermanos que por sus virtudes. "Eran otros los chicos que sobresalían. En esa época, él ni asomaba. Es decir, no se vislumbraba en su juego lo que vino después."

Como todos los que pasaron en algún momento por Bahiense, Fabián no deja de resaltar el clima que se vivía en el club. "Estábamos todo el día ahí, jugando. Además de los Ginóbili, iban también Alejandro y Pablo Montecchia, Pablo Coleffi. Y Manu, que era más chico, pero que siempre estaba. Es que Bahiense del Norte es una mezcla entre esa cosa familiar, el deporte y el cuidado por el crecimiento de los chicos. Únicamente así se entiende que de ahí salga sólo gente buena, en todo sentido."

En Bahía Blanca, el sábado era el día más esperado por los más chicos. No solamente porque empezaba el fin de semana sino porque, además, era el día de competencia de las categorías menores de básquet. Y en Bahiense del Norte se lo vivía como un gran acontecimiento. El movimiento de padres acompañando a sus hijos a los distintos clubes, la preparación en los vestuarios, los diálogos entre padres de uno y otro equipo, las discusiones por los fallos de los árbitros, las felicitaciones —a pesar de la derrota, si les tocaba—, los comentarios de los partidos y la esperanza de una revancha cercana conformaban el escenario habitual. Para los más chicos, la mirada de sus familiares en las tribunas dotaba al juego de una motivación adicional. Participaban en esa época 188 equipos de todas las categorías del básquet de Bahía Blanca, 95 de los cuales pertenecían a las divisiones menores. A un promedio de quince chicos por equipo, eran 1425 los que competían ese día. Multiplicada por los familiares y los amigos, esa cifra generaba un movimiento intensísimo en la ciudad.

Entre los que esperaban el sábado con impaciencia estaba Emanuel, que, junto a sus compañeros de equipo, no se perdía ninguno de los partidos. Acompañado obviamente por Yuyo que, a esa altura, se desdoblaba entre los partidos de cada uno de sus tres hijos. Quienes por entonces veían a Emanuel recuerdan sobre todo el jopo que le caía sobre la frente y su delgadez. "Era bastante flaquito —evoca Fabián— y vivía con intensidad esos sábados. Era un acontecimiento para un chico poder jugar, aunque por lo general en Premini entraban todos. El equipo era bastante parejo pero tal vez Manu y Luis Decio eran los más pícaros." En una foto que posee Fabián de Ángelis aparece el equipo completo vistiendo la camiseta amarilla con dos tiras verticales, una azul y otra roja, que utilizaba el equipo de Premini de Bahiense del Norte. Allí puede verse la cara pícara de Manu con la camiseta número 5. Además de Fabián de Ángelis, aparecen el ayudante técnico Fabio Liberotti y sus compañeros Facundo Marchese, Luciano Castro, Gastón Nunzi, Sebastián Ascolani, Gabriel Nóbile, Diego Frers, Ignacio González, Juan Ignacio Carchini, Javier Tolosa, Luis Decio, Luciano Concetti, Matías Dillon y Guillermo Gardes.

Algunos de estos chicos siguieron siendo compañeros de Manu a lo largo de las distintas categorías. Y uno de ellos, incluso, hasta en la primera división: Luis Decio, aquel señalado por De Ángelis como uno de los más pícaros. Además de compañeros de equipo, Manu y Luis fueron durante la infancia compinches de juegos en sus muchas horas transitadas fuera de los entrenamientos en Bahiense del Norte. Les gustaba quedarse en el club jugando a las escondidas hasta la hora en que entrenaban los mayores. Los directores técnicos se volvían locos cuando los chicos pasaban gritando e interrumpían "inocentemente" la práctica.

Con la llegada a Bahiense del Norte de Sergio "Oveja" Hernández, otro entrenador que también haría historia en el básquet argentino, se colocaron aros a los costados de la cancha para que tiraran los más chicos. Manu y Luis se quedaban allí jugando en competencias mano a mano o en concursos de volcadas. "Tuvimos una infancia bastante sana, jugando en el club, en la calle. Diría que nuestra vida pasaba por el básquet. Entrenábamos a las cinco de la tarde y nos íbamos a las ocho o a las nueve", dice Luis Decio, que desde 2001 vive en Gijón y trabaja como diseñador gráfico. Con un marcado acento español, Decio señala otra de las características de Manu. "No le gustaba perder a nada. Cuando perdíamos algún partido volvíamos 'cabreados' a nuestras casas." Decio, que jugó al básquet en Bahiense del Norte hasta el año 2000, recuerda también las escuelitas de verano a las que concurría con Manu y que dirigía Huevo Sánchez. Ratifica que, a pesar del entusiasmo, no lograban ganar los torneos oficiales. "Con Emanuel, cuando éramos chicos, nunca pudimos ganar nada." Los testimonios coinciden en que, aunque Manu no ganara ningún campeonato, los equipos que integró tenían un buen juego. Jorge "Yuyo" Ginóbili confirma esa visión. "Oficialmente, Manu empezó a jugar a los 7 y siguió hasta los 10 en Premini. Siempre de ayuda base. Su equipo estaba entre los cuatro mejores de la ciudad. Pero no salían campeones. Salían segundos, terceros, cuartos. Primeros, nunca." Esta particularidad de no lograr salir primero en los torneos acompañó a Emanuel hasta el profesionalismo. No sólo no ganaría ningún campeonato durante toda su trayectoria amateur y profesional en la Argentina sino que, incluso, en el año de su debut en la Primera de Bahiense del Norte, a los 16 años, perdería la categoría y descendería a la segunda división. Lograría quebrar esa racha en la tierra de su bisabuelo David, en Italia. A partir de ese momento, Manu iba a conquistar todo lo que se le pusiera en el camino.

La Liga Nacional

A las diez de la noche del viernes 26 de abril de 1985, dio comienzo oficialmente la Liga Nacional de Básquet. Fue en el estadio del club Obras Sanitarias, en Buenos Aires, en un partido entre San Lorenzo, que jugaba allí de local, contra Argentino de Firmat.

A instancias de los periodistas presentes y con el visto bueno de los dirigentes, se invitó al técnico León Najnudel para que diera el salto de honor en la apertura simbólica del campeonato. Las fotos de la época lo muestran pelota en mano entre los jugadores Goggins, de Argentino, y Stanford, de San Lorenzo. La elección de Najnudel no fue casual. El director técnico había sido el inspirador de este campeonato y uno de sus más firmes promotores.

El mismo día del comienzo de la Liga Nacional, el presidente Raúl Alfonsín —tras una serie de rumores acerca de intentos de desestabilización de su gobierno— anunció, desde los balcones de la Casa Rosada y ante una multitud calculada en ciento setenta y cinco mil personas, el comienzo de una "economía de guerra". Y en junio, cuando la inflación crecía ya a un ritmo del 1% diario, se lanzó el Plan Austral. Con el Austral se le quitaban tres ceros al peso argentino. La nueva moneda cotizó a 0,80 centavos por dólar.

Con el auspicio de la revista *El Gráfico*, Najnudel había presentado su proyecto de Liga el 17 de septiembre de 1982 en un salón de la Sociedad de Distribuidores de Diarios, Revistas y Afines. En la edición del 28 de septiembre, *El*

Gráfico, bajo el título "Revolucionar el Básquetbol Argentino" y con la producción del periodista Osvaldo Orcasitas, publicó una síntesis de esa exposición. Najnudel dijo entonces que "después de doce años de luchar, tengo la enorme alegría de que hayan pensado en mí para poder presentar esto que es mi idea. Yo espero que esta propuesta, o cualquier otra, algún día proyecten al básquetbol argentino hacia la meta que todos pretendemos". Luego explicó que "era" el momento [...] de darles calidad al básquetbol argentino y de masificarlo plenamente, de brindarle organización, posibilidad de desarrollo y economía suficiente para poder solventarlo. Por eso mi propuesta aborda este punto y exige una competencia única y estable, pero separada en diferentes niveles aunque ligados entre sí por el movimiento de ascensos y descensos, para darle cabida a todos los clubes del país. ¿Por qué los clubes? Porque son los que ponen la pelota, los que ponen la cancha, los que ponen el entrenador, los que alimentan a los jugadores, los que desarrollan el poderío durante el año; las asociaciones y las federaciones sólo representan a los clubes...

La propuesta contemplaba tres niveles de participación. La A1, la A2 y la Primera Regional. La A1 tendría dieciséis equipos que por "tradición, poderío deportivo, poderío económico e infraestructura" debían provenir de la Capital Federal y de las provincias de Buenos Aires, Córdoba y Santa Fe. La A2, tres zonas divididas por cercanías geográficas de dieciséis equipos cada una a las que sumaba, además de las plazas antes mencionadas, a clubes de Tucumán, Santiago del Estero, Mendoza, Chaco, Corrientes y Entre Ríos. La Primera Regional quedaba integrada "con la totalidad del país, excluidos los clubes que participan en dos niveles superiores".

El proyecto estipulaba "dos meses de trabajo para la Selección Nacional, ocho meses de competencia para la Liga, un mes de preparación y un mes para descanso para los equipos". Najnudel aclaró que nombraba primero a la Selección "porque el objetivo de todo el movimiento del básquetbol argentino tiene que estar en función de hacer una gran estructura interna para que la resultante, su Selección Nacional, sea el real exponente, poderoso, que todos buscamos".

Dos años y medio después de la presentación, se produjo ese "comienzo", con el partido entre San Lorenzo y Argentino de Firmat. Los demás equipos, divididos en dos grupos, fueron Asociación Española, Atenas e Instituto de la Provincia de Córdoba; Unión, Almagro, Argentino y Sport Club de Santa Fe; Ferrocarril Oeste, San Lorenzo, San Andrés y River Plate de la Capital Federal. Y tres equipos de Bahía Blanca: Estudiantes, Olimpo y Pacífico. El campeón de esa primera edición de la Liga Nacional fue Ferrocarril Oeste, y Atenas de Córdoba salió subcampeón. Los equipos bahienses tuvieron actuaciones dispares. Estudiantes fue el que quedó en mejor posición al lograr el cuarto lugar. El director técnico de Estudiantes no era otro que Oscar "Huevo" Sánchez. Olimpo quedó séptimo y Pacífico, décimo.

En Bahía Blanca, no todos estuvieron de acuerdo con la Liga. Hubo quienes sostuvieron que debían tomarse ciertos recaudos para que no se perjudicara el básquet local. Esa polémica se profundizaría y se prolongaría hasta nuestros días. Pero los jóvenes que jugaban al básquet eran ajenos a ella. Es que el hecho de jugar en la Liga (como en otros tiempos en el Campeonato Argentino) se convirtió en el sueño mayor de los más chicos. Uno de ellos fue Emanuel Ginóbili, que vio partir a sus hermanos Leandro y Sebastián para iniciar ese camino. Más adelante llegaría su turno. En la Liga mostraría su potencialidad, plenamente ratificada después en Europa y en los Estados Unidos. Como Emanuel, otros eligieron el mismo camino y conformaron una gran generación que le otorgaría a la Argentina el privilegio de sentarse a la mesa con los mejores del mundo. El sueño de Najnudel —que murió en 1998 sin ver concretado el éxito mayor de la Selección Argentina— pudo cumplirse. Y el representativo argentino se convirtió —como Najnudel quería— en un "real exponente, poderoso".

"LA CASA MÁGICA"

Sergio "Oveja" Hernández llegó a Bahiense del Norte cuando tenía 21 años, luego de pasar por Villa Mitre y de haber dirigido una selección de Minibásquet que jugó un Campeonato Argentino en la provincia del Chaco. Integraban ese combinado, entre otros, Alejandro Montecchia, una firme promesa del club Salta 28 y futuro campeón olímpico, y Sebastián "Sepo" Ginóbili. Tras ese viaje, donde conoció a los padres de Montecchia, se lo convocó para trabajar en Bahiense del Norte con los cadetes y los juveniles, es decir, con los jóvenes de 15 a 18 años. Uno de sus dirigidos fue, precisamente, el hermano mayor de Emanuel, Leandro Ginóbili, que tenía entonces 15 años. Sepo jugaba en Preinfantiles y Manu en Premini. Hernández sabía que llegaba a un club que privilegiaba la formación de sus jugadores antes que la mera pelea por los títulos, y se transformaría con los años en un exitoso director técnico. En 2005, se convertiría en el sexto bahiense en dirigir la Selección Nacional.

Era imposible que un director técnico de Bahiense del Norte no llegara, tarde o temprano, a la casa de los Ginóbili para luego convertirse en un habitué de ese lugar. Hernández no fue la excepción. Tuvo el privilegio de ser parte de un microclima único. "La casa de los Ginóbili es la casa del básquet —define Oveja—. Todos los entrenadores y jugadores de Bahiense pasan por ahí. No se concibe ir a un entrenamiento sin haber estado en Vergara 14. Y yo lo tomé como un hábito." Si bien Yuyo ya no era el presidente del club, seguía muy vinculado al básquet y era un referente inevitable. "Esa casa es mágica —agrega Oveja—. Tiene algo especial. Desde el primer día uno siente como si estuviera en su propia casa." Sergio habla también con los ojos, que acentúan cada recuerdo con una expresión distinta. Matizado con jugosos detalles y sutiles comentarios, su relato logra el efecto deseado:

obliga al que lo escucha a prestarle atención y a revivir las anécdotas como si las hubiera presenciado.

Como había pasado en su momento con Huevo Sánchez, las mañanas de mate con Raquel eran como un imán. En esa época, Oveja cursaba el profesorado de Educación Física. Cuando faltaba un profesor o las clases empezaban después de las diez, no desperdiciaba la oportunidad. "Era la única casa donde yo sabía que podía pasar a las ocho de la mañana y las puertas iban a estar abiertas. Raquel sabía eso y la pava siempre estaba con el agua a punto." Eso sí, en invierno había que tomar ciertos recaudos. Raquel aprovechaba la partida de Yuyo al trabajo —salía muy temprano— para abrir las ventanas y airear la casa. "Es que Yuyo siempre fue muy friolento, vive con los calefactores encendidos y todo cerrado —dice Oveja—. Raquel, en cambio, todo lo contrario. Así que en invierno había que ir bien abrigado. Hacía un frío ahí... Pero el mate caliente y saber que había alguien para escucharte superaba todo." Hernández recuerda el habitual grito de "¡Maaaaanu...!" de Raquel para avisarle a su hijo que era hora de ir al colegio. También la insistencia de Emanuel para tirar al aro en Bahiense del Norte. "En esa época hice poner muchos aros a diferentes alturas en los costados de la cancha. Bien bajitos, a media altura... Manu siempre estaba ahí tirando con su zurdita. Raquel lo venía a buscar para llevarlo de nuevo a su casa. Pero Manu se quería quedar hasta la misma hora que se quedaban sus hermanos, que entrenaban hasta entrada la noche. Y si no era Raquel era Cacho, el canchero —un personaje, un tipo increíble—, el que lo sacaba corriendo."

Hernández insiste en pedir que no le acrediten nada de lo que Emanuel hace bien en el básquet. "Yo no lo dirigí, no fui su entrenador. Estuve un poco más cerca cuando él tenía 14 años. En todo caso, puedo acreditarme algo de lo de Leandro, de Sebastián o de Alejandro Montecchia. Pero de Manu, no. Lo máximo que puedo atribuirme es el hecho de haberlo corrido del medio cuando nos molestaba". Es que Manu siempre los acompañaba a todos lados y le gustaba quedarse con los más grandes. Cuando el equipo que dirigía Hernández viajaba a jugar los torneos, Manu iba en el micro con ellos. "A Zárate, a Campana, a Coronel Suárez... Manu siempre estaba ahí. Y en la casa pasaba lo mismo." Por una cuestión de edad y por haberlos dirigido, Hernández tenía mayor relación con Leandro y con Sebastián. "Manu era el chiquito al que había que sacarse de encima. Siempre inquieto, queriendo saber todo..." Y con una sonrisa recuerda una frase inventada por Fernando Piña, un jugador de Bahiense que luego sería entrenador de Manu, que se convirtió en el caballito de batalla a la hora de correrlo del medio: "¿No tenés catecismo, Manu?", o: "Manu, andá a catecismo".

Si en algo coinciden los familiares y los amigos es, precisamente, en definir a Manu como alguien "muy inquieto" en esos años. El "Me aburro" fue un clásico entre las quejas del más chico de los Ginóbili. Su necesidad de canalizar la energía no se limitaba a la escuela, sus amigos y el básquet. Su familia, y en especial su mamá, tuvieron que aprender a acompañar cada una de las persistentes preguntas de Emanuel. "Era de contar todo. De mis tres hijos, es el más abierto. Todo lo que hacía te lo contaba. Una iba caminando con él y no paraba de hablar. Además, preguntaba todo. Qué habíamos hecho, a dónde habíamos ido, qué pasó con tal persona, por qué no podía hacer tal o cuál cosa. Había que explicarle todo. Y hasta que no entendía no se quedaba tranquilo."

También al doctor Fernández Campaña Manu lo bombardeaba a preguntas, en las periódicas visitas de rutina, específicamente en torno al tema de su altura y la evolución de su crecimiento. Esa idea fija era cada vez más notoria. El 12 de diciembre de 1986, cuando tenía 9 años y medio, concurrió una vez más al consultorio del médico. En esa oportunidad, la medición y el peso arrojaron que Manu había alcanzado 1,43 metro de altura y 31 kilos. Fernández Campaña recuerda otra curiosidad respecto de las consultas de Emanuel. "Siempre quería hacer comparaciones con sus hermanos con relación a cuánto habían medido cada uno ellos a su misma edad. Recuerdo que el resultado era que siempre estaba por debajo de la altura de Leandro y Sebastián. Yo les explicaba, a él y a sus padres, que no necesariamente los chicos crecen de acuerdo con la edad cronológica. Están los que son maduradores precoces y están los tardíos. Estos últimos, que demoran más que los otros en alcanzar la altura definitiva, suelen finalmente tener una altura más elevada." Manu tenía una evolución normal para un chico de su edad. Pero no le alcanzaba. Quería crecer más. Con el correr de los años su obsesión por la altura alcanzaría casi el mismo nivel que sus ganas por crecer. Finalmente, ganaría también ese partido contra sí mismo.

"LOS GOLES DE MANU NO VALEN"

Para entonces, la actividad cotidiana de Emanuel era ya bastante movida. A partir de 1986, a instancias de su mamá, comenzó a tomar clases de inglés. Para Raquel era un tema de suma importancia. Todos sus hijos estudiaban inglés. Y Manu no podía ser la excepción. Faltar a esas clases, a las que asistía por las tardes, no era un asunto negociable. Si había tiempo para entrenar, tenía que haber tiempo para el inglés. Marisa, con quien Huevo Sánchez, se había casado en 1984, recuerda esa determinación de mamá Ginóbili. "Nunca me voy a olvidar el tema de inglés de Raquel y los chicos... Obsesiva. 'Hoy no tengo ganas', le decían... Inconmovible, ella les respondía: 'Van igual', les batía la leche chocolatada a mil y los mandaba..." Manu concurrió ocho años a la Asociación Bahiense de Cultura Inglesa, en Zelarrayán al 200, a seis cuadras de su casa. De marzo a diciembre, tres veces por semana. Y corroborando una tendencia que se daría también en el resto de sus estudios, no fue reprobado en ninguno de sus exámenes. Tuvo un promedio general de 8 puntos. Una de sus profesoras fue Alcira Itten, que aún da clases en el instituto. "Lo recuerdo como un chico sencillo, respetuoso y que cumplía con su tarea. No era de hablar mucho y era un compañero muy querido." La insistencia de Raquel le permitió a Emanuel alcanzar el nivel de "hablador independiente", como lo definen los profesionales de la docencia. Una independencia en el uso de la lengua que años después lo ayudaría a conquistar una de las plazas más difíciles: Estados Unidos.

En 1986, la Argentina vivió una de las jornadas más gloriosas en el fútbol. El 22 de junio, en el Mundial de México, Diego Armando Maradona le hizo a Inglaterra dos goles que pasaron a la historia. Uno se convirtió en el mejor de la historia de los mundiales. El otro quedó bautizado como "la mano de Dios". El destino de Manu y ese gol se cruzaron diecinueve años después, en 2005, durante el programa "La noche del Diez" que un Maradona recuperado milagrosamente de su adicción a las drogas condujo en Canal 13 de Buenos Aires. Ese día, Diego "confesó" públicamente por primera vez que el gol fue con la mano y cómo hizo. En ese mismo programa, Maradona le diría a uno de sus invitados especiales: "Vos agarraste la posta porque hoy sos el representante más grande que tenemos los argentinos en el mundo". El destinatario de esas palabras no era otro que Emanuel Ginóbili.

El 13 de julio de 1986, poco después de ese gol de Diego, y en el marco del décimo campeonato Mundial de Básquet que se jugó en España, la Selección Argentina obtuvo un triunfo histórico sobre los Estados Unidos. Fue en el Palacio Municipal de Deportes de Oviedo, y el resultado, 74 a 70. Si bien finalmente la Argentina terminó en 12ª posición, mostró su potencialidad ante un poderoso equipo norteamericano —que finalmente resultó campeón—, uno de los mejores antes de la participación en este tipo de torneos de jugadores profesionales de la NBA. El técnico en ese Mundial fue Flor Meléndez y el plantel estuvo compuesto por Miguel Cortijo, Carlos Romano, Esteban Camisassa, Hernán "El Loco" Montenegro, Diego Maggi, Sergio Aispurúa, Héctor "Pichi" Campana, Sebastián Uranga, Marcelo Milanesio, Gabriel Milovich,

Fernando Borcel y Luis Oroño. Poco después, el 28 de julio, Marianela Oroño, la hija de este último jugador, cumpliría 5 años de edad. Ese mismo día, Emanuel festejaría sus 9. Cumplir años el mismo día no sería la única coincidencia de Emanuel y Marianela: más tarde, el destino los reuniría para iniciar un vínculo soñado para toda la vida.

En la escuela Roca, mientras cursaba la primaria, aunque allí no jugaban básquet, Manu ya mostraba su facilidad para los deportes. Era en las clases de Educación Física donde se destacaba especialmente. Las clases duraban alrededor de cincuenta minutos y estaban dedicadas sobre todo a la práctica de handball. Sólo una vez por mes practicaban fútbol. Los trabajos que podían hacer los alumnos —en diferentes turnos y en tandas de cuarenta chicos— tenían las limitaciones propias de una escuela con espacio reducido. En invierno, trabajaban en un salón muy pequeño. En verano, si el tiempo acompañaba, las clases se dictaban en el patio. La actividad se circunscribía a circuitos cortos con un objetivo de formación básica. Manu no pasó inadvertido para Walter Goicochea, su profesor de Educación Física de cuarto a séptimo grado. A los 42 años, en el gimnasio que posee en Bahía, lo recuerda con claridad como "alguien distinto que salía de la media de los que querían hacer lo justo. No abundan los que entregan todo en la clase. Parecía dispuesto a demostrarle algo a alguien. Quizás a él mismo..., que podía superarse, o algo así. Manu siempre aspiraba a más". Walter —que hace pausas para buscar las palabras exactas— lo define como un compañero muy querido por sus pares, que se entregaba generosamente y era solidario con sus amigos. "A pesar de sus condiciones, nunca hacía ostentación de nada. Respetaba las consignas a rajatabla y buscaba superarse. Eso ya lo hacía distinto de los demás." Según el profesor de Educación Física, Emanuel no se destacaba por ser el más alto sino que tenía una estatura media. Pero a la hora de los deportes, y especialmente del handball, su desempeño superaba la media. Walter armaba normalmente los equipos con chicos que eran "cabezas de serie", por ser los más destacados. Y los formaba hasta hacerlos parejos para la competencia. Pero cuando se trataba de la clase de Manu, era más difícil. Tanto, que tuvo que modificar las reglas. Para hacer más equilibrados los partidos y que no hubiera una diferencia notoria, agregó una nueva norma. "La consigna que impuse fue que si el equipo que él integraba pasaba al frente en el tanteador, Emanuel no podía convertir más goles. Si a su equipo le empataban, quedaba otra vez habilitado. Lo que pasa es que con Manu siempre había 'robo'. Por eso, a la hora de elegir los equipos, todos lo pedían para el suyo." Walter rescata, además, otra actitud que lo diferenciaba. "Siempre trataba de orientar a sus compañeros. Nunca dejaba en evidencia al que no tenía condiciones. Y lo hacía naturalmente. Jugaba muy bien pero no hacía alarde de esa capacidad. Otros son agrandados, avasallan a sus pares y a veces son agresivos. Pero él no. Nunca recurrió a esas armas." Goicochea rescata la parte humana de Emanuel —"es lo que más le debe importar a un formador"— y es la que pone de ejemplo para explicar por qué guarda un recuerdo tan exacto. "Lo que a uno siempre le quedó es que era un buen chico... por eso lo tengo presente a pesar de haber tenido tantos alumnos en mi carrera."

Efectivamente, la personalidad de Emanuel comenzaba a mostrar en esos años ciertos aspectos que luego se acentuarían y determinarían su característica de persona "distinta". Un testigo de su inteligencia en el juego es Javier Lenarduzzi. De la misma edad de Emanuel, es hoy el preparador físico de las categorías mayores de Bahiense del Norte. En el gimnasio de Salta 28 se lo puede ver con su típica manera de caminar, con las manos entrelazadas hacia atrás debajo de la cintura, mirando o dando indicaciones a los muchachos que están entrenando. Jugaron juntos a partir de los 11 años en la categoría Mini, y en la adolescencia compartieron parte de la secundaria. Cuando Javier lo vio jugar por primera vez a los 10 años, aún no lo conocía pero el recuerdo de ese día lo tiene muy presente. Fue en un partido de Premini entre Bahiense del Norte y el club Pacífico, en la cancha de este último donde Javier estaba como espectador. "Bahiense iba perdiendo por tres puntos y sólo quedaban diez segundos de juego. En esa categoría no valía el tiro de triple. De pronto lo veo que tira desde la mitad de la cancha. La pelota pega en el tablero, en el aro y sale. No la pudo meter. Yo no entendí en ese momento lo que quiso hacer. Pero cuando me puse a pensar tranquilo me di cuenta. Si embocaba el tiro desde la mitad de la cancha sumaban dos puntos más y quedaban a uno solo. Y así tenía más tiempo para recuperar la pelota e intentar ganar el partido. No le salió pero pensó en todo eso en fracciones de segundo y lo probó. Era chiquito, tenía 10 años y ya estaba pensando en todo." Javier se acopló al grupo que integraban Manu, Luis Decio y otros chicos. Además de entrenar en Bahiense, tres veces por semana durante una hora, se quedaban gran parte de la tarde tirando en los aros de los costados de la cancha. "En esa época —recuerda hoy en la cantina de Bahiense en un alto del entrenamiento— era el líder del equipo. Las pelotas pasaban por él... era el mejor. Jugaba muy bien pero era flaquito y pocos se fijaban en él". Solían ir a la pileta de un tío de Javier o a la casa de los Ginóbili, donde los juegos relacionados con el básquet eran los preferidos. "Agarrábamos la revista *Encestando* y jugábamos a preguntarnos cuántos puntos había hecho tal jugador en tal partido. O cuál era el promedio de un jugador determinado. Teníamos muy buena memoria y por lo general acertábamos." *Encestando* era una revista dedicada al básquet local que había salido por primera vez en 1975. La aparición de una publicación que seguía las alternativas de todas las categorías no tenía precedentes y menos aún en una ciudad que no era capital de provincia. Fueron 296 los números que se publicaron a lo largo de veinticinco años. *Encestando* dejó de salir en el año 2000, tras la muerte de su director Miguel Ángel Mazza.

Cuando Manu y Javier jugaban "a la NBA", donde Manu hacía de Tim Hardaway, y Javier, de su ídolo, el "Almirante" David Robinson, de San Antonio Spurs, club del que era fanático. Más de veinte años después, Javier sintió que le explotaba el corazón cuando Manu, su amigo de Bahiense, llegó a la NBA para jugar en su equipo preferido, San Antonio, y al lado de su ídolo de la infancia, el "Almirante" Robinson. Y, por si fuera poco, pudo verlos festejar juntos el segundo anillo de campeón del veterano Robinson en su último año en la NBA y el primero del novato Ginóbili en el básquet más importante del mundo.

Capítulo IV

Los festejos de Bahiense del Norte en 1989.

1,76 metro

En 1989, catorce años después de la fusión, Bahiense del Norte conquistó su primer campeonato local de básquet de Primera. Un logro de consideración teniendo en cuenta la preeminencia histórica de Estudiantes y de Olimpo, los equipos tradicionales de Bahía Blanca. La continuidad en el manejo deportivo de la institución, la coherencia a la hora de elegir los técnicos y el cuidado en la formación de los chicos, dieron así sus primeros frutos. El Torneo Superior —así se llamaba— tuvo dos etapas. Una fue el Torneo Oficial —que lo jugaban diez equipos— y el otro el Pentagonal Campeonato, jugado por los cinco primeros del Oficial. Bahiense del Norte ganó los dos y se consagró campeón de ese año. El plantel estaba compuesto por Cecil Valcarcel, Alejandro Montecchia, Iván Jensen, Leandro Ginóbili, Leonardo Montivero, Sebastián Ginóbili, Fernando Piña, Pablo Hoya, Gabriel Schamberger, Pablo Ascolani, Pablo Bottini y Raúl Prat. El director técnico era Sergio "Oveja" Hernández, que tenía entonces 26 años recién cumplidos. El 30 de noviembre de 1989 jugaron el último partido contra el Club 9 de Julio, al que le ganaron por 128 a 64. El goleador de ese día fue Leandro Ginóbili, que convirtió 32 puntos. En la crónica de *La Nueva Provincia* del 1º de diciembre, se observaba que "el cotejo de anoche marcó la despedida de primera división de Alejandro Montecchia y el entrenador Sergio Hernández, ya que ambos fueron incorporados por Sport", en referencia al equipo de Cañada de Gómez de la Liga Nacional. No serían los únicos en emigrar. Los hermanos Ginóbili —primero Leandro, después Sebastián— también se alejarían de la mano de Huevo Sánchez para jugar en Quilmes de Mar del Plata.

En una foto de aquellos días triunfales puede verse, mezclado entre los jugadores que daban la vuelta olímpica, a un chico flaco que festejaba la obtención del torneo como uno más del equipo. Era Emanuel Ginóbili. Tenía 12 años y conocía a la perfección a cada uno de los jugadores. No sólo porque los veía en el club sino también porque formaban parte del grupo de amigos de sus hermanos. Manu, que siempre intentaba estar entre ellos, fue testigo privilegiado de la formación y crecimiento del grupo. Tanto en el plano deportivo como en el de la amistad. Y no sólo en el club sino también en su casa. Rodeado de ese particular clima, y con sus hermanos como espejo y modelo, transitó Emanuel aquellos años clave de su crecimiento. De ellos heredó el deseo de ganar y la competitividad. Conocer las historias de algunos de esos muchachos es también entender el marco de referencia de Emanuel y las vivencias en esa etapa de su vida. Vivencias que lo marcarían para el futuro y que serían una fuente permanente de inspiración.

Uno de los integrantes de ese equipo —y una de sus figuras— era Leonardo Montivero. Según Sergio Hernández, fue el primer ídolo de Manu. "Era zurdo como Emanuel, narigón, y jugaba de alero. Cuando tenía 15 o 16 años, era el mejor de Bahía, un fenómeno. Nadie lo podía parar. Y tenía la misma mentalidad que tendría Manu muchos años después." Leonardo relativiza hoy la idolatría de Manu hacia él. Pero su desempeño deportivo y su relación con Bahiense del Norte y con los Ginóbili dan una idea aproximada del impacto que pudo producir entonces en el pequeño Emanuel.

Montivero había llegado a Bahiense del Norte en 1983, cuando tenía 13 años, reclutado por Oscar "Huevo" Sánchez, entrenador del club en esa época. Vivía en la localidad de Punta Alta, a treinta kilómetros de Bahía Blanca.

Viajaba tres veces por semana en colectivo para entrenar con todas las ganas y con la emoción de llegar a la "Capital Nacional del Básquet". Era uno de los hijos de la generación de oro, de Cabrera, De Lizaso y Fruet. Su primer amigo fue Leandro Ginóbili. Comenzaron a jugar juntos en Preinfantiles, para chicos de 13 años de edad. Esa categoría competía los domingos a las nueve de la mañana. Cuando el frío se hacía sentir en Bahía, para no tener que viajar hasta Punta Alta, Leonardo se quedaba a dormir en Vergara 14. "Pasaba mucho tiempo con ellos. Y Manu siempre estaba. Era re-inquieto. Creo que lo que no le aguantaban los hermanos se lo aguantaba yo. Llegaba y se te subía a upa, lo bajabas y volvía a subir..." Durante los entrenamientos y los partidos, "si pedían minuto o era el entretiempo, el pibe entraba a la cancha, le sacaba la pelota al referí o bien tenía una y empezaba a tirar al aro. Hacía eso desde los 6 años... Cuando ya era más grande, a los 12 o 13 años, todavía lo seguía haciendo. Así era Manu...".

El juego de Montivero empezó a marcar hitos para Bahiense del Norte. A los 14 años, y por primera vez para alguien perteneciente al club de Salta 28, lo convocaron para una selección de cadetes de la provincia de Buenos Aires. Allí fue dirigido por Oveja Hernández, que poco después fue contratado por Bahiense del Norte. Hernández lo promocionó a la Primera cuando tenía sólo 15 años. Ese equipo, que integraban entre otros Leandro Ginóbili y Alejandro Montecchia, ganó el Torneo de Tercera División de Ascenso de 1985. Como al año siguiente la Federación decidió eliminar la Tercera División, se jugó un campeonato en el que participaron todas las entidades afiliadas para determinar quiénes quedarían en Primera y quiénes en Segunda. La ubicación que obtuvo Bahiense del Norte le permitió quedar en Primera, división en la cual el club empezó a competir en 1987.

Ese año, Leonardo empezó a estudiar para ser contador público y se mudó a Bahía Blanca. "En ese momento empecé a tener mucho más contacto con los Ginóbili. Y Yuyo, en algún punto, se transformó en mi segundo padre.

Además, cuando ganábamos o salíamos campeones lo buscábamos a él. El club me alquilaba un departamento pero ahí yo no tenía ni televisión. Por eso vivía casi todo el tiempo en lo de Raquel...", dice Leonardo, que recuerda su época con orgullo pero sin nostalgia. En 1987, Leonardo también fue convocado para la Selección Argentina de Cadetes que iba a competir en Cúcuta, Colombia, en el Cuarto Campeonato Sudamericano. Nunca antes un jugador de Bahiense del Norte había tenido ese privilegio. Ese combinado logró ganar invicto el torneo. "Manu nunca me dijo que yo era su ídolo —dice Leonardo— pero supongo que algunas de estas cosas pueden haberlo marcado porque él era más chico." Los logros de Montivero difícilmente podían ser ignorados por los chicos de Bahiense del Norte que soñaban con un futuro de Liga y de Selección. Uno de ellos, claro, era Emanuel.

Un año después, en 1988, se produciría otro hecho histórico para el básquet nacional: por primera vez dos jugadores argentinos fueron "drafteados" en la poderosa NBA de los Estados Unidos. El término alude al sistema de selección de jugadores que rige en esa liga. Éste estipula un día en que, en modo inverso a las posiciones finales del torneo, los equipos reservan los derechos de contratación sobre los jugadores. Primero eligen los equipos que no se clasificaron para los *play offs* de ese año. El sistema contempla así la posibilidad de seleccionar a los mejores e intentar emparejar el campeonato siguiente. Sin embargo, el hecho ser "drafteados" no implica pasar a jugar directamente en el equipo. Antes de que eso suceda, los jugadores deben superar otras pruebas.

Precisamente en el *draft* del martes 28 de junio de 1988, en la tercera vuelta y en el turno 54, los Atlanta Hawks nominaron a Jorge González, el gigante formoseño de 2,29 metro de altura que jugaba en Sport Club de Cañada de Gómez bajo la dirección técnica de León Najnudel. El otro jugador argentino seleccionado fue un bahiense ex jugador de Olimpo: Hernán Montenegro, entonces de 21 años. El club que lo seleccionó fue Philadelphia Sixers en la tercera vuelta, en el orden 57. Por distintas razones, ninguno de los dos llegó finalmente a integrar equipo alguno de la NBA. Lo mismo sucedió con Marcelo Nicola (Houston Rockets, posición 50 de la segunda ronda) en 1993. Pero todos ellos abrieron el camino para otras nominaciones de argentinos que sí lograrían debutar en la NBA. Sucedió doce años después. El primero fue Juan Ignacio "Pepe" Sánchez en el año 2000, nacido en Bahía Blanca y compañero de Manu en Bahiense del Norte. El chaqueño Rubén Wolkowyski fue el segundo en la misma temporada, apenas minutos después que Pepe. En 2002, llegó el turno de otro jugador nacido en Bahía y también surgido de Bahiense del Norte: Emanuel Ginóbili. Manu sería además el protagonista de un hecho histórico: fue el primer argentino en obtener un anillo de campeón de la poderosa NBA.

AMIGOS SON LOS AMIGOS

Los finales de los años ochenta volvieron a ser difíciles para los argentinos en lo económico. El Plan Austral primero y el denominado Plan Primavera después no consiguieron resultados positivos. Por el contrario, derivaron en una hiperinflación que hizo complicadísima la vida cotidiana de los ciudadanos del país. Administrar la economía familiar, de una empresa o de una institución se convirtió en una verdadera pesadilla. Los precios variaban minuto a minuto y el austral se devaluaba cada vez más. En ese contexto, mantener un club de barrio siguió siendo una tarea ardua. Los chicos que entrenaban en Bahiense del Norte en esa época aún recuerdan que cuando terminaban los entrenamientos debían salir presurosos a apagar las luces de la cancha y dejar encendida sólo la de los vestuarios. Todo ahorro en los gastos cotidianos podía mejorar la subsistencia. A pesar de esas dificultades, Bahiense del Norte —aun sin sobrarle nada— intentaba que no faltara lo esencial para sus jugadores. "Tenía una organización impecable. Se vivían cosas que no se veían en otros clubes. Frente a las enormes limitaciones, se lograba que todo funcionara. No me puedo olvidar de que para el primer torneo regional que jugamos tenía de antemano la plata para pagar los gastos de toda la campaña. Y a los chicos los cuidaba de la misma manera." Quien afirma esto es Fernando Piña, otro de los integrantes de aquel equipo campeón y que pocos años después haría debutar en la Primera de Bahiense del Norte a Emanuel Ginóbili. Fernando —el que había acuñado la famosa frase '¿Manu, no tenés catecismo?'— es un apasionado de Bahía Blanca, del básquet, de Bahiense y de Manu. Sus recuerdos, que desgrana con infinidad de detalles, desbordan de afecto y sentimientos. Y en muchos de ellos, la emoción y las lágrimas lo acompañan. Ahora, a los 39 años, vive en la ciudad de La Plata donde atiende un negocio de productos ortopédicos. Pero no deja de volver periódicamente a Bahía Blanca —"una ciudad distinta"—, donde carga energía para seguir adelante.

Fernando Piña es de González Chávez, una localidad cercana a Bahía Blanca. A los 14 años medía ya 1,95 metro. Y como en su pueblo no tenía dónde jugar al básquet, fue primero a Tres Arroyos y después a Bahía. Al club de Salta 28 llegó de la mano de Sergio Hernández, que lo llevó para jugar en el equipo y para trabajar junto a él en las divisiones inferiores. "La mayoría de los chicos eran del barrio pero había otros de pueblos cercanos, como yo. Bahiense del Norte es un club especial, con personas muy especiales. Eran como nuestros padres. Muchos chicos éramos como protegidos o 'adoptados'. Nos acompañaban siempre, especialmente los domingos, el día que estábamos más solos. A veces uno llegaba a su casa, luego de entrenar, y se encontraba con la heladera llena de comida. Y a veces ni sabías quién había hecho eso. Lo mejor era cuando Raquel te llamaba el día de tu cumpleaños y te decía '¿Qué torta querés que te lleve?'. Esa gente era un ejemplo de vida para todos nosotros." También para Fernando la casa de Vergara 14 era un lugar único y no deja de agradecer a los Ginóbili y a Hernández por todo lo que le dieron. "La casa de Yuyo es como una sucursal del club. Entre su casa y la de Oveja armé mi vida. Porque llegué solo y me organizaron, me enseñaron a cuidarme, a diferenciar lo bueno de lo malo. Pude hacer muchísimas cosas gracias a ellos."

Sergio Hernández reconoce que Fernando fue el único que decía que Manu tenía grandes posibilidades en el básquet. "En esa época se veía que Manu jugaba bien. Pero no es que la rompía... Fernando era el único que decía: 'Es buenísimo'. A lo mejor Manu jugaba y hacía cinco puntos y Fer decía: 'Sí, pero es un fenómeno'. Yo pensé que era por el amor que le tenía. Pero no. Fernando le vio algo que los demás no le vimos." Ese "algo que lo demás no vieron" se descubre en Fernando cuando habla de Emanuel. "En Minibásquet lo marcaban tres rivales. A pesar de su físico pequeño, la rompía. Tenía menos condiciones físicas que los demás pero era impecable técnicamente. Y siempre estaba en evolución." Las palabras le brotan sin parar en un monólogo técnico pero detallado que vale la pena seguir. "Ya en Minibásquet hacía cosas increíbles. Por ejemplo, hoy lo ves como un jugador zurdo que de repente está perfilado de derecho. Por eso les cuesta tanto marcarlo. Por eso con un metro noventa y pico penetra como penetra, más allá de su capacidad de salto. De repente está perfilado, penetra por el lado derecho y termina tirando por izquierda. Hace doble paso invertido. Está picando con la izquierda y te mete el doble paso por derecha. Eso lo hace sólo un jugador inteligente. Porque hay que saber manejar muy bien el cuerpo. El tipo que tapa, el tapador, el que sabe tapar, ¿qué hace? Controla el doble paso para taparte o controla la parada y te tapa. El que es especialista en tapones controla eso. Pero con Manu no lo puede hacer. Porque está perfilado al revés. O arranca hacia el aro —eso también lo hace Montecchia— y en vez de hacer el doble paso normal te mete un pie adentro y otro afuera. O sale en contraataque metiendo una faja. Es decir, en vez de salir en contraataque con un *dribbling* normal, él sale, mete una faja y corre la pelota. Eso se llama faja y brinco a la bola. Todo esto Manu ya lo hacía de chiquito. Y estas cosas se entrenan. Y Manu ya lo hacía en Minibásquet." Para Fernando, la inteligencia de Emanuel es uno de los factores más importantes de su desarrollo. Y aclara que gran parte de su personalidad, que demostraría después como persona y como deportista, tiene relación con la familia de donde proviene. "Manu es, en muchos sentidos, de otro planeta. Y mucho tienen que ver los padres. Lo educaron a él y a sus hermanos de una manera increíble."

Fernando fue también entrenador de Sebastián cuando estaba en Infantiles. De Sepo, el hermano del medio de Manu, tiene la mejor de las consideraciones, tanto en lo personal ("hasta me salió como garantía para comprar mi primer departamento") como en lo deportivo ("un jugador inteligentísimo"). Y cuenta una anécdota para ejemplificar la conducta de Yuyo con relación a sus hijos. "Alguna vez lo he tenido que reprender a Sepo y sacarlo del entrenamiento. Y después de la práctica por ahí yo iba a comer a lo de Yuyo. Y alguno podría pensar: 'Es el papá y además es el presidente del club, algo me va a decir'. Pero no. Jamás pasó eso. Les enseñaba a no quejarse del técnico y a reconocer sus propias responsabilidades."

Piña sería testigo de uno de los momentos que más marcaron a Manu en su adolescencia: el debut en la Primera división y el descenso de Bahiense del Norte en esa misma temporada.

Cecil Valcarcel, otro de los integrantes del plantel campeón de 1989 y amigo de Leandro y Sebastián, también señala a Yuyo y a Raquel como factores clave en la personalidad de los Ginóbili. "Se nota la cuna que tienen. Los supieron acompañar en cada uno de sus pasos. Yuyo fue para los tres una figura que marcó cosas importantes de la vida. Ellos lo entendieron y fueron redondeando así su personalidad."

Cecil es oriundo de Villa Maza, un pueblo de dos mil habitantes ubicado a unos trescientos kilómetros de Bahía

Blanca. Su historia es muy particular. Hasta los 20 años no tenía ni idea de cómo se jugaba al básquet. Cuando en 1982 llegó a Bahía para estudiar el profesorado de Educación Física, conoció a Oveja Hernández, que lo convenció de probar suerte en el baloncesto. Es que Cecil medía dos metros de altura y tenía facilidad para los deportes. Probó y terminó jugando casi toda su carrera en Bahiense del Norte, muchas veces como capitán del equipo. "Este deporte es difícil de aprender cuando uno no lo vive desde chico. Pero dos metros son dos metros...", dice hoy Cecil. Como Leonardo Montivero, Fernando Piña y otros muchachos más, Cecil encontró en la casa de Vergara 14 el refugio ideal para alguien que llegaba de un pueblo y que estaba solo en la ciudad. "La puerta estaba siempre abierta. Me acerqué mucho a ellos. Su casa es la casa del básquet."

Vergara es un pasaje de sólo dos cuadras de extensión. Cuando se ingresa por Estomba, la mirada sólo alcanza los doscientos metros, donde queda interrumpida por otra calle. Pero eso no impide ver los árboles que se extienden parejos y prolijos en las angostas veredas, acompañando sin desentonar a las casas bajas que, una al lado de otra o enfrentadas entre sí, parecen haberse puesto de acuerdo para detener el paso del tiempo. El aroma que desprenden sus flores, que se percibe como en pocas calles se puede percibir, atrapa al caminante de un modo tan sutil que no puede evitar sucumbir a su seducción. A la casa del número 14 de Vergara se llega demasiado rápido desde Bahiense del Norte. Doblando desde Estomba, son pocos metros. Pero suficientes para sentir que uno está entrando en un mundo distinto, muy singular. Seguramente aquellos jóvenes arrebatados por una única pasión —la del básquet— habrán sentido que la magia estaba dentro de esa casa con frente de piedra y dos amplias ventanas. Muchos de ellos debían agacharse para entrar, no como señal de reverencia sino obligados por la altura de la puerta, un poco menor que la habilidad, y demasiado baja para la mayoría de los visitantes, muchos de casi dos metros de estatura.

Las horas pasadas en la cocina de Raquel, mirando por televisión los partidos de la NBA —que por entonces parecía inalcanzable—, tomando mate y charlando de básquet, hicieron que la relación con los Ginóbili se cimentara con el paso del tiempo. Por una cuestión generacional, Leonardo, Fernando y Cecil estaban más cerca de Leandro y Sebastián. Pero tuvieron el privilegio de ser parte importante en la historia de Manu. Sobre todo, Cecil. Sus dos metros de altura fueron la referencia que quedó registrada en una de las paredes de la casa de Raquel para comparar la evolución en la altura de los Ginóbili. Apoyado contra la pared, y con un marcador, quedó señalada su altura. Ese punto se convirtió para el pequeño Emanuel en la mejor de sus aspiraciones. Una meta que tardaría en concretarse y que le provocaría no pocas frustraciones.

LOS HERMANOS SEAN UNIDOS

Si hubo alguien emblemático en esa camada de Bahiense del Norte fue Alejandro Montecchia. Él y Sebastián Ginóbili —nacieron el mismo año, 1972— transitaron juntos todas las divisiones menores. Había llegado al club cuando tenía 9 años. Vivía a apenas cuatro cuadras de Salta 28. A su padre, que lo acompañó desde el primer día, muchos lo reconocen como otro de los grandes apoyos de los chicos del club. Después de Leonardo Montivero, se convirtió en el siguiente jugador de Bahiense del Norte en llegar a la Selección Argentina. Fue en 1989, en el Torneo Sudamericano de Cadetes que se jugó en Brasilia y que ganó el combinado nacional. En los años siguientes, jugaría en la Liga Nacional, sería convocado a numerosas selecciones, jugaría en Italia y España y sería uno de los integrantes de la Selección Argentina que en 2004 conquistó la medalla de oro en los Juegos Olímpicos. Uno de sus compañeros en uno de los clubes de Italia y en la Selección sería Emanuel Ginóbili, el hermano menor de Sepo, su mejor amigo. Alejandro declara una deuda de gratitud con la formación que les dio el club. Contaron con los mejores entrenadores de la ciudad: Alberto Celan, Pablo Coleffi, Daniel Radivoy, Horvath, Hernández y Huevo Sánchez. "Sus escuelitas de verano eran de calidad...", dice Montecchia. Como el resto de los integrantes de esa época de la Primera de Bahiense del Norte, es hijo de la generación de oro del básquet local. Alejandro —"el Puma", como lo apodaron— Montecchia lleva, sin duda, el sello de Bahiense del Norte. "Montecchia, como Manu, Juan Ignacio 'Pepe' Sánchez, Leandro y Sebastián, no son una casualidad. Son jugadores de elite porque todo lo que los rodeó fue de elite —dice Fernando Piña—. No sólo en el aspecto deportivo sino en un concepto más amplio. Uno los veía y decía: 'Estos son de otro planeta'. Recuerdo que Alejandro, por ejemplo, antes de un viaje para participar de una competencia, vino al club a tirar doscientos triples porque no había podido practicar durante los días previos. Se cuidaban, se entrenaban. Eran muy responsables. Podría parecer algo común. Pero no. Se trataba de algo muy llamativo."

El vínculo de amistad entre Alejandro y Sebastián Ginóbili era tan fuerte que veraneaban juntos. Sepo iba con los Montecchia a la bahía San Blas para pescar, y Alejandro iba después quince días con los Ginóbili a las playas de Monte Hermoso. Ahí fue testigo del rol que ocupaba Manu como el más chico de la familia. "Estaba todo el tiempo llorando... Es que Leandro y Sebastián lo volvían loco. Claro, era el más chico y siempre terminaba así..." Muchos años después, Manu y Alejandro derrocharían lágrimas, pero de alegría —y se las harían derrochar a millones de argentinos—. Sus destinos quedarían sellados por una jugada histórica para el básquet argentino. En los Juegos Olímpicos de Grecia, Alejandro sería el autor de un pase a Emanuel tras el cual, y con un tiro imposible —un "zapato" lo bautizaría Manu después—, concretaría un doble extraordinario a décimas del final para un triunfo con sabor a revancha ante los entonces campeones del mundo.

Más allá de aquellos juegos infantiles en que Leandro y Sepo "gastaban" a Manu, las relaciones entre los hermanos Ginóbili atravesaron distintas etapas. Sin discusiones estaban los vínculos afectivos entre ellos y el amor que sentían por el básquet. En aquellos primeros años, sin embargo, la relación entre Manu y Leandro fue más sólida que con Sebastián. "Manu tenía con Leandro una afinidad bárbara. Sepo era el del medio y, claro, tenía celos de los dos. Pero nos dimos cuenta después, no en ese momento", cuenta Raquel con un dejo de autocrítica.

Cuando Emanuel cursaba el último año de la primaria, en 1990, sus hermanos dejaron Bahía para ir a jugar a Quilmes de Mar del Plata. Primero Leandro y después Sebastián. Quien llevó a Leandro y a Sepo no fue otro que Oscar "Huevo" Sánchez, que era el director técnico. Durante los veranos, Huevo organizaba además "campus" de enseñanza intensiva de básquet en la Villa Marista. Concurrían chicos de 7 a 18 años, que, durante una semana de convivencia, y con una infinidad de actividades, aprendían los fundamentos del deporte y la técnica individual. Emanuel asistió cuando tenía 11 años. Pero con una particularidad: fue a dos en una misma temporada. En un video casero se puede ver y escuchar a Huevo en la entrega de premios haciendo referencia "a un caso único, el de un chico de Bahía Blanca, Emanuel Ginóbili, que participó de dos campus y que ganó las competencias de uno contra uno y de tiros libres". Los ya célebres campus de Sánchez —que realiza ininterrumpidamente desde 1988— reúnen año tras año a cientos de chicos ávidos por aprender o mejorar su básquet. El fenómeno que se generaría con Emanuel, hacia comienzos del año 2000, potenciaría aun más el éxito y la concurrencia a esas clínicas.

Sánchez había dirigido a Estudiantes de Bahía Blanca en los primeros años de Liga Nacional. Y, desde 1987, a Quilmes de Mar del Plata. Primero logró el ascenso de la Liga C a la B y después, en la temporada 1990-1991, con el aporte de los Ginóbili, ganó la Liga B y logró el ansiado ascenso a la Liga Nacional. "Primero lo llevé a Leandro. Y después a Sepo, que lo hacía viajar los jueves en el micro, el Pampa, para que pudiera terminar los estudios en Bahía. A él lo puse de base y salimos campeones", rememora. Además de elogiar la calidad que tenían como jugadores, Sánchez define a Sepo como "un caballero, un pan de Dios", y a Leandro, como "un delirante pero un tipo transparente". La única condición que había impuesto Raquel para que jugaran en Mar del Plata era que primero terminaran el colegio secundario. Sin embargo, ella hubiese preferido que sus hijos siguieran estudiando. "Me decía: 'Nunca te voy a perdonar eso y no voy a permitir que con Emanuel pase lo mismo'. Y me insistía: 'Mi hijo va a ser contador'...", recuerda Sánchez, reviviendo la contradicción entre los deseos de su amiga Raquel y los suyos propios. Una contradicción que se reiteraría pocos años después a partir de los deseos de Emanuel, con la complicidad de Sánchez, que insistió en llevar a Manu a jugar la Liga cuando aún no había terminado el secundario. La propuesta generó una serie de escenas y disputas entre Raquel, Oscar, Yuyo y el propio Manu, que, en un papel más secundario pero decisivo, con un guiño sutil —pero implícito en su casi silencio— buscaba inclinar la balanza hacia la propuesta del director técnico. Los códigos de los hombres del básquet finalmente impondrían su lógica, pese a las discusiones "a cara de perro", aunque risueñas, dignas de dos personas únicas como son Raquel Maccari de Ginóbili y Oscar "Huevo" Sánchez.

Manu y Pepe

La partida de sus hermanos dejó a Manu casi como "hijo único", aunque no le resultó fácil esa ausencia (en especial, la de Leandro). "Manu lo extrañó horrores —reconoce Raquel—. Cuando llamaba por teléfono enseguida corría a atender y a hablar. No sucedía lo mismo con Sebastián". Emanuel y Sebastián recuperarían ese tiempo de menos contacto cuando, siete años después, coincidieran en Estudiantes de Bahía Blanca. "Ahí fue donde se entendieron muy bien y se acercaron mucho. Todo lo que no habían vivido en su niñez lo vivieron juntos ese año", cuenta Raquel.

A Manu no le hacía falta ningún incentivo especial para alentar su aspiración de llegar algún día a jugar en la Liga Nacional. Pero ver allí a sus hermanos resultó una motivación mayor. "No hablaba mucho de ese deseo. Pero era muy firme su convicción. Desde los 12 años, decía que iba a jugar en la Liga. Veía a los hermanos y también quería seguir ese camino", recuerda Yuyo. Ese camino del que habla el papá de los Ginóbili, y que les permitió llegar a la Liga, estuvo cimentado por el buen juego que desarrollaban. "Leandro era un goleador de raza —define Sergio Hernández— y era capaz de cualquier cosa con tal de ganar un partido. Leandro odiaba perder, era un competidor impresionante. Sepo, en cambio, si bien también le gustaba ganar siempre, era más solidario, desdramatizaba las situaciones. Ojo... también lo he visto llorar en alguna oportunidad..." Hernández sostiene que Manu fue capaz de tomar lo mejor de cada uno de ellos. "Es una mezcla de los dos hermanos, un mix. Esa obsesión por ganar de Leandro y esa tranquilidad de dar el golpe en el momento justo de Sepo. Pero sin la obsesión, que te puede jugar en contra. Y no creo que esto haya sido casual. Era tan perfeccionista que lo observaba todo. Manu buscó todo lo que le fue pasando. No es que a los 13 o 14 años ya la rompiera. Se notaba que jugaba bien aunque le faltaba altura. Pero era tremendamente exigente consigo mismo. En cada cosa que hacía se esforzaba por ser el número 1".

La llegada a Bahiense del Norte de un nuevo compañero de equipo con muy buenos pergaminos introdujo otro ingrediente en el afán de superación de Manu. Juan Ignacio Sánchez, de él se trata, bautizado de pequeño como "Pepe" por su parecido con el célebre personaje de historieta. Era del barrio La Falda, cuyo club homónimo estaba a la vuelta de su casa. Pero no participaba de las categorías superiores. Su deseo de jugar en torneos más competitivos lo llevó entonces, luego de pasar por El Nacional, a recalar finalmente en Salta 28. Llegó de la mano de Ignacio Ferhmín, apodado "Michigan", que dirigía a los Preinfantiles —categoría de hasta 13 años— en Bahiense. Tenía la misma edad que Emanuel. "En esa época cada equipo tenía uno o dos jugadores que se destacaban en los planteles. Manu era el 'bueno' de Bahiense, Pablo Gil, el de Estudiantes, y yo, el de El Nacional", dice Pepe. Luis Decio, el amigo de Manu, todavía retiene imágenes de cuando se enfrentaban en Minibásquet. "Jugábamos contra Pepe, que estaba en El Nacional y metía 50 puntos. Siempre teníamos que marcarlo con dos." Los partidos de Bahiense contra El Nacional eran Pepe versus Manu. Con el ingreso de Pepe al mismo equipo de Manu, se originó una lógica competencia entre ellos. "Casi desde el principio se dio una natural competencia entre nosotros. Pero una competencia sana —aclara Pepe—. Él era el mejor del equipo y fue como si yo llegara para 'usurpar' su terreno. Se dio una especie de roce por ver quién tiraba más o mejor. Hubo alguna que otra discusión y hasta quizá celos. Estaba claro que yo tiraba mucho y él también. El problema, en todo caso, era de los demás, que no lo hacían. Él jugaba un cuarto, yo jugaba otro y compartíamos otros. Y éramos los que más tirábamos al aro. Pero él era más menudito, más flaco. Además estaban las comparaciones con sus hermanos, que no dejan de ser una carga. Manu era chiquito pero muy bueno. No arrugaba y era de los que tomaban responsabilidades dentro de la cancha. Pero tampoco se destacaba tanto. Era con el que más *feeling* basquetbolístico yo tenía. Hablábamos el mismo lenguaje en el juego. Y por ahí pasaba nuestra relación. Pero no éramos amigos. Cada uno tenía los suyos. Yo iba, jugaba y cuando terminaba me iba a mi casa."

Emanuel coincide con la apreciación de Pepe. En una entrevista de Osvaldo Ricardo Orcasitas (ORO) para la revista *El Gráfico* del 3 de julio de 2001, Manu se explayó acerca de la época en que fueron compañeros en Bahiense. "Pepe era ya un jugador distinto desde que lo enfrentaba en Mini, cuando él estaba en El Nacional. Creo no haber visto a un chico de 8 o 10 años picar y jugar como

lo hacía Pepe. Siempre fue muy inteligente y gran cono-
cedor del juego, sumándole una dosis de personalidad poco común en chicos de esa edad. Como compañeros tuvimos millones de peleas, porque no me la pasaba nunca,
los dos queríamos tirar todas las veces, así que imagínense
los otros diez cómo se quedaban, ¡pobres! No, realmente
no nos llevábamos tan bien con Pepe, pero había respeto
mutuo. Siempre lo admiré y hoy también lo hago. Tiene
una contracción al trabajo que no tiene casi nadie, y en
eso me incluyo, y las ideas bien claras", concluía Manu.

Sergio "Oveja" Hernández recuerda una anécdota
que refleja la competencia entre Manu y Pepe. Junto con
Pablo Coleffi, habían organizado un campus en Bahiense,
que les había cedido las instalaciones. Se llamó Basquet-
manía y participaron cerca de noventa chicos. Entre ellos,
Manu y Pepe. Las actividades incluían torneos de triples,
de libres y de uno contra uno en cada categoría. "Ellos estaban en la de Infantiles, para chicos de 14 años. Y los dos
llegan a la final de uno contra uno. Y lo gana Pepe. Imaginate a Manu, que no le gustaba perder a nada... no te le
podías acercar... volaba de la bronca...", dice Hernández.
"Sí, la recuerdo —dice Pepe—. Fue a muerte... una sana
competencia para ver quién era el mejor..." Esa competencia de uno contra uno quedó registrada en una grabación de video. Allí se lo ve a un jovencísimo Sergio Hernández en plena actividad con los chicos. Y a Manu y a
Pepe disputando la reñida final. Años después, esa grabación formaría parte de un video con la historia de Manu.
Aquella final en Bahiense del Norte sería la antesala de otra
gran final, pero esta vez en pantalla gigante: la que disputó
en 2005 con San Antonio Spurs y que le permitiría a Emanuel conquistar su segundo anillo en tres temporadas.

Sobre lo que sucedía en esa etapa, las opiniones son
coincidentes. Pepe y Manu eran proyectos de muy buenos
jugadores con ventaja clara para Sánchez. Sin embargo, los
equipos que integraban entonces no podían salir campeones. "Pintaban como buenos jugadores. Pero en esa época
se destacaba Pepe, que era un jugador distinto —afirma

Yuyo Ginóbili—. En ese equipo también estaba Luis Decio. Pero no podían ganar campeonatos. Salían segundos o terceros. Pero ganar un título, no. Su equipo eran ellos y algunos más. Además, tenían poca altura debajo del aro. En los otros, había más jugadores importantes." Fabián de Ángelis, aquel director técnico con el que Manu había debutado en Premini, dirigía entonces en otros clubes de Bahía Blanca. "En esa categoría ganaban Estudiantes y Olimpo. Ellos no. Eran petisos que jugaban bien pero había otros chicos en otros clubes que también jugaban muy bien y, además, tenían más físico. Manu seguía siendo flaco y chiquito..."

Por entonces, una noticia sacudió a la NBA en particular, y al mundo en general. El 7 de noviembre de 1991, Earvin "Magic" Johnson, una de las estrellas del básquet superprofesional, anunció que era portador del virus de HIV. Un año después, y luego de su participación en los Juegos Olímpicos de Barcelona con el primer Dream Team —aquel equipo olímpico de los Estados Unidos integrado enteramente por jugadores de la NBA y que ganó todos los partidos por más de 40 puntos de diferencia—, se retiró definitivamente de la liga más profesional del mundo. Sin embargo, el retiro no fue total. Se dedicó a recorrer el mundo con un mensaje destinado a prevenir el sida. En 1994 —año en que Manu jugó su primera temporada en la Primera de Bahiense—, llegaría a Bahía Blanca para disputar un partido amistoso entre Estudiantes y los All Star que terminó por 153 a 141 a favor de los visitantes.

En una nota del diario *La Nueva Provincia* del 21 de julio de 2002, con la firma de Fernando Rodríguez, se reproducen declaraciones de Manu de mayo de 1992 cuando su equipo derrotó a Napostá por 91 a 86. Ese día, Manu, jugando en Infantiles con 14 años, marcó un "triple decisivo" tras lo cual aseguró: "Siempre me tengo fe". Y en cuanto a la comparación con sus hermanos, dijo: "No me molesta, pero a veces me siento presionado, porque muchos dicen 'este es el mejor', me van a ver y si juego mal dicen que soy una mentira". En esa misma nota de *La Nueva Provincia* se reseñan declaraciones de Pepe Sánchez luego de un partido de mayo de 1992 en el que Bahiense derrotó a Liniers por 78 a 76 y en el que Manu anotó 26 puntos. "Manu es un jugador excelente. Más no puedo pedir. Además hoy apareció cuando las papas quemaban, como los buenos jugadores", señaló Pepe, que en ese partido había convertido 22 puntos. Para entonces, Pepe ya había debutado, a los 14 años, en la primera de Bahiense. Por la edad que tenía, jugaba en distintas categorías y casi todos los días. En Infantiles —14 años—, Cadetes —15 y 16 años—, Juveniles —17 y 18 años— y en Sub 22. "A mí me encantaba —sonríe Pepe—. Yo también era bajo, pero como jugaba de base no era necesario que fuera tan alto. Los dos éramos súper bajos. Esa siempre fue la gran duda: 'Juegan bien pero hay que ver qué pasa con el físico', decían."

Pepe Sánchez y Manu jugarían juntos en Bahiense hasta los 17 años, cuando Pepe fue a la Liga Nacional, tras haber sido convocado desde los 16 años a todas las Selecciones Argentinas. Manu debería esperar un poco más para jugar en la Liga y más aún para llegar a la Selección. Caminos distintos que, sin embargo, se volverían a cruzar para transitar juntos otro que los cubriría de gloria y de una amistad verdadera. Y para ganar los títulos que de chiquitos se les negaron.

CRECER O NO CRECER, ESA ES LA CUESTIÓN

Por entonces, la altura de Emanuel ya era una preocupación cotidiana, y no sólo para él sino también para su familia y buena parte de su círculo más cercano. Manu deseaba llegar a la altura que tenían sus hermanos a su misma edad. Pensaba que su estatura y su peso no eran compatibles con los de un jugador de básquet con pretensiones como las que él tenía. "Tenía una obsesión con eso. Miraba a sus hermanos y se veía más bajo. Eso fue así hasta que finalmente pudo pegar el estirón", cuenta Yuyo. Pero hasta que llegó ese momento, corrió mucha agua debajo del puente. "Recuerdo que Manu tenía pegada en la heladera una dieta que le daba el profesor para que estuviera mejor —dice Fernando Piña, otro de los testigos de la ansiedad de Manu por crecer—. Era algo así como una mezcla de banana, leche, licuado... y con unos productos de hígado disecado que eran un asco. Y él se lo tomaba. Si le decían que se tenía que comer una vaca para poder volcar la pelota, era capaz de comérsela..."

Esa obsesión lo llevó a intentar un registro casi diario de su crecimiento. El principal lugar elegido —porque hubo varios— fue una pared de la cocina de su casa. El modelo no fue otro que Cecil Valcarcel, el compañero de Sepo y Leandro, que medía dos metros. Una vez colocado Cecil contra la pared, se registró con un fibrón la primera marca que sirvió de referencia. La que se convirtió en la aspiración máxima de Emanuel. Debajo de ella quedaban las marcas de Leandro y Sebastián. Y mucho más abajo, la de Manu. "Con ese tema estaba preocupado —dice Cecil—. Si bien no hablaba mucho, con eso de la marquita en la pared lo demostraba. 'Tac, tac, tac, tac... Y no... su marca casi no se movía... Yo me decía que si llegaba a tener la altura de Leandro, aun siendo flaco, la podría romper en la Liga, que era su máximo deseo. Pero nunca creí que podría llegar adonde finalmente llegó."

El Huevo Sánchez y Sergio "Oveja" Hernández tenían una visión similar. "Nunca creí que Emanuel llegaría a ser un 'monstruo' —asegura Huevo—. De altura pensé que sería como la madre... así, medio retacón. Yo lo veía a los 14 años y no tenía una estatura como para ser un gran jugador." Y Oveja coincide. "El que diga que en esa época podía imaginar que alcanzaría el nivel de juego al que llegó está mintiendo." El tema, claro, era que no crecía lo suficiente. Si alguna otra opinión autorizada faltaba en este tema, era la palabra del papá Yuyo. Con total sinceridad, afirma que "la gente del club me decía que sería el mejor de los tres. Pero la verdad es que yo no lo veía como para decir 'va a ser el mejor'. Pensé que podría llegar a tener el mismo nivel que los hermanos. Y así concretar su máxima aspiración, jugar la Liga Nacional".

La preocupación cotidiana de Manu por su altura tenía otros puntos de referencia. Uno de ellos estaba en la casa de los abuelos maternos. El armario de madera en el living de Constatino y Adelia padecía también las marcas de Manu para controlar su altura. Constantino, que seguía cuidando su huerta y sus animales, miraba con ternura y comprensión la "idea fija" de su nieto sin importarle si el mueble quedaba rayado. Los deseos de sus nietos siempre fueron más importantes que cualquier asunto material.

Otro de los lugares donde verificaba si crecía o no algunos centímetros era el gimnasio. En alguna época coincidió con Luis Decio en los horarios y entrenaban juntos. "Aprovechaba la distancia entre una de las máquinas y la pared para corroborar si llegaba a tocar la pared con la cabeza. Eso lo hacía constantemente."

La obsesión de Manu por su estatura ya generaba por entonces más que preocupación en sus padres. Yuyo temía que finalmente el tan ansiado "estirón" no llegara, cosa que, evidentemente, frustraría a Emanuel. Es que, a los 15 o 16 años, Leandro y Sebastián ya habían alcanzado una altura importante y tenían casi la misma estatura cuando marcharon a jugar la Liga Nacional. Leandro llegó a 1,88 y Sepo a 1,90 metro. Sergio Hernández, que por entonces trabajaba en Sport Club de Cañada de Gómez pero no dejaba de ir a Bahía Blanca y a la casa de los Ginóbili, presenció muchas veces esas mediciones. "Manu llegaba y le pedía a Yuyo que lo midiera. Y Yuyo, transpirando, iba y lo medía. '¿Y, papi?', preguntaba Manu. Nada. Estaba igual. No crecía. Y Manu que se iba a su habitación, solo... No abría la boca pero no hacía falta demasiada imaginación para darse cuenta de que se iba amargado, frustrado. Yuyo me decía: 'No sabés el problema que voy a tener yo con este chico... porque él no es como los hermanos. Su sueño es el básquet, su vida pasa por el básquet. Tengo miedo de que se frustre tanto...'."

En 1992, ya en segundo año del secundario, Manu jugó para Bahiense del Norte en la categoría de Infantiles y en la de Cadetes. En Infantiles, jugó 28 partidos y convirtió 517 tantos: con un promedio de 18,46 por partido. En esas estadísticas, se vislumbraba ya uno de sus fuertes: la efectividad en los tiros libres. En ese torneo, llegó al 67,52%. Con los Cadetes, dando ventaja en la edad, jugó sólo cuatro partidos, con un promedio de 6,50 puntos. Ese mismo año pudo debutar en un Seleccionado de Bahía. Fue en el de Infantiles. "Era muy competitivo, sumamente delgado y chico para su edad; le costaba tirar al cesto. Tenía buena producción, pero en la Selección no le fue sencillo jugar, inclusive lo perjudicó que la cancha era chica. Jugamos un Provincial en Bragado y fuimos segundos, también estaban Pepe Sánchez, Pablo Gil y Juan Miguel Vigna. Tenía condiciones, pero físicamente no estaba dotado", dijo Juan García, su entrenador en esa Selección, en *La Nueva Provincia* del 21 de julio de 2002.

Preocupados por la obsesión de Manu con respecto a su crecimiento, Jorge y Raquel decidieron volver a consultar al pediatra, Fernández Campaña. Fue el viernes 16 de octubre de 1992, casi tres meses después de que Emanuel cumpliera 15 años. Fueron con más expectativas que en otras ocasiones. Como las veces anteriores, recorrieron esperanzados las catorce cuadras que separaban su casa del consultorio del pediatra, en la calle Darregueyra al 100. Y como las otras veces, Manu intentó que el médico lo pesara y lo midiera antes de revisarlo, pero tampoco esta vez lo logró. Finalmente, llegó el momento más esperado. Pero el resultado volvió a ser insatisfactorio para Emanuel. Su talla era de 1,76 metros, y su peso, 50 kilos con 200 gramos. Una altura nada despreciable para un chico de 15 años, pero escasa para sus expectativas de jugador de básquet con sueños de Liga Nacional. Su peso estaba lejos de ser el ideal para un jugador con pretensiones de imponer su físico.

En esa misma visita, y ante la inquietud expresada por Manu y por el pedido de sus padres, Fernández Campaña elaboró, en base a la historia clínica de Emanuel, un estudio muy utilizado en pediatría para establecer la expectativa de crecimiento en los niños. Se llama "curva de crecimiento y desarrollo de peso y talla" y está adaptado al promedio de cada uno de los países en donde se aplica. Consiste en un gráfico que mide con un índice denominado percentil. Los percentiles van del número 3 al 97 con pasos intermedios que son el 10, el 25, el 50, el 75 y el 90 y están elaborados con datos estadísticos promedio en relación a la edad cronológica y crecimiento de los niños.

La interpretación de los resultados no dejaba lugar a equívocos. En el mejor de los casos, Manu alcanzaría a los 19 años una altura de 1,85 metro. Cuando el doctor Fernández Campaña se lo dijo a Emanuel, tuvo como única respuesta seis palabras que expresaron su tremenda decepción. "Tan poco... voy a ser petiso...", recuerda Yuyo que alcanzó a decir Manu. Era obvio que estaba lejos de sus expectativas y deseos. Con esa estatura, no podría llegar a cumplir sus sueños. Esa noche fue durísima para Emanuel. En el regreso a Vergara 14, la procesión fue por dentro. Y fiel a su estilo —más reservado en esos temas—, se guardó la frustración y siguió adelante. Lo que vendría en los años siguientes —un llamativo "estirón" y el consiguiente desarrollo físico que sorprendió a casi todos— sería explicado científicamente con la denominada "maduración tardía". Pero para muchos hay una única explicación: la fuerza del deseo. Y no de cualquier persona, sino la de un chico con un carácter pocas veces visto que llevaba en los genes la determinación de sus bisabuelos, el sueño de sus abuelos y la entrega de sus padres. Y que conformó, a la larga, una personalidad única capaz de conseguir lo que para otros sería imposible.

EL PROFESOR MANU

Al mismo tiempo que sus hermanos se marchaban de Bahía Blanca para jugar la Liga Nacional en un equipo de Mar del Plata, Manu terminó la primaria y comenzó la escuela secundaria. En la Argentina, comenzaba la década de gobierno de Carlos Saúl Menem y la era de la convertibilidad —un dólar costaría un peso— ideada por su ministro de Economía, Domingo Cavallo.

Emanuel quiso ir a la Escuela Nacional de Comercio, como su padre y sus hermanos. El establecimiento dependía de la Universidad, lo que implicaba que allí debía estudiar seis años en lugar de los cinco tradicionales. Había que cursar tres años de ciclo básico y luego otros tres de la especialidad. Ese año agregado le permitía después ingresar a la Facultad sin rendir examen. Pero el examen para entrar al Nacional de Comercio era bastante exigente. Jorge Ginóbili pensó que —debido a la intensa actividad que desarrollaba Manu— era preferible que concurriera a un colegio que estaba más cerca de su casa, el de Enseñanza Media N° 3, donde además no debía rendir examen alguno. Ese pensamiento de Yuyo chocó con la insistencia de Emanuel, que estaba decidido a ir a la Escuela de Comercio. Cientos de chicos se inscribían, pero sólo doscientos tenían la posibilidad de ingresar. Entraban los mejores promedios de los exámenes, y los diez mejores tenían derecho de elegir turno. El resto iba a sorteo. Emanuel estudió a conciencia. Él quería ir al colegio por la mañana, ya que hacerlo por la tarde le complicaba el resto de sus actividades. En especial el básquet, porque los entrenamientos eran vespertinos. Y logró ingresar. Pero número 30. Los deseos de Emanuel quedaron entonces a merced de la buena fortuna. La posibilidad de estudiar donde quería —en el mismo lugar y como lo habían hecho sus hermanos—, de seguir con los entrenamientos de básquet en Bahiense y ganarse la posibilidad de integrar alguna Selección local, estaba seriamente comprometida. Si no lograba ingresar a la mañana, debería resignar alguna de esas opciones. Y eso no estaba en sus planes. Pero la buena estrella lo volvió a acompañar. "¡El grito que pegó cuando salió sorteado para concurrir a la mañana...! Tuvo mucha suerte...", cuenta Raquel. El destino quiso que Federico Radavero —con quien había estado en la primaria y, computación mediante, ya eran amigos— también entrara a la mañana y en el mismo curso. Gonzalo Suardíaz, su otro amigo de la primaria y con quien había preparado el examen, no tuvo la misma suerte. "Fui derecho a la tarde", recuerda Gonzalo. Finalmente se reencontrarían en cuarto año, en la especialidad "Comercial" con alumnos provenientes de distintos cursos y turnos. Y conformarían una división muy especial. Algunos de esos compañeros integrarían luego el círculo de amigos más cercanos de Emanuel.

Acerca del rendimiento de Manu en el colegio, no había dudas. Jorge y Raquel sabían que no necesitaban estar sobre él para que estudiara. Siempre había sido muy buen alumno y lo seguía siendo. "Se eximía en todas las materias —puntualiza Jorge—. Era muy responsable y veloz a la hora de hacer las tareas. A Manu no hacía falta insistirle para que agarrara los libros. Eso sí, competía con su hermano Leandro para ver quién había sacado las mejores notas." Emanuel buscaba los boletines y los comparaba. Pero le resultaba difícil. Es que en la época de Leandro la calificación era cuantitativa. Y en la de Manu, cualitativa. "Eso de 'alcanzó los objetivos' lo desesperaba. Leandro se burlaba y le decía 'yo tengo números y vos letras'. Tenían una competencia impresionante", describe Raquel. Sebastián, que era más tranquilo, no tenía esa preocupación. "En esa competencia yo no entraba. Yo era el 7 y gracias. Me iba bien con el mínimo esfuerzo. Con eso me alcanzaba", dice el hermano del medio. Sergio "Oveja" Hernández agrega que "Leandro fue un alumno increíble. Y Manu ni hablar. Pero no podía permitir que un hermano supiera más que él. Su vida fue una competencia permanente. Lo veías en todo. En cada cosa que hacía tenía que ser el número 1. En la escuela, en inglés, en el básquet, con la computadora..."

La fascinación que le provocaban las computadoras hizo que Manu quisiera entenderlas cada vez más. Federico Radavero ya tenía una PC en su casa. "Era una 286. El monitor era monocromático y el sistema operativo el DOS MS2 5.0", recuerda Federico. Con esa máquina hicieron las primeras armas. Efectivamente, la atracción que generó en los adolescentes la informática —en una época que coincidió con el *boom* que se produjo en esa área— no fue una excepción en Emanuel y sus amigos. Las nuevas tecnologías y el desafío que implicaban fueron un poderoso imán para estos chicos que estaban abiertos a todo lo nuevo y más aún a algo que parecía no tener límites. Con esa motivación, Emanuel ahorró sus primeros pesos y los invirtió en su primera computadora. Fue una 386, que le costó mil cien pesos. Había juntado mil y los otros cien los aportó su padre.

Varios fueron, entre familiares y amigos, los beneficiados por esa pasión de Manu. Uno de ellos fue Oveja Hernández, que por entonces no tenía idea de cómo manejar una computadora. Y, claro, no quería quedar desactualizado. Como lo veía a Emanuel muy hábil con la máquina, no tuvo mejor idea que pedirle que le enseñara. "Yo no sabía ni prenderla. Así fue que le pedí que me diera clases", recuerda Oveja. Manu se convirtió así en el primer maestro de computación de Sergio Hernández. Un docente que, además de responsable, era muy exigente. Y que impuso sus condiciones para enseñar. "Yo ya era un tipo grande y el pibe me daba deberes para llevarme a mi casa. En un cuaderno me daba la tarea que tenía que tener lista para la clase siguiente. Me daba datos para que desarrollara tal o cual punto y así llegar a determinado programa... Y mejor que los llevara terminados. Si no lo hacía, ese día no me daba la clase. Era tremendo... tremendo... la entrega tenía que ser a full, cien por cien, en serio... en caso contrario él prefería no seguir..."

Leandro y Sebastián pudieron también apreciar la habilidad de Manu con la computadora. Y cómo la aplicaba en otra de sus pasiones: el básquet. Sus hermanos jugaban la Liga Nacional y Emanuel —a través de un esquema que había armado— les llevaba las estadísticas de dobles, triples, minutos de juego y todos los demás aspectos que conforman el rendimiento de un jugador. Las planillas de las estadísticas de Leandro, que jugaba de escolta en Quilmes de Mar del Plata, indican que en la temporada 1991-1992 jugó 21 partidos con un promedio de 11 minutos en cancha y 4,7 puntos por partido. Sebastián, que era base, en esa misma temporada también con Quilmes, jugó 42 partidos con un promedio de 29 minutos en cancha, de 8,2 puntos por partido y 1,2 asistencias. Sepo mantendría esa regularidad en las temporadas siguientes con un incremento mayor en el rubro asistencias. En el torneo 95-96, su promedio sería de 4,1 por partido. La evolución de Leandro se notó más en la Liga en los años siguientes. En el torneo 1995-1996, por ejemplo, pero ya integrando el equipo de Deportivo Roca, jugaría 50 partidos con 39 minutos promedio en cancha y 22,4 tantos por partido. En esa temporada, Manu ya no elaboraba las estadísticas de sus hermanos. Por el contrario, los enfrentaba. Sería su primera temporada en la Liga Nacional.

El 23 número 1

Los primeros años de la adolescencia de Emanuel coincidieron con la explosión en la NBA de un jugador que sería considerado el mejor de la historia: Michael Jordan. Comenzó a destacarse desde 1984, año en que fue seleccionado por su equipo Chicago Bulls, y elegido novato del año. A partir de entonces, su carrera ascendió de manera indetenible. En su tercera temporada, en los años 1986-1987, se convirtió en el segundo jugador en lograr más de 3000 puntos en un año. En un partido de primera ronda de *playoffs* contra Boston, logró anotar 63 puntos. Y en otro partido contra Cleveland, en 1990, convirtió 69 puntos. Desde 1987, y por siete años seguidos, fue nominado como integrante del equipo de las Estrellas. La confirmación definitiva de su reinado llegó con los títulos que empezó a obtener con los Bulls. Desde la temporada 1991 —cuando Manu cursaba el primer año del secundario— hasta la de 1993, logró tres campeonatos consecutivos. Luego lograría otros tres más, de 1996 a 1997. Y conseguiría, además, el mejor promedio histórico de 30,1 puntos por partido. En 1992, fue integrante del primer Dream Team de los Estados Unidos en los Juegos Olímpicos de Barcelona, que consiguió el Oro y ganó todos los partidos con más de 40 puntos de diferencia. La personalidad, el carisma y el vuelo de Jordan generaron millones de fanáticos en todo el mundo. Su camiseta con el mítico número 23 y su apodo "Air" —luego convertido en una marca comercial— se multiplicaron en todos los rincones del planeta. Como no podía ser de otra manera, la devoción por Jordan llegó rápidamente a la Argentina, a Bahía Blanca y muy especialmente a Vergara 14.

Atrás habían quedado las épocas en que para poder ver el básquet de la NBA debían esperar a que llegaran películas de 8 milímetros —traídas por otros fanáticos o enviadas por amigos que vivían en los Estados Unidos— y que las pasaran en el teatro Don Bosco, donde el público hacía cola para verlas. Cuando llegó la era del video, el living de los Ginóbili fue el lugar ideal para disfrutarlos. Video que aparecía, video que se pasaba en la casa de Vergara 14. Y allí estaban, juntos, el grupo de amigos y allegados. Para verlos, comentarlos y analizarlos. La figura de Jordan ocupó rápidamente un lugar preponderante en la casa de los Ginóbili. En un viaje que Sebastián realizó a Italia con Quilmes de Mar del Plata, compró en una casa de deportes un póster tamaño natural de la estrella norteamericana. "Lo pusimos en el dormitorio clavado en la pared. Medía como dos metros. Además comprábamos todas las revistas y les sacábamos los pósters. Cuando viajé a Estados Unidos, compré los videos personales de Jordan. Llegué a tener la colección completa, los nueve que sacó. Y después los veíamos todos juntos." Leandro completa la descripción: "El cuarto estaba todo ornamentado con cosas de básquet. Trofeos, medallas, obviamente los pósters de Jordan y de Scottie Pippen, de los Chicago Bulls. Los tres éramos fanáticos de él...". Manu explicó su idolatría por Jordan en una entrevista con el periodista Marcelo Orlandini para la revista *El Gráfico* de agosto de 2002: "Fue mi ídolo absoluto [...] Jordan cambió la NBA.

Un tipo con un carisma y una mentalidad inigualables. Me marcó mucho. Las finales que jugaba eran impresionantes. Las ganaba solo".

La figura omnipresente de Jordan acompañó cotidianamente a Emanuel. Proyectaba sus mejores sueños el póster en tamaño natural que tenía en su dormitorio. Era lo último que veía antes de dormirse. Y lo primero que veía al despertarse. Lo ayudaba a superar momentos de gran angustia pero que serían decisivos para su futuro y lo ayudarían a moldear su personalidad, como cuando quedó fuera de un seleccionado de Cadetes de su ciudad y cuando descendió con Bahiense del Norte la misma temporada en la que debutó en Primera.

Manu sufrió la marginación de esa Selección de Cadetes a los 15 años. A la misma edad en la que Michael Jordan, su ídolo, había sido rechazado cuando quiso entrar al equipo de básquet del Instituto Laney High de Carolina del Norte. Los argumentos fueron similares: Jordan porque "era bajo de estatura"; Manu, por no tener la envergadura física que requerían. Gracias a su personalidad ganadora y su afán de superación, los dos llegarían a cumplir sus sueños: conquistar campeonatos de la NBA. Serían, además, los únicos jugadores de la historia —además de Scottie Pippen— en ganar un título de la NBA y un oro olímpico en la misma temporada. Y algo más que en 1993 Manu tampoco sabía: años más tarde llegaría a tener exactamente la misma estatura física que su ídolo: 1,98 metro. Y que también llegaría a estar junto a él en una misma cancha de básquet.

Capítulo V

Escuela Nacional de Comercio, 1994.

1,90 metro

DESPEDIDA Y DEBUT

En 1993, cuando cursaba el tercer año del secundario, Emanuel amplió aun más sus actividades. Por las mañanas, el Nacional de Comercio; tres veces por semana, el estudio de inglés —que para la mamá, Raquel, seguía siendo prenda no negociable—; todos los días, los entrenamientos y las tareas que debía cumplir para el colegio. Por supuesto, había que agregar los partidos oficiales de básquet, que, por entonces, se multiplicaron por tres cada semana. Es que además de jugar en Cadetes, también lo hacía en Juveniles y, cumpliendo uno de sus sueños, en la Primera División del club de toda su vida. Los sábados jugaban los Cadetes y los Juveniles en horarios diferentes —a las tres y a las cinco de la tarde—, lo que permitía que algunos jugadores participaran en las dos categorías. Los días de semana se disputaban los partidos de la Primera División.

En Cadetes, Manu jugó veinte cotejos y anotó 335 puntos, con un promedio de 16,75 por partido. Su efectividad en tiros libres seguía siendo alta, del 72,34%. En Juveniles, cuatro partidos, con un promedio de 8,75 por partido y un 80% de efectividad en tiros libres.

Cumpliendo uno de sus deseos, tuvo que agregar también los entrenamientos para la preselección de Cadetes de Bahía Blanca, en plena formación, con miras al torneo provincial en Mar del Plata. Era la primera vez que lo citaban para esa categoría. Pero la motivación y la expectativa que tenía eran dignas de su personalidad. Por nada del mundo quería dejar pasar esa ocasión. Más aún tomando en cuenta que su hermano Sebastián había sido citado ese año junto a Alejandro Montecchia para una Selección Argentina Sub 22 y se había consagrado Campeón Panamericano en Rosario.

Jugar en el combinado local era una de sus aspiraciones. Fiel a su estilo, Manu puso todo el empeño durante el tiempo que duró la preselección. Los entrenadores habían observado a unos sesenta o setenta. De todos ellos, optaron por veinte. Manu fue uno de ellos. Durante un mes y medio —antes del comienzo del torneo, previsto para los primeros días de septiembre— se desarrollaron las prácticas para la decisión final. Su máxima aspiración era quedar entre los doce que irían a Mar del Plata; su ilusión tomó más vuelo cuando quedó entre los últimos catorce. Entre ellos estaba Federico Radavero, su compañero de la primaria y de la secundaria. Descartado un jugador más, quedaron trece. La decisión no era fácil para los técnicos. Habían preseleccionado a excelentes jugadores. "Estaban Pepe Sánchez, Juan Miguel Vigna, Pablo Gil, Santiago Cortondo... Y, además, nos habíamos entrenado muy bien", dice Radavero. Finalmente, llegó el día del último corte. El director técnico era Néstor Ortiz, y su asistente, Guillermo López.

Y el excluido fue Emanuel. "Yo era el asistente, pero la decisión la tomamos los dos —recuerda Guillermo López—. Emanuel era rápido, inteligente, muy escurridizo en las penetraciones y metía pelotas de tres puntos. Tenía condiciones y vivía todo con muchas ganas. Pero le faltaba explotar. Su problema pasaba por el físico. Era chico y muy flaco. Creo que medía 1,75 y pesaba 50 kilos. Y más para el puesto en que jugaba, que no era de 1 sino de 2. En esa posición, había otros con más altura y más peso. Y para torneos como los provinciales, que son muy fuertes y donde se juega duro y con gente alta, más aún... Su explosión en el crecimiento se produjo después."

La desilusión y la angustia de Manu fueron evidentes para todos. La exclusión le resultaba casi insoportable. En el camino de regreso a Vergara 14, no abrió la boca. Fiel a su estilo reservado, no hizo comentarios. Pero estaba muy enojado. El testigo fue Federico, que viajó con él en el mismo automóvil. "No recuerdo quién nos llevó. Pero primero pasamos por la casa de Manu. Bajó rápido, entró en su casa y cerró con un portazo. Estaba muy mal... tal vez verme a mí y a otros chicos adentro y él quedar afuera... estaba hecho pelota..." En esas horas de desasosiego comenzaría a aprender el oficio de alquimista moderno, capaz de extraer de la sensación de derrota, de la frustración, toda la energía negativa y convertirla en alimento para su desarrollo. Un aprendizaje que se completaría poco después con la misma sensación de abatimiento que tendría cuando, en su primera temporada en primera, descendiera de categoría con Bahiense del Norte.

Sin Manu, no le fue para nada mal a ese seleccionado. Ganó invicto el Campeonato Provincial que se jugó en Mar del Plata, luego de derrotar al equipo local por 111 a 90. Manu vio los partidos desde la tribuna, ya que había viajado a Mar del Plata a visitar a sus hermanos, que jugaban ahí. "Terminé viéndolo... y aguantando a la gente de Quilmes que venía a preguntarme por qué no estaba en el equipo, ¡cómo había quedado afuera el mejor de los Ginóbili! Un papelón." Así describió Manu ese día al periodista Osvaldo Orcasitas, de la revista *El Gráfico*, en abril de 2003 cuando ya era un triunfador en el básquet de la NBA. En esa misma entrevista, y a propósito de su exclusión de ese seleccionado, reconocía: "Todavía estoy caliente por ese corte. ¡Qué momento que pasé! ¡Dios mío! ¡Me mató!". Y dejaba un consejo: "Esta anécdota les va a servir a muchos chicos que no quedan en un equipo y se bajonean. Nunca deben bajar los brazos".

"Bajar los brazos" no fue precisamente lo que hizo Manu. Con algunos de los integrantes de esa Selección —Pablo Gil y Juan Vigna— se reencontraría poco tiempo después en Estudiantes de Bahía Blanca, un equipo que también integró su hermano Sebastián, y que volvió a hacer delirar a los bahienses llenando los estadios como en la época de oro. Y con otro de aquellos jugadores, Pepe Sánchez, transitaría un camino de gloria con la camiseta argentina. Pero aún le faltaba recorrer gran parte de ese camino que lo llevaría a un destino triunfal. Uno de los primeros pasos lo dio pocos después de regresar de Mar del Plata.

El 15 de septiembre de 1993 fue un día distinto para Emanuel. Quizás uno de los más esperados. Seguramente caminó con mil pensamientos los doscientos pasos que separan su casa de Bahiense del Norte. En el vestuario del club, se puso, como tantas otras veces, la camiseta número 6 del club de sus amores, aunque ese día transpirarla tendría una carga adicional: lograr lo mismo que un día hicieron su papá, sus hermanos y tantos de sus amigos. El 15 de septiembre, Fernando Piña, aquel que según Oveja Hernández era de los pocos que cuando Manu era chiquito y hacía cinco puntos decía "sí, pero es buenísimo", el que lo mandaba "a catecismo" cuando molestaba demasiado, el que le tenía una confianza ciega, lo hizo debutar en la Primera División de Bahiense del Norte. La historia dice que Bahiense le ganó a El Nacional por 83 a 78. Y que Emanuel Ginóbili anotó un punto. La breve crónica sobre el partido, aparecida en el diario local *La Nueva Provincia* del 16 de septiembre, decía: "Basado en el mejor juego de sus jugadores exteriores, Bahiense del Norte superó a El Nacional por 83 a 78. Jugado en el gimnasio de Bahiense del Norte. Bahiense del Norte (83): F. Evangelista (8), D. Del Sol (22), M. Elía (7), J. Mazzoni (4), Ch. Marini (13) F. I., J. I. Sánchez (14), R. Luengo (14), E. Ginóbili (1) y G. Ascolani. D.T. Fernando Piña".

"Tomé el equipo en la mitad del torneo luego de un problema con el director técnico anterior —recuerda Piña—. El equipo venía mal ese año. Y llegué para dar una mano en un momento difícil. Fue cuando decidí jugármela y poner a Manu y a Pepe. Creía que valía la pena que jugaran los más chicos. El día que debutó Manu lo tenía a Yuyo atrás, desesperado. Me decía: 'No lo pongas que lo van a lastimar'... Manu ya estaba en el equipo pero Yuyo no quería que lo metiera. 'Lo van a matar', me decía. Todos los partidos escuchaba sus gritos... Claro, Manu tenía 16 años y pesaría unos 55 kilos. La verdad, lo mataban porque la mayoría de los equipos tenía muchachos más grandes. Cuando pasaba el pibe, le daban, y él se la bancaba calladito la boca. Así fue como empezó a jugar en la Primera. Y había veces que hacía 20 o 22 puntos... con 16 años y ese físico... ", dice Fernando con emoción y casi sin respirar en un monólogo que rememora aquellos tiempos con nostalgia. Con la Primera, Manu disputó ese año dieciséis partidos y anotó 104 con un promedio de 6,50 por partido.

Finalmente, su primera temporada completa en Primera no sería como la había soñado. En 1994, le tocaría atravesar otra experiencia dolorosa: el descenso de categoría con Bahiense del Norte. Pero también sería el año en el que profundizaría los lazos con un grupo de amigos de la secundaria, que acabarían convirtiéndose en sus afectos más cercanos.

"4º E"

Al llegar a cuarto año, los alumnos de la Escuela Nacional de Comercio debían optar por una de tres especialidades: Comercio, Agronomía o Humanística. Los cursos se modificaban y se armaban con quienes elegían una u otra posibilidad. Pero ese año, debido a la gran cantidad de estudiantes, y para poder dar cabida a todos, se abrió por primera vez una división nueva: la "E", que se destacó por ser bastante diferente de lo que se hacía habitualmente en el colegio. Sin llegar a ser un curso conflictivo, se salía de la norma y fue para las autoridades un grupo muy especial. Por otro lado, los alumnos quedaron un poco aislados del resto —casi en un mundo aparte— porque esta división era la única de cuarto año que funcionaba en un aula del primer piso. El resto de las aulas de ese piso estaba destinado a los alumnos del Ciclo Básico. El curso quedó integrado por treinta jóvenes. Dieciséis mujeres y catorce varones. Uno de ellos fue Emanuel. También Federico Radavero, con quien había estudiado los tres primeros años. La mayoría de los varones jugaban al básquet en algún club de Bahía. Si bien no habían tenido contacto fluido anteriormente, muchos se conocían por haberse enfrentado en alguna oportunidad. Había, entonces, un lenguaje en común. Uno de ellos era Germán Alonso —que jugó en el club Pacífico y en 9 de Julio—, que luego se convertiría en uno de los mejores amigos de Emanuel. Otro, Luciano Gardella. También entró en 4º E Gonzalo Suardíaz, aquel con el que Manu había preparado el examen de ingreso, y que después de tres años en el turno tarde pudo concurrir, finalmente, a la mañana. Habían sido compañeros en la primaria —y jugado durante la infancia a saltar para tocar las chapitas de los números de las casas— y ahora se encontraban de nuevo en la etapa final de la secundaria. Eso sí, Gonzalo era de los pocos que no jugaba al básquet. Lo suyo era el rugby. Javier Lenarduzzi, el que jugaba con Manu en Bahiense, el que se sorprendió por su inteligencia la primera vez que lo vio jugar a los 10 años, el que era admirador del "Almirante" David Robinson de los Spurs, el que luego sería el preparador físico del club de Salta 28, también se sumó al grupo. Y junto a él, Guillermo Barbieri, otro chico de Bahiense del Norte. El círculo se completó con Federico Roses, que llegaba de otra escuela, pero que también jugaba al básquet, en el club La Falda, y que le contagió al grupo su personalidad divertida y trasgresora. "Band of brothers", como le hace decir Shakespeare a Enrique V dirigiéndose a sus alegres huestes luego de la batalla de Agincourt: una verdadera "banda de hermanos", este grupo de 4º E.

El aula tenía cuatro filas de asientos, con dos pupitres cada una. En los primeros meses, Manu se sentó en la tercera fila pero del pasillo del lado izquierdo. La elección de ese lugar tenía una explicación: su compañero de banco —que no era otro que Federico Radavero— era diestro. De esa manera, no chocaban sus brazos a la hora de escribir. Las opiniones son coincidentes en cuanto al rendimiento de Manu en clase. "Era responsable y rápido para el estudio —dice Gonzalo Suardíaz—, tanto que los padres lo dejaban por su cuenta. Nunca necesitaron estarle atrás." Germán Alonso confirma esa capacidad de Emanuel. "Era así, con un intelecto fantástico. Tenía todo al día... Siempre quiso ser el mejor de todos. Pero no era de andar declamándolo. Lo hacía callado, con humildad..."

Efectivamente, Emanuel no se llevó ninguna materia en el secundario. Además, no era de faltar al colegio. En el primer trimestre de cuarto año, tuvo un solo ausente (y con justificativo). En el segundo trimestre, tuvo cuatro faltas y media, y en el tercero, seis. En total, once faltas y media; y dos de ellas, justificadas. Así quedó registrado en su boletín de calificaciones de ese año. Entonces la evaluación era cualitativa. Con cuatro opciones: AM, alcanzó los objetivos con mención; A, alcanzó los objetivos; TAD, tiene alguna dificultad y TMD, tiene mucha dificultad. En el área cognitiva, excepto una llamativa "tiene alguna dificultad" en Matemática del primer trimestre —que en el segundo y el tercero ya pasó a "aprobada"—, el resto son todas "alcanzó los objetivos" y "alcanzó los objetivos con mención". En la evaluación definitiva, todas las materias tuvieron la "A", a excepción de Contabilidad, que calificó con "alcanzó los objetivos con mención".

Para sus compañeros, Emanuel siempre tuvo en claro cuáles eran sus objetivos. "Él ya tenía la idea de jugar la Liga, como sus hermanos, y sabía que para lograr eso tenía que entrenarse. Nosotros por ahí salíamos los fines de semana a la noche y él prefería no salir porque al día siguiente tenía partido. No era un 'ganso' de esos que no salen —sonríe Germán Alonso—. No... Es que tenía sus objetivos y los quería cumplir."

La mayoría de los amigos coincide en señalar otra de las características bien definidas de Manu: ser un tipo de buena suerte. Sus compañeros recuerdan que en ocasión de disputarse el Campeonato Mundial de Fútbol de 1994 en los Estados Unidos —con aquel equipo de Alfio Basile y en el que Maradona dijo "me cortaron las piernas" luego de haber sido separado y sancionado tras dar positivo en el control antidoping— armaron un PRODE entre todo el curso. Lo habían organizado muy bien, con puntajes, eliminación a medida que se sucedían los partidos y hasta con la posibilidad de volver a engancharse para seguir. Incluía todos los partidos, no sólo los de Argentina, con lo que no era fácil acertar. Obviamente, había dinero en juego. Y el que perdía, para engancharse, tenía que poner más. "Se había juntado una buena guita —cuenta Federico—, que, sumada, era una fortuna para nosotros. ¿Y quién lo ganó? Emanuel, como no podía ser de otra manera. Serían como unos doscientos mangos a plata de hoy... Cuando lea esto, que nos devuelva la plata del PRODE —bromea con una sonora carcajada Federico—. Y que se acuerde de pagar los intereses... son más de once años..."

Uno de los entretenimientos habituales del grupo de amigos era jugar a las cartas. Se reunían en la casa de cualquiera de ellos para jugar al póquer. "Apostábamos monedas —dice Javier Lenarduzzi—, pero él era terrible. Si llegaba a perder cinco centavos, se ponía loco...". Pero, según confirman todos, eso no pasaba muchas veces. "Nos ganaba siempre, nos dejaba pelados... Y uno decía 'otra vez'... era así... Para todo tenía suerte... qué sé yo, había un examen oral y nunca le tocaba...", dice Federico Roses.

Todos recuerdan una anécdota acerca de un partido de básquet en un campeonato interno en el colegio. En el equipo contrario al de Manu, jugaba otro de los pocos chicos que no tenía ni idea del básquet. Lo suyo —lo de Ignacio Virdis, así se llama— era el rugby. Y durante todo el partido se dedicó a hacerle marca personal a Emanuel. "Lo seguía hasta debajo de la cama —recuerda Federico Roses—. Era su sombra. Como era torpe jugando al básquet, lo molestaba mucho..., se la pasaba haciéndole faltas. Hasta que en un momento del partido, Manu se enojó y de la calentura que tenía dejó la cancha y se fue. Es el día de hoy que Ignacio Virdis se presenta diciendo '¿Sabés quién soy yo?', y se responde con orgullo pero en broma: 'Yo soy el único que pudo anular a Manu'..."

En el arcón de las anécdotas, quedó la vez que Federico Roses, Federico Radavero y Manu fueron severamente reprendidos por las autoridades del colegio debido a la falta de tres cajas de tizas que habían sido utilizadas en 4° E en uno de los típicos "juegos" de adolescentes en el colegio: las famosas "guerras de tizas", en las que participaban los chicos del curso y en las que —dicen— Manu tenía especial puntería. El castigo, además de la reprimenda verbal, consistió en reponer las cajas que habían sido utilizadas.

A 4° E le tocó como preceptora una persona que consiguió equilibrar el compañerismo con la disciplina y que se supo ganar el respeto de los chicos y las chicas. Nora Ferrante fue una preceptora especial para un grupo especial. Casualidad o no, era fanática del básquet y de Estudiantes, como buena bahiense. "Vivo a cinco cuadras del club —dice quien luego se convertiría en la admiradora número uno de Emanuel y hasta viajaría para ver el Mundial en Grecia— y un tío mío había sido jugador. Además habíamos tenido a Cabrera, así que imaginate..." Nora —que es una especialista en guardar todo y que luego llevaría una metódica carpeta con todos los recortes periodísticos acerca de Emanuel— conserva una libreta con dedicatorias que les hacía escribir a sus alumnos. Entre tantas hojas con frases manuscritas puede encontrarse una firmada "MANU" en letras de imprenta. Allí puede leerse: "Nora: A pesar de que estoy estresado por todas las pruebas voy a tratar de pensar una buena dedicatoria. Sabés que te aprecio un montón y que reconozco todo lo que hiciste por nosotros durante el año. Lamento mucho todos los problemas que tuviste y sé que si no pudiste estar más con nosotros fue por eso. Manu. PD: GRACIAS!". Respecto de "los problemas que tuviste", Nora se encarga de hacer la aclaración. "Mi mamá estaba enferma en esa época y él se dio cuenta de que yo estaba triste... Si bien no me lo decía, sabía lo que me pasaba..."

El más alto de la clase era Federico Radavero, que entonces medía 1,90 metro. "Manu y yo teníamos la misma altura —recuerda Germán Alonso—. Yo era incluso un poquito más alto. Medía igual que lo que mido ahora: 1,84. Y Manu: 1,82." Es notable la precisión de Germán. En la última visita al consultorio del doctor Fernández Campaña, el 18 de mayo de 1994, la medición arrojó exactamente 1,82 metro y 60,300 kilos. Con relación a la medición de dieciocho meses atrás, Emanuel había aumentado seis centímetros y engordado 10,100 kilos. Era todavía poco para sus pretensiones. Seis meses después, con esa talla y ese peso, jugaría los partidos que definirían si Bahiense del Norte se quedaba en la Primera División o descendía a la Segunda.

"DESCENSO AL INFIERNO"

Manu daba prioridad a su objetivo: jugar la Liga. Con notoria determinación, no salía los días previos a los partidos y en los entrenamientos se esforzaba muchísimo. "Nunca vi —dice Fernando Piña, su entrenador de aquellos días— a otros jugadores de su calidad con la contracción al esfuerzo que tenía Manu. Por ejemplo, si alguien no salta bien tiene que intentar trabajar físicamente y saltar más; si es lento, tiene que aprender a ser más rápido. Y así en todo. Y eso era lo que hacía Manu, y otros no. Entonces, entrenaba, entrenaba y entrenaba, copiaba y copiaba, practicaba y practicaba. Lo que más probaba era volcar la pelota. Hasta que lo logró, pero haciéndola picar. Porque como primero no la agarraba, entonces la hacía picar y después recién la volcaba... la tomaba apoyándola contra el antebrazo porque no le daba la mano. Probaba también muchos tiros de tres puntos." Según Piña —para quien la inteligencia de Manu es su mayor virtud—, "pasaba horas en el club y en el gimnasio y 'se comía' los partidos de básquet. En medio de ellos, cuando yo pedía minuto se acercaba y mientras yo daba la charla técnica él iba por atrás y le advertía a algún compañero acerca de cómo un rival lo intentaría pasar por tal lado. Y le decía cómo cerrarlo. Mientras tanto, le iba perfecto en el colegio y en inglés. Retengo una imagen de Manu saliendo de su casa con el pan flauta en la mano y comiéndolo en la calle rumbo a una de las tantas actividades que tenía. No tenía tiempo ni de sentarse y sin embargo ponía un empeño y esfuerzo muy poco comunes...".

Secundario, inglés, entrenamientos y partidos. Y no pocos. Ese año, 1994, participó de numerosos encuentros, muchos de ellos los sábados. En Juveniles, jugó veinticinco partidos y anotó 518 puntos con un promedio de 20,72 por partido. Con el Sub 22, jugó cuatro. Y con la Primera, otros veinte partidos. En total, cuarenta y nueve en la temporada. Pero fueron los tres últimos los más importantes. Es que en el Torneo de Primera de 1994, Bahiense del Norte quedó en noveno y anteúltimo lugar. El último había sido Velocidad y Resistencia, que descendió en forma directa. De acuerdo con el sistema que se utilizaba —y aún se aplica—, el anteúltimo —ese año Bahiense— y el subcampeón de la Segunda División —en esa oportunidad, Puerto Comercial— debían jugar un repechaje, al sistema del mejor de tres partidos. El que ganaba jugaría en Primera. El que perdía lo haría en Segunda. En los cálculos previos, se suponía que Bahiense no tendría dificultades para lograr la permanencia. Más aún contando con la ventaja de la localía en el caso de que fuera necesario un tercer partido. Sin embargo, no estaba todo dicho. Puerto Comercial tenía un equipo duro y Bahiense tenía jugadores más jóvenes. Manu y su amigo Luis Decio, con 17 años, la edad de Juveniles, eran los más chicos de su equipo. Pepe Sánchez ya se había marchado a jugar la Liga Nacional y no integraba el equipo.

El primer partido entre Bahiense y Puerto Comercial se jugó el jueves 17 de noviembre en Salta 28 y el conjunto local ganó por 85 a 76. Manu y Decio fueron los goleadores de su equipo con 14 puntos cada uno. Sin embargo, el encabezado del comentario del partido que *La Nueva*

Provincia hizo en su edición del día siguiente no estuvo dedicado a las alternativas del juego. Las primeras palabras del comentario se refirieron al clima caliente en que se jugó el partido. "Un incidente protagonizado por jugadores y simpatizantes al promediar el segundo período generó un clima de tensión que bien pudo haber dejado un lamentable saldo al expirar el juego, considerando la ausencia de vigilancia policial", reseñó el periódico. Precisamente, la definición por la permanencia en Primera había llevado a que la instancia final se jugara en un ambiente tenso, con discusiones y entredichos. Tanto en las tribunas como en el terreno de juego. Y si algo faltaba para que los ánimos estuvieran más alterados, esa semana Bahía Blanca vivió una ola de calor que estuvo cerca de quebrar el récord de temperatura máxima del mes de noviembre. Así, con ese doble clima "caliente", se aprestaron a jugar el segundo partido en Puerto Comercial, considerado por muchos como un reducto complicado y difícil. Ese día, el martes 22 de noviembre, y teniendo en cuenta lo sucedido en el primer partido, el plantel de Bahiense del Norte debió ir al puerto en un micro con custodia policial. "El primer partido lo ganamos relativamente bien —recuerda Luis Decio— y Manu empezó a tener más minutos en cancha. Pero por los problemas que hubo en la primera final —peleas y discusiones— fuimos a Puerto Comercial para el segundo partido con vigilancia. Fue un desastre y terminamos perdiéndolo." El resultado fue 64 a 56 favorable al equipo del puerto. Decio fue el goleador de su equipo con 22 puntos, y Manu anotó 10. Tras ese resultado, la serie quedó 1 a 1. La permanencia en Primera o el descenso a Segunda tendrían que definirse dos días después en la cancha de Bahiense.

La temperatura en Bahía Blanca seguía subiendo. El miércoles anterior al partido decisivo el termómetro marcó 36,4° de temperatura máxima. Y la tensión del equipo de Bahiense y la de Manu también subían a medida que se acercaba el día y la hora del partido. Si bien tenía sólo 17 años, por su personalidad y su especial vínculo con el club, por el apellido que portaba y por su propio sentido de la responsabilidad, no era para Manu un partido cualquiera. Tenía que defender con la camiseta de toda su vida la permanencia en Primera. La misma que sus hermanos Leandro y Sebastián, Leonardo Montivero y Alejandro Montecchia, junto a otros jugadores, habían conseguido cinco años atrás. Pero su estatura y su peso eran aún frágiles para vérselas con jugadores como los de Puerto Comercial. "Era un equipo peor que el nuestro —precisa Yuyo— pero tenía gente muy dura y había un rubio grandote que era un percherón." Luis Decio agrega que "Manu en esa época era un palo. Si tenía enfrente un contrincante de 25 o 30 años, obviamente se le hacía mucho más difícil... Emanuel tenía más calidad y clase, pero los otros pegaban que daba miedo...".

El jueves 24, día del partido final, la ciudad estuvo a punto de quebrar el récord histórico de temperatura máxima. A las 16:35 los termómetros marcaron 38,2°, muy cerca de los 39,9° del 27 de noviembre de 1955. Si bien a la hora del partido —se jugó por la noche— la temperatura había bajado unos grados, la cancha de Bahiense del Norte era un hervidero. El marco era propio de una final. Los antecedentes de peleas en los partidos previos dejaban abierto el clima de enfrentamiento. Entre los asistentes al encuentro, estaba Sergio "Oveja" Hernández, en un alto de la dirección técnica en Sport Club de Cañada de Gómez de la Liga Nacional. También Javier Lenarduzzi, que jugaba en Bahiense pero en Juveniles. Y muchísimos otros fieles seguidores del club de Salta 28. Y, claro, la parcialidad de Puerto Comercial. Sin embargo, ese día hubo una ausencia notoria. Jorge "Yuyo" Ginóbili estaba en Mar del Plata enviado por Nobleza Piccardo, donde era empleado, para un trabajo de tres meses en la sucursal de la empresa. Esa noche, Yuyo había ido a cenar al restaurante del club Quilmes, donde jugaban sus otros dos hijos, Leandro y Sebastián, en la avenida Luro entre Guido y Dorrego, en una de las barriadas populares más antiguas de la ciudad. Obviamente, los pensamientos y sentimientos de

Yuyo estaban en Bahía, en Bahiense y en Manu. Lamentaba no poder estar esa noche junto a su hijo. Para alguien como él, hombre del básquet, de Bahiense del Norte e hincha número 1 de Manu, estar ausente era algo parecido a un castigo. Pero si no podía estar en presencia física, al menos lo haría por vía telefónica. Así supo cuándo los equipos comenzaron la entrada en calor y cuándo el partido estaba por comenzar. Bahiense del Norte, con Fernando Piña como director técnico, integró el equipo con Ricardo Luengo, Emanuel Ginóbili, Alejandro Palmieri, Luis Decio, Alejandro Luengo, Leandro Carbonell, Diego Amatte, Hernán Magistrini y Christian Marini. El comienzo y el desarrollo del partido marcaron la tesitura en la que se desenvolvería: muy disputado y con muchos nervios e imprecisiones de los dos lados. Yuyo, que en un comienzo llamaba a la secretaría del club desde el teléfono del restaurante, optó —debido al ruido que allí había y que le impedía escuchar bien— por utilizar un teléfono público que estaba en la vereda del club Quilmes, a metros de la plaza Dardo Rocha. Entraba y salía para poder hablar. Pero la información le llegaba desactualizada. Los treinta metros que había desde la secretaría de Bahiense hasta el gimnasio donde se disputaba el partido hacían que, cuando le pasaban un marcador, ya se hubiera modificado. En el básquet, un resultado puede varias en pocos segundos. La impaciencia y los nervios hicieron que Yuyo llamara reiteradamente a Salta 28. Así fue como se enteró de que al término de los dos primeros cuartos, Puerto Comercial derrotaba a Bahiense por 40 a 33. Esos números ponían nervioso a cualquiera. De seguir así el partido, Bahiense y Manu descenderían. Los 466 kilómetros que separan Mar del Plata de Bahía Blanca parecían haberse multiplicado. Lo mismo que la angustia de no estar cerca de su hijo. "Sufría desde lejos... un momento así y no estar al lado de él...", se le nublan los ojos a Yuyo con el recuerdo. Cuando se reanudó el encuentro, las alternativas siguieron como al principio. Pero Puerto Comercial cometía menos errores. En la cancha, el esfuerzo de Manu —que esa noche sería el goleador de su equipo con 21 puntos— no alcanzaba. Los minutos —y los llamados de Yuyo— se sucedían. En uno de ellos, en la misma vereda del club Quilmes, Yuyo pudo escuchar a través de la línea un griterío pero no logró distinguir a quién favorecía. "Espere... qué voy a ver que pasa... llame de nuevo en un rato", le dijo la voz del otro lado del teléfono. Esperó cinco eternos minutos y volvió a discar. La voz que lo atendió esa vez era inconfundible. "Papá... perdimos... perdimos...", le dijo Manu, llorando desconsolado. "Me pedía perdón y yo del otro lado lloraba con él... Qué momento...", lagrimea otra vez Yuyo. El partido había terminado 76 a 67 a favor de Puerto Comercial, y con la derrota, el descenso a Segunda. "Fue tremendo... hubiera dado cualquier cosa para estar al lado de él. Hubiera dejado todo para ir... Y más sabiendo lo que sufría. Sabíamos que podíamos irnos al descenso. Los nuestros eran todos chicos del club. Y Manu era un muy buen jugador pero era un fideíto de un metro ochenta y pico y sesenta kilos. Fue una noche durísima para él. No podía creer que ese equipo le hubiera ganado. Todos lo intentaban consolar pero era imposible."

Mientras la gente de Puerto Comercial desbordaba de alegría, lo único que sobraba en el vestuario local eran las lágrimas de sus jugadores. El panorama era desolador. "Estábamos todos llorando... tirados por el suelo. Habían sido partidos muy físicos, no pudimos hacer nada y nos ganaron bien. Estábamos todos destruidos. Y Manu en especial... perder la categoría en su primer año en Primera fue muy doloroso...", señala Luis Decio. Uno de los que pasó por el vestuario para saludar a Manu fue Javier Lenarduzzi. "Estaba arruinado, pero ni yo ni nadie pudo acompañarlo. Cuando estaba así, caliente, le gustaba quedarse solo." Esa noche, Fernando Piña fue uno de los pocos que pudo acercarse. "No lo podíamos hacer parar de llorar... en el vestuario... y después en la calle cuando lo acompañé a su casa. Y lloraba, lloraba y lloraba...".

Una vez en Vergara 14, Manu se encerró en su habitación. No dejaba entrar a nadie. Ni a Raquel. "Fue tremendo —recuerda Oveja Hernández, presente en la casa de los Ginóbili aquella noche—. No volaba una mosca... Y Manu que no paraba de llorar. Se echaba la culpa de todo y no quería ver a nadie. Encima, Yuyo no estaba. El único que pudo entrar en su habitación esa noche fue Fernando Piña, un tipo muy especial." Fernando tiene grabado lo que Manu repetía todo el tiempo. "Me decía 'fue culpa mía, fue culpa mía'... sin parar." Las palabras que Fernando le dijo con sinceridad en la intimidad del dolor, más allá del intento de consolarlo, fueron premonitorias: "Es cierto, perdimos. Pero perdió el equipo, no vos. Se descendió, pero este aprendizaje va más allá de eso. Porque vos vas a llegar muy alto, muy lejos...". Años después, Manu recordaría así la noche de aquel descenso: "Lloré casi un día entero y me sentí destruido como por dos meses" (*La Nación*, 23 de julio de 2001).

Esa noche, no hubo consuelo que le alcanzara a Emanuel. "Era su primera temporada completa en Primera y descendió. Son cosas que fueron marcando su carácter, que explican el porqué de su personalidad, su amor por el básquet, su obsesión por ganar, su deseo de superación. Le daba mucha bronca no poder ser lo que esperaba de sí mismo, que era mucho más de lo que aparentemente podía dar. Por eso, él vivía así esos momentos límite..." Precisa, exacta y sentida es la descripción de Oveja Hernández de aquella experiencia vivida por Emanuel y de su personalidad. Fortalecido por los golpes vividos y con el mismo espíritu con que los vivió, comenzaría una nueva etapa. Menos de un año después de aquel día en que parecía que todo el mundo se le venía abajo, Manu debutaría en la Liga Nacional. No sin antes comenzar a desafiar —y a quebrar— las predicciones médicas acerca de los límites de su estatura. Y empezar a cumplir con sus propias expectativas para sorprender a propios y a extraños con un juego nunca antes desplegado. Y para empezar a hacer realidad aquellas palabras premonitorias de Fernando Piña. Aquello de que iba a llegar muy alto y muy lejos.

EL AÑO DEL DESPEGUE

Con el fin del verano de 1994-1995, las heridas por el descenso con Bahiense comenzaron a cerrar, aunque nunca del todo. En febrero, como todos los años, Emanuel no se olvidó del cumpleaños de su abuelo Constantino. La particularidad de haber nacido un 29 de febrero siempre lo complicó a la hora de felicitarlo. Si lo hacía el 28, la respuesta de su abuelo era: "No, todavía no, es mañana". Si lo hacía el 1º de marzo, le decía: "No, te pasaste, fue ayer...". Ese año, "Bobotino" cumplió 83 años con el mismo juego de felicitación y respuesta entre el abuelo y el nieto.

Pocos días después, se sumaría un nuevo "integrante" a la familia Ginóbili. Dalila, la perra Collie del tío Raúl, tuvo cría, acontecimiento que fue muy celebrado por todos. El 20 de marzo, nacieron seis cachorritos. Y en la madrugada del 21, nació el séptimo. Otoño, así lo bautizaron, fue elegido por Leandro y adoptado como nueva mascota. No pasó mucho tiempo para que Otoño fuera la debilidad de Raquel. En realidad, una debilidad mutua. Porque Otoño también la "adoptó" de una manera muy especial. Adonde se movía Raquel, atrás iba Otoño. Así, la mascota aprendió rápidamente el recorrido de Vergara 14 a Salta 28, la sede de Bahiense; a Estomba 753, la casa de los abuelos Maccari, y a la esquina de Juan Molina y Estomba, la proveeduría de los Maccari, sitios que Raquel visitaba diariamente. Si Otoño estaba en la puerta de cualquiera de esos sitios, ahí seguramente estaba ella.

En el plano de su evolución como jugador, se puede asegurar que 1995 fue el año bisagra para Emanuel. Como si el golpe del descenso hubiera significado un trampolín para comenzar su real despegue tanto en la parte física como en lo deportivo. Casualidad o no, después de aquella experiencia traumática del descenso, Manu —contra todas las previsiones— empezó a crecer. Uno de los primeros sorprendidos por el cambio fue su papá. En una oportunidad, fue a ver jugar a los Juveniles. Llegó tarde, cuando el partido ya había comenzado. "De pronto, veo pasar un tipo a una velocidad increíble y se manda una enterrada impresionante. Me doy vuelta y pregunto: '¿Quién es ese?'... Y era Emanuel", se ríe con ganas Yuyo.

Cecil Valcarcel, aquel jugador cuya altura se utilizaba como modelo marcándola en la pared de la cocina de Raquel para las mediciones de Manu, regresó ese año a Bahiense del Norte luego de un paso por el club Liniers con el que salió campeón en 1994. Lo primero que notó fueron las diferencias entre el Manu que había dejado y el que encontró a su regreso. Su testimonio importa porque fue uno de los primeros que advirtió que Manu, al madurar de golpe, había incorporado a su juego ese algo intangible que sólo tienen los verdaderos cracks. No se trataba solamente de unos centímetros más o de un poco de peso extra: era como una suerte de aura indescriptible, como si tuviese una energía misteriosa que emanaba de algún lugar recóndito de su personalidad y que le permitía enfrentar a jugadores de mayor contextura física sin que lograran detenerlo. Rivales con más experiencia, que al ver a un jugador joven y atrevido —siguiendo la regla no escrita de "hacerse respetar"— lo golpeaban para hacerlo aflojar. "No le podían sacar la pelota. Y metía y metía. Era goleador. No aflojaba ni abajo del agua. ¡Si le habrán pegado...! Era en esos momentos cuando más te llamaba la atención su personalidad. Me acuerdo en especial de un partido contra el club Velocidad, en cancha de ellos. Era uno de los primeros partidos de la temporada y Manu estaba jugando muy bien. En un momento, toma una pelota, uno de los rivales le mete un codazo en el estómago y lo derriba. Yo me enfurecí y corrí para defenderlo. Ahí mismo me pregunté cómo reaccionaría. Y él, nada. Se levantó, se compuso y siguió jugando. A pesar del dolor no reaccionó...", recuerda Cecil, aún conmovido frente a ese nuevo Manu que ya empezaba a tutearse con el viento.

Pepe Sánchez resultó el primero en ir a jugar la Liga Nacional. Fue a préstamo a Deportivo Roca en 1994. Antes de fichar para Estudiantes de su ciudad, volvió a Bahiense del Norte, donde jugó algunos partidos y se reencontró con Manu. Fue en un partido contra 9 de Julio, a mediados de 1995. Pepe —que venía de jugar en la Liga y supuestamente era "la estrella" del equipo— quedó opacado por la actuación de Manu. "Dominó todo el partido él, de una manera impresionante, con volcadas... fue una explosión. Me acuerdo que hizo 30 o 40 puntos. Ya tenía mi estatura, cerca del metro noventa, y era increíble la capacidad de salto que había desarrollado. Si hasta el año anterior estaba todo el tiempo queriendo colgarse del aro... Y de repente fue volcarla... ¡y con una fuerza!", resalta Pepe.

Efectivamente, desde la última medición tomada por el doctor Fernández Campaña el 18 de mayo de 1994 (1,82) había pasado a 1,90, lo que superaba en ocho centímetros el pronóstico de la curva de medición y crecimiento. Una de las señales más visibles de semejante "estirón" tuvo lugar cuando Manu (como era su costumbre) fue a medirse usando el mueble del living de la casa de los abuelos Maccari. Las marcas ya habían quedado superadas y no había donde poner más. Es que la altura de ese mueble es de un metro noventa. Y hasta allí llegó Manu. Esos ocho centímetros fueron sólo el comienzo de un cambio físico notable en Emanuel. Aún tendría resto para seguir creciendo. Tanto en su físico como en el juego y, claro, en la vida.

Emanuel jugó ese año en tres categorías: Juveniles, Sub 22 y Primera. En Sub 22, Bahiense del Norte llegó a semifinales y tuvo que vérselas con Estudiantes, uno de los equipos más fuertes de la ciudad. Luis Decio explica que Manu todavía era delgado "pero ya se notaba que tenía algo más. Me acuerdo de una volcada que le hizo en esa semifinal a un pivote de 2,05 metros. Yo estaba en el medio de la cancha y esa volcada fue increíble. Cuando lo vi penetrar me quedé duro. Hacía poco que había empezado a hacerlo de esa manera. Y a mitad del partido penetró, hizo dos pasos y se la volcó en la cara con las dos manos". Y completa su recuerdo: "En cada uno de esos tres partidos metió más de 40 puntos". Eso quedó reflejado en las estadísticas de Emanuel de aquel año. Con los Juveniles, categoría de 17 y 18 años, jugó dieciséis partidos y anotó 503 puntos, con un llamativo promedio de 31,44 por partido (90 dobles, 56 triples y 155 libres convertidos sobre un total lanzado de 175). La eficacia en libres fue notable: 88,57%. Con los de la categoría Sub 22, fueron once los partidos que disputó con 256 puntos anotados (promedio de 23,27). Fueron 50 dobles, 32 triples y 60 libres convertidos sobre un total de 79 (efectividad del 75,95%).

En agosto, con 18 años recién cumplidos, fue convocado para jugar en la selección Sub 22 de Bahía Blanca, que iba a disputar el Campeonato Provincial en Mar del Plata. El torneo, que se jugó entre el 10 y el 13, fue ganado por San Nicolás. En segundo lugar quedó el local, y tercero, Bahía Blanca. Manu compartió el equipo con algunos de sus compañeros que sí habían quedado en aquella selección de cadetes de la que él había sido excluido: Pepe Sánchez y Pablo Gil. Y con Hernán Jasen, otra joven promesa, con quien compartiría después su primera experiencia en la Liga Nacional. "A Pepe lo echaron en el primer partido. Y nos salvaron Emanuel, Pablo Gil y Pancho Jasen, que eran los más chicos. Manu tuvo muchos minutos; era más bien tirador y caradura como siempre" (Oscar Torre, entrenador jefe, a *La Nueva Provincia*, julio de 2002).

En octubre, luego de adjudicarse el torneo de Segunda, Bahiense del Norte logró el tan deseado retorno a la Primera División. El equipo, que dirigió Alejandro Navallo, estuvo integrado por Emanuel Ginóbili, Diego Amatte, Roberto Canutti, Luis Decio, Fernando Evangelista, Juan Kiessling, Ariel López, Ricardo Luengo, Hernán Magistrini, Guillermo Niemczyk, Alejandro Palmieri, Sergio Salecchia, Federico Sureda, Fabricio Trulié, Cecil Valcarcel.

Manu, sin embargo, no pudo estar ni en la etapa final ni en la coronación. Pero con su aporte en los diez partidos en que participó, saldó en parte la angustia por el descenso del año anterior. En esos partidos, consiguió 165 puntos (promedio de 16,50), producto de 31 dobles, 26 triples y 25 libres convertidos sobre 35 (eficacia del 71,43%). El último encuentro lo había jugado el 29 de agosto, cuando Bahiense del Norte enfrentó a El Nacional, al que venció por 71 a 61 con 16 puntos de Manu. Su ausencia en esos partidos finales tuvo que ver con otro sueño que comenzaría a cumplir. Oscar "Huevo" Sánchez —quién si no— lo llevó a jugar en la Liga Nacional en Andino de La Rioja, club que dirigía. Hacia allí partió Manu. No sin antes disputar un durísimo partido con su rival más difícil: su mamá, Raquel.

LA HORA DEL ADIÓS

"Pero vos estás loco. No. A este no." Esa fue la categórica respuesta de Raquel cuando Oscar "Huevo" Sánchez le hizo la pregunta de rigor: "¿Qué decís si me llevo a Manu a La Rioja?". El misil ya había sido lanzado. Y la réplica no fue muy distinta de lo que imaginaba. Huevo sabía que para poder llevar a Manu a Andino tenía que superar la barrera de Raquel, que estaba firme en su postura de que su hijo, antes de ir a jugar la Liga, debía terminar el colegio secundario.

La primera en enterarse de la idea de Huevo había sido su esposa Marisa. Le quedaba un lugar en la lista y quería incluir a Manu. "Le dije a mi marido que no podía sacarle a Emanuel a Raquel. Yo ya era madre y sabía lo que podía pasar. Me quería morir. Y encima a La Rioja... el único medio para ir desde Bahía es en auto... Se me partía el alma...", recuerda Marisa.

Huevo habló después con Yuyo, a quien le agradó la posibilidad. "Pero vos sabés cómo es tu amiga", le respondió Yuyo. Pero si Raquel era obstinada, también lo era Huevo. La discusión que comenzó aquel día —en la mitad de un asado entre amigos— fue digna de estos dos personajes. Es que, más allá de la disputa, el vínculo entre los Ginóbili y Huevo Sánchez era de tal confianza que daba para todo. Huevo atacaba, y Raquel contraatacaba.

"Me lo quiero llevar", insistía Huevo. "No te lo vas a llevar", era la réplica de Raquel. "Me lo voy a llevar", reafirmaba Huevo. "Manu tiene que terminar primero el secundario. No le vas a arruinar la vida como a los otros dos", contestaba Raquel haciendo referencia a que Leandro y a Sebastián también habían sido llevados por Sánchez. "¿Qué querés?, ¿que te traiga de allá un certificado de abanderado de Manu? ¡dejame de hinchar...!", volvía la carga Huevo con su estilo frontal y desenfadado. "Y a todo esto —cuenta Raquel—, Manu al lado diciendo 'Yo me quiero ir', 'me quiero ir', 'me quiero ir'. Y Jorge: 'Y si esto pasa una vez y no vuelve a repetirse esta oportunidad... Manu nos va a odiar de por vida...'. Pero yo insistía que no". La discusión iba y venía con la tozudez de uno y de otro, la impostada imparcialidad de Yuyo y el deseo explícito de Manu. Para Raquel, no había negociación posible. Sí o sí tenía que terminar el colegio. Terminar el secundario en Bahía Blanca —en la escuela de Comercio eran seis años de estudio— significaba para Emanuel demorar hasta 1997 su aspiración de jugar en la Liga. Y él quería jugar ya. Si sus hermanos habían tenido la oportunidad, por qué no él. Pero ese día fue preferible no insistir. Huevo Sánchez, que debía partir hacia La Rioja en forma urgente para entrenar a su equipo, se puso de acuerdo con Yuyo para seguir insistiendo. Pero Raquel no varió su postura. Transcurría el mes de septiembre y faltaba muy poco para el final de las clases y del quinto año. Eso endurecía aun más la posición de Raquel. "Y Manu con la cara larga por la resistencia de ella. 'A mí no me importa —decía—, yo quiero jugar al básquet.' No fue fácil", recuerda Yuyo. Raquel contaba con el apoyo de su papá Constantino, que también se oponía a que Manu se fuera a La Rioja. "Si se va, no lo vas a ver más", decía el abuelo.

La disputa siguió vía telefónica. Huevo Sánchez ya estaba instalado en su oficina de la planta alta del Polideportivo Carlos Menem cuando "Coco" Peralta, el encargado de la casa de mantenimiento del Club Andino, escuchó lo que Huevo, teléfono en mano, le decía a Raquel.

"No me podés hacer esto. Nos conocemos de toda la vida. No podés no tener confianza en mí. ¡Por favor! Para tu tranquilidad, y para asegurarte que el nene no se aburrirá, preparale la tijerita, el papel satinado y la plastilina. ¡Por favor! Pensá en su futuro, vos no vas a estar toda la vida para cuidarlo. Dale, apoyá a tu marido y se largan para La Rioja, los estoy esperando. Dejate de embromar que no perdés nada. Tu hijo será siempre tuyo. Chau. No te escucho más." Todo esto lo registró Peralta en un escrito que —a modo de recuerdo del paso de Emanuel y Sánchez por La Rioja— le envió a Huevo años después. Coco escribió que después de esa llamada el tan peculiar entrenador "se mostraba un poco ofuscado. 'Esto es una lucha —me dijo— no puede ser que mi amiga de toda la vida, la esposa de mi mejor amigo, no tenga confianza para dejarme traer al pibe. Ya lo vas a conocer. Es un pichón de grande. Pero grande en serio'."

Cuando faltaban solo dos días para la fecha tope, Yuyo fue a fondo con su apoyo a Manu. "Fue una fuerte discusión —reconoce—. Raquel se puso mal... Pero me planté y di el sí. Es el día de hoy que cuando Manu recibe un golpe, ella dice: 'Si se hubiera quedado acá eso no le pasaba'. Típico de madre..." Para Huevo Sánchez, Yuyo actuó como lo que es, un hombre de básquet. "Y para Manu fue muy importante. Estaba contentísimo. Jugar en Andino, en la Liga Nacional... imaginate...", explica con un guiño implícito a los códigos de hombres que aman este deporte. El trato fue que Emanuel tenía que terminar el colegio en La Rioja. Para ello, y debido a las diferencias curriculares, debía dar algunas equivalencias y, además de entrenar y jugar, concurrir a clases. Raquel —que reconoce que "ellos pudieron más"— tomó los recaudos necesarios para que el acuerdo se cumpliera pero no dejó en ningún momento de insistir para que se reviera la decisión.

El día del sí, en La Rioja, Coco Peralta recibió un llamado de Sánchez: "¡Se me dio! Encargate del alojamiento de un matrimonio que llega mañana por la tarde. Vienen los Ginóbili y lo traen a Manu", relató Peralta en el escrito. El apuro con que se concretó todo hizo que Huevo pudiera inscribir a Manu a sólo diez minutos del horario de cierre.

Viajaron a La Rioja a bordo del Fiat Regatta color azul nube de los Ginóbili, manejado por Yuyo. El trayecto —que atravesó distintas rutas y pueblos de La Pampa, Córdoba, San Luis y de La Rioja hasta llegar a la capital— fue, por varias razones, interminable. Por los 1300 kilómetros de distancia, por las más de dieciséis horas de travesía y por Raquel, que no dejó pasar oportunidad para insistir con su desacuerdo. "Me la pasé diciendo... 'Mirá, no hay una sola paloma... son todos cactus... un horror...'. Y él, ni pío. Firme..." Yuyo agrega otros de los argumentos de su esposa. "Raquel se la pasó preguntándole: '¿Estás seguro, Manu? Fijate lo que es esto... ¿estás seguro? Mirá que el año que viene tenés tiempo...'." La insistencia de Raquel chocaba con la seguridad de su hijo, que por nada del mundo quería dejar pasar esa oportunidad.

Coco Peralta contó en su escrito que vió bajar del coche a un matrimonio y del asiento trasero "a un flaquito con cara de sueño y de venir incómodo [sic] por su estatura en un auto pequeño". Las horas a bordo del automóvil y tener que dejar allí a su hijo prenunciaban un encuentro difícil, a pesar del sólido vínculo que los unía. Y así sucedió. Fue en el Polideportivo. "No te lo voy a perdonar jamás", fueron las palabras de Raquel. "Esa imagen que vio después de tantas horas de viaje. Vio todo desolado...", explica Huevo. Esa primera impresión de Raquel se justificaba. Es que La Rioja era una adormilada capital de provincia que tenía entonces casi la mitad de los habitantes de Bahía Blanca. Las sierras y la aridez de la ciudad norteña contrastan de manera notable con la pujante escenografía —casi marítima— bahiense. El silencio de las calles riojanas —más profundo, más intenso— da una sensación de soledad que no se siente en Bahía. Hasta la serenidad que transmiten esas calles es diferente. Son ciudades muy distintas. Una conserva, en cierto modo, la tradición indígena y el esplendor de la colonia, recogida sobre los pliegues de los Andes. La otra parece abierta a la vastedad del mundo, con una mirada al Atlántico y a Europa. Para Raquel, que no llegaba como una turista, dispuesta a dejarse seducir por el paisaje, sino para dejar a un hijo de 18 años y después emprender el regreso, esas diferencias eran impactantes. Claro que su actitud habría sido la misma si se hubiese tratado de cualquier otro lugar del planeta. Su oposición, reiterada en cada uno de los cambios de club, de ciudad o de país de Emanuel, sería con el correr de los años motivo de respetuosas pero irónicas bromas del resto de los Ginóbili y sus amigos.

Aquellos primeros minutos de Emanuel en el Polideportivo de La Rioja quedaron también descriptos por Coco Peralta: "El pibe se fue caminando rápido y se colocó detrás del banco... Se apoyó y se quedó con una frescura que parecía que recién se levantaba de un reparador descanso y allí estuvo hasta el final del entrenamiento. Yo llevé a sus padres al Hotel de Turismo y cuando se despedían su madre le hizo desde lejos una tierna e inocente pregunta: '¿Te quedás, Manu?' Creo que sólo una mirada le devolvió la seguridad de que ya estaba listo para asumir desde ese momento el gran camino", termina diciendo Coco, en un texto en el que se percibe la responsabilidad y sensibilidad con la que tomaba su trabajo.

Raquel y Yuyo se quedaron cuatro días en La Rioja. El tiempo suficiente para conocer el lugar donde viviría Manu y el colegio al que asistiría. Era la primera vez que se separaban de su hijo. Y no sería la última. Con el debut de Manu en la Liga, comenzaría su carrera profesional, que lo llevaría un año después nuevamente a Bahía Blanca para ser profeta en su tierra. Para después, sí, recorrer el camino inverso de su bisabuelo David y conquistar primero Italia, luego Europa y, finalmente, los Estados Unidos.

El día "D"

En una ciudad como Bahía Blanca, donde el básquet es comentario de todos, la partida de Manu hacia Andino había despertado algunas suspicacias. Hubo quienes pusieron en duda que estuviera en condiciones de triunfar en la Liga. Sánchez, sin embargo, estaba seguro. Lo llevó a él y a Hernán "Pancho" Jasen, otra de las jóvenes promesas.

Germán Alonso, el amigo de Manu, reconoce que su partida sorprendió a muchos: "Más de uno dijo que estaba acomodado. Acá todo el mundo juega al básquet, hay mucha competencia y muy pocas veces se reconoce que el otro es mejor". Luis Decio coincide con esa apreciación: "Muchos decían que Emanuel iba a fracasar en la Liga... Hablaban por hablar... decían que le faltaba, que se había quedado afuera de la Selección un año antes. Fueron unos visionarios...", ironiza Decio.

Andino había alquilado dos departamentos para los nuevos jugadores —uno en el primer piso y otro en el segundo— en un edificio del centro de la capital riojana, en la calle 9 de Julio, frente a la Iglesia de la Merced. En el departamento del primer piso estaban otros jugadores del equipo: Gustavo Oroná, Manuel Muguruza y Gabriel Riofrío. En el segundo piso, "Toti" Ruiz, asistente de Huevo, Emanuel y Hernán Jasen. Pancho conocía a Manu de haberlo enfrentado —él jugó en el club Alem— e incluso había estado en Salta 28 el día del descenso de Bahiense del Norte. No habían sido amigos, pero en La Rioja se hicieron inseparables. Eran los más chicos del equipo —Manu le lleva siete meses— y tenían muchísimas cosas en común. En ese segundo piso cada uno tenía su habitación y estaba bien "custodiado" por Toti Ruiz, enviado allí especialmente por Huevo. En relación a la comida, Coco Peralta reseñó también el "trato especial" que recibían los de la planta alta. Debían dejarles un kilo de dulce de leche y un kilo de manteca, que a los jóvenes habitantes del segundo piso "les duraba una merienda, para disgusto del doctor José

Rodríguez, que temía la intoxicación lógica de semejante ingesta. Apenas llegábamos con los lácteos, cada uno agarraba lo suyo y en la intimidad de su dormitorio, se comían todo". Para equilibrar la dieta y que estuvieran cuidados en ese aspecto, se acopló al grupo una cocinera —Doña María— que les preparaba el almuerzo y la cena. Esas comidas se servían en el departamento del primer piso. Mandaron construir una mesa especial de tres metros de largo por uno de ancho y un metro y medio de alto, capaz de albergar a siete u ocho comensales con estaturas fuera de lo común. Es que además de los habitantes de la casa, a la hora de comer, se sumaban también otros integrantes del equipo, como Daniel Farabello y Gabriel Díaz.

Los cálculos previos anticipaban un campeonato muy competitivo. En Olimpia jugaba un conocido de Manu, Alejandro Montecchia, también Racca y Lucas Victoriano. En Atenas de Córdoba, uno de sus ídolos, Juan Espil, Marcelo Milanesio y otro jugador con el que luego compartiría días de gloria: Fabricio Oberto. El "Chapu" Nocioni —también con un futuro en común— integraba el equipo de Racing, cuyo técnico era León Najnudel. El "Pichi" Campana —otro que Emanuel admiraba—, en Peñarol. Juan Ignacio "Pepe" Sánchez en su Bahía Blanca, con Estudiantes. Sebastián, su hermano, lo hacía en Quilmes de Mar del Plata. Y Leandro, el mayor, en Deportivo Roca, dirigido por otro "viejo" conocido, Sergio "Oveja" Hernández.

El primer partido de Manu se concretaría el 29 de septiembre en Mar del Plata. El destino quiso que se produjeran dos coincidencias: debutaría en la Liga Nacional con el mismo técnico, Sánchez, y frente al mismo equipo en que lo hicieron sus hermanos: Peñarol.

En la Argentina de 1995, Carlos Saúl Menem —pacto de Olivos mediante— había logrado su reelección y comenzado su segundo mandato, esta vez por cuatro años. Para septiembre, ya se había vuelto a reavivar el clásico de la interna entre Menem y su ministro de Economía, Domingo Cavallo. En Europa, una cumbre de ministros de finanzas reunida en España ratificó la creación de la moneda común, que se llamaría "euro", a partir de 1999. El debut de Manu se produciría el día previo al regreso, después de catorce años, de Diego Armando Maradona a Boca Juniors en Seúl frente a Corea del Sur tras la sanción de quince meses por el dóping positivo en el Mundial de los Estados Unidos.

Ese 29 de septiembre fue el día "D". Muy pocos días después de su arribo a La Rioja, Manu se puso la camiseta roja y negra con el número 6 de Andino y salió a la cancha del polideportivo de Mar del Plata. En el equipo rival estaba nada más y nada menos que Héctor Pichi Campana, un símbolo del básquet argentino, que jugaba en su mismo puesto y por quien Manu tenía gran admiración. Y otro destacado bahiense, Marcelo Richotti. La formación inicial del club riojano fue: Daniel Farabello, Kenny Simpson, Gabriel Díaz, Sam Ivy y Carl Amos. En el banco, a la espera de ingresar, Emanuel junto a Gustavo Oroná, Manuel Muguruza y Gabriel Riofrío. No fue un partido fácil para los visitantes y Huevo, como siempre, lo vivió con toda la intensidad. Manu, en el banco, esperaba su oportunidad. En un momento en que su equipo no funcionaba bien, Huevo miró a los suplentes, vio a Manu y le dijo: "Vamos Sepo..., entrá...". El gran parecido físico entre los hermanos Ginóbili le jugó en contra y confundió a uno con el otro. "Vamos Sepo, le dije. Se nota que lo habré mirado de perfil... tienen la misma nariz y son tan iguales.

"Once puntos hizo ese día... Terrible... Además, se jugaba muy físico entonces, y éste, como siempre, agachaba la cabeza e iba al frente. Y tenía sólo 18 años", rememora Huevo. Manu jugó en su primer partido quince minutos y convirtió 9 puntos. Seis de ellos producto de dos triples. Andino finalmente cayó 104 a 85. El diario *La Capital* de Mar del Plata, al día siguiente del partido, tituló "Peñarol aprobó con creces ante Andino" y en el texto destacó que "cumpliendo una excelente tarea, tanto individual como colectivamente, Peñarol de Mar del Plata derrotó ampliamente anoche a Andino Sport Club de La Rioja". *La Capital* dedicó un párrafo aparte al debut de Manu.

"Andino apenas se sostenía con el goleo de Simpson (hizo pesar su gran experiencia) y la desinhibición del juvenil Emanuel Ginóbili, a quien no le pesó el debut en la máxima categoría y cumplió un promisorio trabajo." Justamente esa desinhibición es la que destaca Hernán Jasen del juego de Manu de ese momento. "Lo que más llamó la atención fue el desparpajo que tuvo para jugar. Más allá de meterla o no, impactaba que un pibe de 18 años jugara de igual a igual frente a consagrados como Campana, que era un monstruo, o Espil o Milanesio. Uno se decía 'pero este se olvida de quiénes son'... Porque uno los veía y se podía llegar a asustar. Y él no. Iba para adelante." Manu era muy joven y había podido cumplir otro de sus sueños. Esa primera temporada estuvo signada por sus ganas de jugar más minutos, limitada por ser un debutante e integrar un equipo con jugadores experimentados. Pero, como en cada una de las ocasiones futuras, no dejaría pasar la oportunidad de demostrar su personalidad y valentía y ganarse el respeto de todo el ambiente del básquet.

EL GEMELO DE MANU

Los días en La Rioja transcurrieron entre los fuertes entrenamientos a los que lo sometía Sánchez por las mañanas, los viajes para competir fuera de la provincia cuando les tocaba jugar de visitante y el cumplimiento de la promesa a Raquel de terminar el secundario. Emanuel debió rendir equivalencias y concurrir a clases por las tardes en la escuela de Comercio Nº 1, en la esquina de 25 de Mayo y San Isidro, cuyas instalaciones habían sido inauguradas ese mismo año. La directora recibía periódicamente llamadas de Raquel preguntando por el desempeño de Emanuel. La respuesta era siempre positiva: no tenía dificultades y se destacaba en Computación. Fueron épocas de reiterados paros docentes en La Rioja que redujeron los días de clase. Sin embargo, Huevo Sánchez —que era su tutor— recuerda que en una oportunidad tuvo que lidiar con Manu y con Riofrío, que iba al mismo colegio con él —"parecían los profesores, ellos grandotes de dos metros y los demás chiquitos"—, por una tarea que debían hacer y no terminaban. Se trataba de un trabajo práctico sobre la jojoba, que debía incluir, además, una visita a una plantación. Era normal que se pidiera en los colegios ese tipo de tarea, ya que La Rioja es la principal provincia argentina productora de este arbusto con cuya semilla se obtiene, entre otras cosas, aceite para productos cosméticos. Habían prometido hacerlo, pero como no cumplían con la palabra empeñada, la directora convocó a Sánchez. Huevo fue y prometió que no volverían a fallar. "Nos pusimos de acuerdo en que en determinado día entregarían el trabajo —dice Huevo—. Hablé con ellos y les di permiso para que faltaran a la práctica. 'Es la última opción que les dan. Sí o sí lo tienen que hacer', les aclaré. Me acuerdo que el día prometido yo estaba durmiendo en mi habitación y escucho que de afuera decían 'Entrá vos', 'no, mejor entrá vos...'. De pronto, abro la puerta y Pancho y Riofrío lo empujan a Emanuel, que entró como una bala. Enseguida me di cuenta de cuál era el problema: no habían ido. Les dije que se fueran... enojadísimo...", dice hoy Sánchez entre la risa y la bronca que aún le provoca el recuerdo de la anécdota. "Me hicieron quedar pegado...", se lamenta todavía. Lo cierto es que, más allá de la famosa jojoba, Manu pudo terminar el secundario allí, tal como se lo había prometido a su mamá.

El tiempo libre —que no era mucho—, los jóvenes bahienses trataban de pasarlo fuera del departamento. El calor riojano era casi una tortura para ellos, acostumbrados al frío. No encontraban muchos atractivos en la ciudad, aunque tenían beneficios extra por ser los jugadores más jóvenes. Eran los que recibían flores y cartitas de sus admiradoras riojanas. Si algún amor adolescente hubo, lo mantuvieron en reserva, aunque la novia llegaría pronto y también de la mano de Huevo.

Hernán Jasen recuerda que "La Rioja era una ciudad chiquita, linda y nos divertíamos. Teníamos que lidiar con el calor y con las 'juanitas', unos bichos que cuando los matás despiden abundante líquido." Difícilmente olviden el calor. Es que en el verano las temperaturas máximas en La Rioja llegan a los 35° pero la sensación térmica, debido a la humedad elevada, puede alcanzar los 45° o 50°. Para mitigarlo, en sus habitaciones tenían un ventilador de techo. Hay quienes recuerdan todavía que una vez Manu arrojó una bolsa de harina hacia arriba y el ventilador se encargó de esparcir el polvo por todo el dormitorio. Las típicas bromas adolescentes no faltaron en La Rioja. Tampoco la energía desbordante propia de la edad. Algún "exceso" de esa energía lo sufrió el propio Oscar Sánchez. Los domingos, la casa de Huevo y Marisa era cita obligada para Manu y Pancho. La hospitalidad, los asados y la pileta de natación —imprescindible para aliviar los efectos del calor— eran un atractivo de lujo para ellos. "Estaban felices de estar ahí. Con el calor que hacía... eso sí, rompían todo", aclara Huevo. Los Sánchez tenían un pato inflable para la pileta, que habían comprado en los Estados Unidos y que tenía una altura considerable; por la propia inestabilidad que provocaba el agua, resultaba imposible subirse a él. "El tema era quién lo podía domar. Y ellos insistían e insistían... Se tiraron arriba mil veces... hasta que un día, pagó el pato... quedó destruido." El pato no sería el único elemento que sufriría el desborde de energía de los jóvenes basquetbolistas. En el patio de la casa, habían colocado un aro pequeño de básquet que era la segunda atracción después de la pileta. A toda hora lo utilizaban para "despuntar el vicio". Sufrió las consecuencias la escultura moldeada como una cigüeña, con un pico enorme, que la dueña de casa tenía de adorno y que había colocado en ese patio. "Era igual a Emanuel... —dice Huevo— era como un hermano gemelo de Manu pero en yeso. Terminó destruida por los pelotazos. Y no fue lo único. También el aparato de la luz... y hasta un balde. Cuando rompieron el balde, le dije 'Ya está, es lo último, la próxima vez que vengas me traés un balde para reponerlo, si no, no entrás'. Al día siguiente tocan el timbre, abro la puerta y veo a una persona con un balde en la cabeza. Era Emanuel."

En los momentos de flaqueza, cuando la distancia y la geografía les provocaba una rara sensación de vacío, los chicos iban hasta una cabina telefónica que estaba a dos cuadras del departamento, desde donde llamaban a sus familias. Pero la contención de los Sánchez fue importantísima para ellos. Hernán Jasen recuerda con enorme gratitud el trato de Oscar y Marisa. "Ellos siempre nos recibían. Nosotros íbamos y les comíamos los asados, les usábamos la pileta y les leíamos los diarios. Cuando el Huevo se calentaba por algo, siempre en broma nos decía: 'Los tengo que mantener, les hago ganar plata y encima les tengo que dar de comer...'. Un fenómeno el Huevo", reconoce. Sánchez sabía tratarlos y encontraba un buen equilibrio entre el cuidado que necesitaban y el trato desenfadado de un buen compinche. Hasta llegó a presentarles a las hijas de unos amigos de Buenos Aires que los habían ido a visitar a La Rioja. "Soledad se llamaba la de Manu, y Jimena la de Pancho... es que soy medio casamentero... aunque finalmente me dejaron 'pegado' porque se borraron como Casildo Herreras...", bromea Huevo. "Habrá durado uno tres meses —recuerda Pancho—. Fuimos incluso al cumpleaños de 15 de Jimena en Buenos Aires. Habíamos ido a la Capital a jugar y nos invitaron a la fiesta. El padre de las chicas nos tuvo que prestar el traje... Y después, Huevo que volvía a decir 'Les doy de comer, les presento novias... desagradecidos...'. Y nosotros que nos matábamos de la risa."

A la hora de las bromas, Sánchez no se quedaba atrás. Consciente de que una de las debilidades de Emanuel era la sección deportiva del diario, Huevo la sacaba, la escondía y en su lugar colocaba el suplemento del agro. Cuando Manu llegaba, la buscaba y nunca la encontraba. La disputa entre Sánchez, que se hacía el distraído, y un Manu desesperado por leerlo, fue un clásico en La Rioja. En el suplemento deportivo, Manu buscaba las informaciones relativas al básquet, a la Liga, a sus actuaciones y las de sus hermanos. Justamente en diciembre de 1995 se enfrentó por primera vez a su hermano Leandro, que jugaba en Deportivo Roca bajo las órdenes de Oveja Hernández. En esa oportunidad, ganó Andino por 120 a 111. Manu jugó seis minutos y no anotó puntos. Leandro, en cambio, convirtió 14 en 38 minutos. Poco después, Manu relató lo que le sucedió cuando le tocó enfrentar a Leandro: "Yo siempre fui fanático de ellos y les seguía las estadísticas y ahora me ocurren cosas tragicómicas. La otra vez yo lo estaba marcando a Leandro y me dio bronca que errara un tiro, y después me di cuenta que si lo metía me sacaban a mí. No me daba cuenta de que estábamos jugando en contra", contó con inocencia (*Sólo Básquet*, 31 de enero de 1996).

Emanuel jugó así sus primeros minutos en la Liga. Pero, claro, no todos los que él hubiera querido. Incluso en muchos de los cotejos ni siquiera ingresó. En ese estilo entre irónico y divertido, Huevo Sánchez dice que "siempre se quejaba de que jugaba poco. Es un desagradecido [se ríe a carcajadas]... porque con ese físico ser profesional... pesaba 28 kilos mojado —arremete—... me preguntaban cómo era que lo ponía en el equipo... Fuera de broma —aclara—, cuando entraba hacía un triple, una volcada, robaba una pelota. Como ahora pero a otro nivel. Y por si faltaba algo, tenía un gran carisma".

Manu estuvo a fines de diciembre en la derrota ante Atenas de Córdoba, donde jugaban Espil y Oberto, por 120 a 105; allí jugó cuatro minutos. También en enero de 1996 en el buen triunfo frente a Olimpia —futuro campeón de ese año— por 126 a 120. Manu jugó cinco minutos y anotó 2 puntos. Su viejo conocido Alejandro Montecchia anotó 20 puntos en treinta y dos minutos de juego. Ya por entonces la prensa nacional comenzaba a fijar su atención en él y, además, en la particularidad de tres hermanos que jugaban la Liga Nacional, un caso que no tenía antecedentes. En la edición del 31 de enero, la revista *Sólo Básquet*, bajo el título "La familia unita", entrevistó a Leandro, Sebastián y Emanuel. Una foto de los tres y una ficha técnica de cada uno de ellos ilustraba la nota.

Hasta entonces, Manu había jugado noventa y cuatro minutos en trece partidos y convertido 43 puntos, con un promedio de 7,2 minutos y 3,3 puntos. En la entrevista, y ante la pregunta de si sintió presión por tener a sus dos hermanos en la Liga, Manu respondió: "No era una presión como que tenía que llegar sí o sí, pero yo quería llegar. Mi intención es vivir del básquetbol y me tengo confianza como para lograrlo". También reseñó sus primeros pasos en el campeonato. "Cuando comenzó la Liga, tuve más minutos de los que esperaba. Después mejoraron los titulares y yo entendí que mi lugar era el banco. En cuanto al equipo, estamos bien, pero bajamos el rendimiento comparándolo con el principio de la temporada." Aquel deseo de Emanuel de poder "vivir del básquet" se cumpliría, y con creces, mucho antes de lo que él entonces supuso.

En febrero, Andino enfrentó a Quilmes, donde estaba su hermano Sebastián. Andino ganó 116 a 108, pero Manu no entró en ese partido y no pudo competir con él. A mediados del mismo mes, participó trece minutos con 6 puntos en el triunfo ante Atenas de Córdoba, al que le ganó por 112 a 104, tomándose revancha de la derrota anterior. En marzo, otra vez ante Olimpia, jugó diez minutos y convirtió 3 puntos aunque esa vez fue derrota por 127 a 103. Por su juego, y su valentía a la hora de enfrentar a jugadores de mayor envergadura física, Emanuel se ganó rápidamente el respeto de los tres norteamericanos que jugaban en el equipo: Kenny Simpson, Sam Ivy y Brian Shorter. En esa temporada, en los dieciséis equipos que participaron de la Liga, hubo un total de setenta extranjeros, un promedio de 4,4 por equipo.

En el mes de marzo, la revista *Sólo Básquet* lo premió como mejor debutante, tras el sufragio de más de cincuenta periodistas especializados. Manu obtuvo veintiún votos, superando a Alejandro Coronel, que consiguió dieciséis, a Gabriel Fernández con once y a Andrés Nocioni con cuatro. Con estos dos últimos se cruzaría luego en la Selección Nacional.

En mayo de 1996, Andino se clasificó por primera vez para las semifinales de la Liga al vencer en la serie a Quilmes por 3 a 1. Sin embargo, le tocó toparse con el fuerte equipo de Atenas de Córdoba y Andino quedó eliminado. El campeonato fue conquistado por Olimpia —el equipo de Alejandro Montecchia—, que le ganó la serie precisamente a Atenas de Córdoba por 4 a 3. En la clasificación final, Andino alcanzó un meritorio tercer lugar.

En su primera participación en la Liga Nacional, Emanuel jugó veintiséis partidos con un total de 261 minutos y 134 puntos, un promedio de 10,03 minutos y 5,15 puntos por partido. Pocos minutos en relación a lo que él hubiera querido, pero que le alcanzaron para ser elegido revelación de la temporada. La cuestión, entonces, empezó a pasar por su futuro. Manu había llegado a Andino con una opción de compra pero también con una cláusula ligada a la continuidad de Huevo Sánchez en el equipo. "Habíamos quedado que si yo me iba, Emanuel y Pancho también se iban —explica Sánchez—. O si Manu prefería no seguir, no habría inconvenientes." Por entonces, los problemas económicos de Andino se habían agudizado. De viajar el plantel en avión a las distintas ciudades a jugar los partidos pasaron, en la última época, a hacerlo en un ómnibus que sufría a menudo inconvenientes mecánicos. El atraso en el pago de los sueldos era cada más pronunciado. Había llegado el momento de emprender el regreso. "Entonces Yuyo dijo: 'Si Huevo se va, Manu también'. Pero no nos daban el pase. Y eso que estaba hablado, ¿eh? Se puso duro el tema pero la crisis económica que tenía Andino, que era real, hizo que no pudieran comprar el pase. El club quería el dinero al contado y Andino proponía pagar en sesenta cuotas de mil dólares". En la revista *Sólo Básquet* del 19 de agosto de 1996 Yuyo lo puso negro sobre blanco. "Existía una opción de compra definitiva y Andino hizo uso de ella. El problema es que tenían que pagar en un plazo de quince días y no lo hicieron..." Los jugadores más jóvenes, entre ellos Emanuel, cobraban mil pesos por mes. Y la deuda acumulada había llegado a unos tres mil quinientos. Abogados mediante, la Confederación resolvió a favor de los Ginóbili y Manu quedó en libertad. "Mirá lo que es la vida y el destino —dice Huevo—... Si eso no hubiese pasado tal vez se hubiera tenido que quedar más tiempo en La Rioja, hasta los 24 o 25 años. Y no hubiese podido quemar esa etapa rápido. Hasta se podría haber perdido todo lo que le pasó después." Tiene razón Huevo Sánchez. Esa vez Manu pudo salir del lugar indicado en el momento justo para llegar al lugar indicado en el momento correcto. Tal como había sucedido con su bisabuelo David cien años antes. La siguiente etapa sería en su ciudad, Bahía Blanca, donde lograría ser profeta en su tierra.

Capítulo VI

Manu jugando en Estudiantes de Bahía Blanca.

1,94 metro

EL ORGULLO RECUPERADO

En junio de 1996, un mes antes de cumplir 19 años y mientras se definía su situación contractual con Andino, Emanuel fue convocado por primera vez para integrar una Selección Argentina: un Sub 22 que debía competir en el Sudamericano de Vitoria, Brasil. El plantel, que también integraban Pepe Sánchez y su compañero en Andino Daniel Farabello, y cuyo director técnico era Guillermo Vecchio, logró el subcampeonato —el campeón fue Brasil—, y con ese puesto, la clasificación para el Panamericano de Canguas, Puerto Rico. En este campeonato, que se celebró en el mes de agosto, el Sub 22 logró el tercer puesto, lo que le permitió clasificar para el Mundial de la categoría que se disputaría al año siguiente en Australia. Argentina había perdido por un punto en la semifinal con el local y en el partido por el tercer puesto le ganó a Canadá por 75 a 70. Emanuel —que usó en esa oportunidad la camiseta número 13— jugó doce minutos y convirtió 10 puntos; los máximos goleadores del equipo fueron Lucas Victoriano y Fabricio Oberto, con 17 y 15 puntos respectivamente. El plantel estuvo también integrado por Leandro Palladino, Alejandro Olivares, Gustavo Oroná, Luciano Masieri, Alejandro Burgos, Leo Gutiérrez, Gabriel Fernández, Pepe Sánchez y Luis Scola. Más allá de la importancia que tuvo para el grupo la clasificación, para Emanuel tendría un valor superlativo. Sería en ese torneo de Australia de 1997 cuando los ojos de la NBA se posarían sobre él. San Antonio Spurs, a través del reclutador en jefe R. C. Buford, comenzaría allí un seguimiento que desembocaría en su elección en un *draft* en 1999 y su llegada al equipo tejano en 2002.

Manu regresó ese invierno de 1996 a Bahía Blanca, donde se reencontró con sus afectos: su familia, sus amigos del secundario —a quienes había visto esporádicamente durante su pasaje por La Rioja— y, claro, los de Bahiense del Norte. Entre su salida de Andino, su ida a la Selección y el comienzo de la nueva temporada, volvió incluso a colocarse la camiseta tricolor (amarilla, roja y azul) del equipo de Salta 28, para jugar algunos partidos con la categoría Sub 22 —fueron ocho en los que tuvo un promedio de 23,88 puntos—, que terminaría ganando el campeonato local de ese año. Y hasta tres en la Primera, con un promedio de 13,67 por partido. Para entonces, Manu seguía creciendo, y no sólo como jugador. Los abuelos Maccari pudieron comprobarlo cuando los fue a visitar. Emanuel sobrepasaba ya en algunos centímetros el mueble de la cocina donde medía su crecimiento. "Cuando se fue a Andino, mi papá, Constantino, lo midió y llegaba justo hasta el final del mueble. Al regreso lo volvió a medir y ya lo sobrepasaba. No lo podíamos creer", recuerda el tío Raúl. Emanuel había llegado a 1,94 metro. Y estaba listo para una nueva temporada. Tras evaluar la posibilidad de ir a alguna universidad en los Estados Unidos —se habló de la Universidad de Oregon State—, como Pepe Sánchez que se había ido a la Universidad de Temple, la continuidad de Emanuel se definió finalmente en una institución de fuertes raíces en Bahía Blanca: Estudiantes. El club —que había participado en la Liga Nacional en todas las ediciones desde su creación— llegaba a la temporada 1996-1997 después de haber estado a punto de descender en el campeonato anterior. En los últimos tres torneos, había obtenido pésimos resultados: undécimo, décimo y décimo tercero. Se trataba de equipos que no despertaron ningún entusiasmo en los amantes del básquet de Bahía Blanca. Hubo entonces un intento de volver a las fuentes. Los dirigentes pensaron que tal vez con la sangre joven local se podría revertir la tendencia negativa. Así, Emanuel, Pancho Jasen y Miguel Vigna llegaron al equipo. Y fue promocionado Pablo Gil, que estaba en las categorías menores. El grupo lo completaban Jorge Faggiano, en su última temporada en el club, Mauricio Hedman, Diego Mugherli, Daniel Arenas, Juan Iglesias, Hernán Trentini, Mauro Campana y los americanos Zachary Allison y Stacey Williams. El técnico era Carlos Boismené.

El mítico estadio Osvaldo Casanova sería el nuevo escenario para Emanuel. Con el número 10 en su camiseta, y junto a su amigo Pancho Jasen, iniciaría su paso por Estudiantes con la expectativa de jugar más minutos que en Andino de La Rioja y demostrar su capacidad. Sin embargo, esa ilusión chocó rápidamente con la realidad. "El equipo arrancó en las últimas posiciones. Y el técnico no apostaba por nosotros, los pibes. Con Manu estábamos preocupados. Nos preguntábamos a qué habíamos venido. No entrábamos, o jugábamos los mismos minutos que en Andino. Y encima, íbamos últimos. Para nosotros, perder era terrible...", asegura Jasen. Sin dudas, esos primeros meses no resultaron como habían imaginado.

En esa primera etapa, los tres hermanos Ginóbili se enfrentaron por primera vez en una cancha de básquet en partidos oficiales. Emanuel, con la camiseta de Estudiantes; y Leandro y Sebastián, con la de Deportivo Roca, donde eran dirigidos por Sergio "Oveja" Hernández. El partido se disputó el 3 de noviembre de 1996, y Roca —de local— ganó por 114 a 110. La crónica del periodista Alfredo Celani en la revista *Sólo Básquet* pinta con justeza lo que sucedió en ese encuentro. "Entre el Deportivo Roca y Estudiantes de Bahía Blanca había algo más que un pleito sureño. La presencia de los tres hermanos Ginóbili en un partido era muy inusual en esta liga, toda una novedad, sin ninguna duda. Leandro y Sebastián por el lado de los rionegrinos y Emanuel en el quinteto bahiense. El técnico Carlos Boismené no se jugó de entrada y prefirió reservar al 'chico' hasta promediar el segundo cuarto. Y fue ese un error bastante importante, ya que el jugador tuvo un desempeño brillante. La estadística dirá que entre los tres goleadores bahienses anotaron el 33 por ciento de los 224 tantos del juego. Leandro sumó 28 puntos, Sebastián hizo 26 y Emanuel anotó 20. Claro que los dos primeros sumaron para el mismo equipo y eso valió mucho, particularmente a partir del tercer cuarto, donde el conjunto de la Oveja Hernández se comió a su rival...".

El siguiente partido llegó una semana después. Y Estudiantes, de local, se tomó revancha: 111 a 105 a favor del equipo de Manu, que esa vez sólo pudo anotar 4 puntos. Su hermano Leandro fue el goleador, con 35 puntos. Según la crónica de *Sólo Básquet*, la clave del triunfo de Estudiantes fue el ingreso de Pablo Gil, otro de los jóvenes.

Pocos días después, el diario *La Nueva Provincia* reunió a los hermanos para una nota titulada "Un triple para el básquet", en la que cada uno opinó sobre sus dos hermanos. Refiriéndose a Sebastián, Manu dijo que "tiene tranquilidad, que es algo que yo no podría lograr jamás. Al ser *base* lo necesita para poder jugar bien", y de Leandro dijo que "los dos somos descabezados [*sic*], obsesionados por el aro. Es nuestra forma de jugar. Quizá si no fuéramos así, no estaríamos jugando. Me gusta el terrible gol que tiene de afuera". Acerca de Manu y Leandro, Sepo afirmó que "son muy parecidos. Quizás al tener los fundamentos y la misma característica del gol, el juego de ellos se basa en el tiro. Su mayor virtud es que son tremendos anotadores. Tienen mucha facilidad para eso". Leandro opinó que Manu "está bárbaro, le hizo muy bien integrar la Selección argentina porque se puso al lado de jugadores que han crecido mucho. Seguramente va a aplicar lo que vio con esos jugadores. Tiene mucho por delante para seguir mejorando y si lo sigue aprovechando como hasta ahora puede llegar alto". Las palabras de Leandro sonaron premonitorias. Los malos resultados provocaron la renuncia de Carlos Boismené a la dirección técnica de Estudiantes y la llegada de Carlos "Zeta" Rodríguez. El recambio les abrió al equipo, a los jóvenes en general y a Emanuel en particular, la posibilidad que estaban esperando. Rodríguez había estado trabajando tres años en Chile y antes de firmar para Estudiantes consultó a un director técnico amigo que lo actualizó acerca de la realidad del plantel. El diagnóstico fue preciso: el equipo atravesaba un mal momento pero tenía muchos jugadores jóvenes y talentosos. "Eso fue lo que me encontré: un grupo de jóvenes jugadores con muchas condiciones, entre los que sobresalía sin dudas Emanuel", dice Rodríguez. Lo que más sorprendió a Zeta de Manu —a pesar de ser un jugador novato— fue su carácter, su determinación y la confianza en su propio juego. Esta característica —tan bien definida por Rodríguez— se repetiría con los años en cada uno de los equipos que integró, aun en aquellos en los que había figuras rutilantes que podrían haberlo opacado.

El nuevo técnico apostó por los jóvenes y Manu pasó a ser titular. Pancho Jasen, había empezado como séptimo o sexto hombre, también terminó en la formación inicial. Poco después se incorporó Grant Gondrezik, un norteamericano blanco, muy buen jugador, que tenía un gran carácter y cuya opinión pesó —y mucho— dentro del grupo. "Era un tipo que metía 30 puntos por partido... no le convenía a nadie que se enojara... Defendió a los jóvenes en todo momento porque era de esas personas que si veía que alguien iba al frente no le importaba la edad que tuviera. Y decía: 'Manu y Pancho tienen que jugar, me da igual que sean jóvenes'...", dice Jasen, en su hablar sin interrupciones pero que trasunta con gestos muy expresivos el reconocimiento hacia aquel hombre que los avaló cuando eran chicos.

El año 1996 terminó con mejores perspectivas. De hecho, 1997 comenzó con buenos resultados para Estudiantes. Y también para Manu, que en febrero, durante el Juego de las Estrellas de Mar del Plata, fue elegido el MVP —el jugador más valioso— en el Juego de las Promesas. "Por escándalo —dijo *Sólo Básquet*—, el mejor jugador del mini-torneo." Esa actuación sería el prolegómeno de un año donde repetiría y mejoraría el repertorio que sorprendió a todos en Mar del Plata.

Mientras tanto, Estudiantes acentuó una recuperación que le permitió empezar a ganarse el reconocimiento del público local. "El equipo estaba ya clasificado en la A2 cuando yo me hice cargo —dice Zeta Rodríguez—, nos pusimos a trabajar duro, a rescatar cosas simples del juego, y el equipo comenzó a desplegar un juego agradable y vistoso. Allí fue cuando conseguimos un par de buenos resultados y la gente se enganchó con ese equipo más bien joven que jugaba con mucha frescura." Estas actuaciones —en las que Emanuel consiguió superar los 30 puntos por partido, como contra Estudiantes de Olavarría o Racing en marzo de 1997— les permitieron llegar al repechaje, donde les tocó enfrentar al campeón del año anterior, Olimpia de Venado Tuerto, que acababa de obtener el título sudamericano. Y contra todos los pronósticos, Estudiantes lo derrotó en la serie por 3 a 1. Alejandro Montecchia, que era entonces una de las figuras de Olimpia, lo recuerda muy bien. "Nosotros les habíamos ganado de locales por 30 puntos. El segundo partido nos ganan con un doble sobre la hora. Y los dos partidos que jugamos en Bahía nos mataron y quedamos eliminados. Manu y Pancho eran los líderes del equipo", recuerda el Puma. La repercusión de ese triunfo en Bahía Blanca fue increíble. "Una locura, la gente se sintió fuertemente identificada. Había jugadores carismáticos —Manu era el que más se destacaba en ese aspecto—, de la propia ciudad, y cuando nos dimos cuenta, estábamos llenando la cancha, la gente compraba las entradas con anticipación. Cuando eliminamos a Olimpia y pasamos a cuartos de final con Atenas, ya fue una revolución." El propio Manu mostró su entusiasmo por ese comportamiento del público local. "La gente está muy feliz y se nota de verdad. Estamos contentísimos porque el público volvió a la cancha, como no lo hacía desde mucho tiempo atrás. En los últimos partidos hubo entre tres mil y cuatro mil personas. Para mí, que soy bahiense, es una alegría inmensa que Bahía Blanca se vuelva a entusiasmar por el básquet. La gente se identifica mucho con nuestro equipo" (Emanuel a *Sólo Básquet*, abril de 1997).

Si bien finalmente Atenas de Córdoba eliminó a Estudiantes por 3 a 0, Manu y sus compañeros, con un equipo que representaba lo mejor de la historia de la ciudad, lograron, con un meritorio octavo puesto, el reconocimiento de los bahienses. *La Nueva Provincia* del 26 de abril, el día siguiente de la tercera derrota por 103 a 100 —frente a Atenas de Milanesio, Palladino y Oberto—, tituló: "Estudiantes se retiró aplaudido". La ciudad había recuperado el espíritu de su generación de oro y su orgullo con un joven de 19 años como abanderado de lujo: Emanuel Ginóbili.

AMORES A PRIMERA VISTA

En la segunda temporada en la Liga, y la primera en Estudiantes, Emanuel mejoró notablemente sus estadísticas respecto de su paso por Andino. Jugó 51 partidos —casi el doble que en La Rioja— con 1353 minutos —1092 más— y convirtió 835 puntos con un promedio de 16,4 por cotejo (su promedio anterior había sido de 5,2). En cuanto a los porcentajes de conversión, sus números fueron más que interesantes: el 57,6% de los dobles lanzados; 41,1% en triples; 79,3% en libres; 2 rebotes y 1,2 asistencias por partido. Emanuel superaría este desempeño en la siguiente temporada con Estudiantes, pero antes debió pasar otra prueba que no desaprovecharía: el Mundial Sub 22 de Australia.

Sesenta días antes de esa competencia internacional, Julio Lamas, el nuevo entrenador de la Selección —que había sido técnico de Boca Juniors, equipo campeón de la temporada 1996-1997— convocó a una preselección de veintidós jugadores, entre ellos Emanuel. En poco tiempo, se ganó un lugar entre los doce que viajarían a Australia. "Ya era un jugador reconocido en la Liga y que venía evolucionando todo el tiempo —dice Lamas—. Con el paso de las semanas, de los partidos preparatorios y la llegada del torneo, pasó, por lo menos en el concepto del cuerpo técnico, a ser un jugador fundamental. Terminó siendo titular en todos los partidos y uno de los goleadores del equipo."

El campeonato Sub 22 se disputó en agosto de 1997 en Melbourne. La plantilla argentina estaba compuesta por Lucas Victoriano, Gabriel Riofrío, Fabricio Oberto, Luciano Masieri, Gabriel Fernández, Leo Gutiérrez, Bruno Lábaque, Luis Scola, Alejandro Burgos, Leandro Palladino, Pepe Sánchez y, claro, Emanuel Ginóbili. Los dos bahienses se reencontraron así en una cancha de básquet. "Ya teníamos 20 años, más cosas en común y más onda. La relación se hizo más estrecha. Además ya no competíamos como cuando éramos chicos. Cada uno era lo que era y tenía su lugar", recuerda Pepe.

Gracias a una excelente labor en la etapa clasificatoria, la Selección quedó en primer lugar del grupo A y debió enfrentar en cuartos de final a la Selección de Lituania. El 8 de agosto, en una brillante actuación, que mereció un ruidoso festejo de los jugadores, Argentina ganó por 74 a 57 y pasó a las semifinales. Debía, entonces, enfrentar al seleccionado local, al que ya había vencido en la etapa inicial. Pero, en un partido increíble, Australia —finalmente campeón del torneo— terminó ganando por 71 a 68, con un triple de Aarón Trahair en el último segundo. En ese partido, Emanuel fue el goleador del equipo, con 20 puntos. El golpe para los argentinos fue demoledor y no lograron recuperarse para pelear por la medalla de bronce, que quedó en poder de Yugoslavia. La cuarta colocación, sin embargo, fue un excelente resultado para los jóvenes del Sub 22, que quedaron por arriba de potencias como Estados Unidos y España. Más allá de los resultados, este seleccionado sentó las bases de un grupo que se iría consolidando con el paso de los años, apoyado en la intensidad de la Liga Nacional y en la apuesta de los dirigentes del básquet a la continuidad y coherencia en el proyecto de las selecciones argentinas.

Durante el desarrollo del torneo, como suele suceder en este tipo de competencias, los reclutadores de distintos equipos hicieron el seguimiento de los jugadores que participaban. El ojo clínico de uno de ellos se posó en tres argentinos. Emanuel fue uno de ellos. El director de *scouting* de San Antonio Spurs, R. C. Buford —hoy *general manager* y vicepresidente del equipo tejano—, se acercó luego de una rueda de prensa al técnico Julio Lamas. Minutos después fue al grano: "Me consultó por Victoriano, Oberto y Ginóbili. Y yo le di mi opinión. Cuando regresé a la Argentina ya tenía un correo electrónico de su parte en que me solicitaba si podía seguir la evolución de esos tres jugadores durante la temporada. A partir de entonces, tuvimos distintos tipos de contactos. Luego de un tiempo me preguntaba en forma independiente por Ginóbili u Oberto". Por una cuestión profesional, Lamas prefiere no divulgar los detalles de sus comentarios y pone de relieve la intuición de Buford a la hora de elegir a Emanuel. "Es que si bien en Australia Manu había hecho un muy buen torneo, otros habían sido los jugadores destacados y más mirados. Además, todavía era muy delgado. Yo creo que Buford tuvo con Emanuel una visión excelente. Detectó cosas que son intangibles: que era un jugador con enorme inteligencia y con corazón. Él pudo ver entonces lo que otros no vieron." Lamas ensaya una teoría que explica el motivo "Ya era un proyecto de jugador importante aunque nadie se podía imaginar el impacto que tendría luego. Porque él no fue un jugador de aparición explosiva que después mantendría su nivel, sino uno de evolución constante que mejoró año a año debido a su gran inteligencia, su deseo y su capacidad de trabajo diario". Una opinión similar es la de su técnico en Estudiantes, Carlos "Zeta" Rodríguez, quien afirma que lo de Manu "no fue una explosión sino un crecimiento paulatino". Casi dos años después del Mundial de Australia, y luego de un detallado seguimiento, San Antonio Spurs elegiría a Manu en la segunda vuelta del *draft* en el número 57.

Un mes después del Mundial, dio comienzo la temporada 1997-1998 de la Liga Nacional. Decididos a apoyarse en el eje Manu-Jasen, Estudiantes se reforzó para mejorar su producción. Una de las incorporaciones —además de

Dwane Spencer, Ernesto Michel y Fernando Larrañaga— fue nada más y nada menos que la de Sebastián Ginóbili. Los hermanos jugarían juntos por primera vez, y en un equipo de Bahía Blanca. El resultado no pudo ser mejor. La presencia de Sepo resultó clave para el despegue de Emanuel. El técnico Zeta Rodríguez sostiene que Sebastián supo sacarle lo mejor para el equipo y Jasen dice que fue fundamental para que desplegara su juego. El propio Sebastián reconoce que su relación personal con Manu —hasta entonces limitada por los años que vivieron separados— fue distinta a partir de que se encontraron en Estudiantes. "Al irme a jugar a los 17 años me perdí una etapa importante de Emanuel. Lo había visto poco y lo había enfrentado pocas veces también. Pero cuando empezamos a jugar juntos me di cuenta de que era diferente. Nuestra relación creció mucho y tuvimos más confianza. Y eso se notó en todos los planos." Sebastián —que llama a su hermano "Narigón" o "Napión", y Manu le dice igual— señala que en el juego también se entendieron rápidamente. "Sabíamos que mi hermano era nuestra principal arma ofensiva y yo le daba la mayoría de las pelotas. Fue un año fuerte para nosotros porque había muchos chicos de la ciudad."

Leandro, el otro hermano, que jugó esa temporada para Gimnasia de Comodoro Rivadavia, también observó el cambio experimentado por Manu en sólo una temporada. "En su primer año en Estudiantes —dice—, nos enfrentamos un par de veces y me fue bastante bien. Lo dominé en el juego, hice muchos puntos, lo pude marcar... como el hermano mayor al menor. Pero en ese segundo año no lo pude agarrar más. Ni aunque jugáramos en un baño —grafica en su estilo Leandro—... Yo me quedé igual a como era entonces y él en cambio había crecido un trescientos por ciento, física y deportivamente."

La participación de los tres hermanos en la Liga fue noticia también para un medio de alcance nacional como *Clarín*, que, además, elegiría a Manu como revelación de la temporada. "Un triple de Ginóbili" fue el título de la nota que publicó el matutino el 4 de diciembre con la firma de Francisco López Vázquez. El reportaje presentaba en sociedad a los hermanos con un ping pong de preguntas y respuestas. Una de ellas era si les gustaría jugar juntos. "Sí, sin dudas —dijo Leandro—. Es una materia pendiente que tenemos los tres. Creo que nos entenderíamos perfectamente, porque nos conocemos bien." Sebastián, por su parte, afirmó: "Por mí, sí. El problema es de los dos restantes, porque se van a pelear por ver quién tira al aro". Y la respuesta de Emanuel no fue menos pícara: "Sí, mientras Leandro sea suplente...". Manu no perdía oportunidad para competir, aunque fuera en broma, con su hermano mayor. Cuando les preguntaron si estaban de novios, Manu respondió riendo: "En algo de eso estamos."

Pocos días antes de que publicara esa entrevista, otros ojos se habían fijado en Emanuel. Al igual que en Australia, este hecho se vincularía con su futuro. Pero a diferencia de aquella vez, esta nueva mirada —que además sería recíproca— tocaría sus afectos más profundos. Y con el tiempo se convertiría en un apoyo mutuo, en el punto justo de equilibrio que necesitaría para crecer en el plano personal y como deportista.

El plantel de Estudiantes había tenido que viajar el 27 de septiembre a la ciudad de San Nicolás para enfrentar al club local Regatas el 28. El director técnico del equipo rival no era otro que Sergio "Oveja" Hernández, que vivía en esa ciudad junto a su esposa Elizabeth. Una asidua visitante de su casa era Marianela Oroño, la hija de aquel basquetbolista de larga trayectoria, integrante del plantel de la Selección Nacional que había logrado el triunfo histórico ante los Estados Unidos en el Mundial de España de 1986. Los Oroño vivían en La Emilia, a unos diez kilómetros de San Nicolás, de donde es oriunda Analía Ricardini, la madre de Marianela. Hernández conocía a Oroño de la época en que coincidieron en Sport Club de Cañada de Gómez hacia 1990, uno como asistente del técnico Julio Lamas y el otro como jugador. La presencia de Marianela en su casa era algo habitual. "Así como en Bahía yo iba a la casa de los Ginóbili —dice Oveja—, cuando ella venía a San Nicolás desde La Emilia, venía a la mía. Era una piba divina, rapidísima, madura, muy bonita, increíble e inteligente. Casi la habíamos adoptado con mi señora... Era como nuestra hija mayor." Marianela, que tenía 16 años y cursaba cuarto año del secundario en La Emilia, conocía muy bien el ambiente del básquet. La profesión elegida por su padre la había llevado desde pequeña a vivir en distintas provincias. De hecho, había nacido en la Capital Federal, ya que por entonces su padre jugaba en Ferrocarril Oeste. "Mi mujer —dice Oveja— siempre le decía a Marianela que tenía alguien para presentarle. Es cosa de mujeres..." Elizabeth no perdió la oportunidad y cuando supo que Estudiantes iría a jugar a San Nicolás preparó el escenario para el encuentro. Invitó a Manu a tomar mate y, claro, también a Marianela. "Mi señora le dijo: 'Lo vamos a invitar, te va a gustar', y le insistía que se pusiera linda porque ese día vendría Manu", rememora Oveja. "Es cosa de mujeres", de la que habló Hernández, prolijamente preparada, quedó en evidencia el día anterior al partido. En la casa de San Nicolás, estaban Oveja —con sus pensamientos ocupados en el partido del día siguiente—, su esposa Elizabeth, Marianela y Claudia Montecchiari, una amiga de Bahía Blanca. Las mujeres, claro, con pensamientos distintos de los del director técnico. Nadie se sorprendió entonces cuando apareció Emanuel, acompañado por Sebastián, en la anunciada visita. La presentación formal de Marianela y Manu se había concretado. Oveja se fue enseguida para entrenar a su equipo. Cuando regresó, un par de horas después, todavía estaban en su casa. Luego los hermanos Ginóbili se fueron porque tenían que ir a la práctica de su equipo. "No recuerdo si mi esposa me comentó algo acerca de cómo fue el encuentro entre Manu y Marianela. Pero de lo que sí me acuerdo es de lo que pasó al día siguiente en el partido", relata Oveja. Y lo que pasó —con la presencia de Marianela en el estadio— fue que Emanuel jugó un partido increíble y Estudiantes, tras una jugada magistral suya, le ganó a Regatas por un punto en el último segundo. Esa noche, la vibración del público y de los jugadores tuvo la fuerza que sólo un final de ese tipo puede dar: puños apretados, corazones sobresaltados, adrenalina y euforia desbordante. Allí —sin interferencias—, la vida, la otra vida, hizo su trabajo y marcó el ritmo de otro partido que había empezado a jugarse la tarde anterior y se selló aquella noche. Un partido que seguiría en la intimidad, en el que también habría corazones sobresaltados, pero que no tendría derrotados.

Con detalles, gestos y ademanes que obligan a prestarle atención, Oveja relata los minutos finales del partido que su equipo perdió con Estudiantes: "Estábamos palo a palo, palo a palo. Y Manu, intratable. No lo podíamos agarrar ni adentro de un baño. Nos estaba matando a goles. Pero nosotros teníamos un equipo áspero, éramos más hombres, con Still y Rodríguez. Los aguantamos y llegamos a estar cinco puntos arriba cuando faltaba un minuto. Atacamos, perdemos el balón y viene el contraataque de Estudiantes. Ariel Amarillo, que era mi asistente, ve que Manu viene corriendo solo por la línea de tres puntos. Y le dice al defensor '¡Acá! ¡Acá!'. Justo le pasan la bola a Manu. Amarilla estaba así —hace el gesto levantando las dos manos— avisándole al defensor, y el árbitro lo ve, chifla y le cobra técnico justo en el momento en que Manu tira... La emboca y convierte el triple. Entonces, triple y falta técnica, al banco. Me quería morir... La bronca que le tuve... Manu tira los dos libres y los mete... Quedamos empatados en 94 cuando ya casi no quedaba tiempo. Hay dos libres para ellos, los tira Williams. Yerra uno, mete el otro y termina el partido. Y perdemos 95 a 94. En andas lo llevaban a Ginóbili... Había hecho una jugada de cinco puntos definitoria. Esa noche terminó metiendo 31 puntos... Y uno que tenía que guardarse la bronca, hacer como si no hubiese pasado nada y saludar normal..., charlar con la gente... Y mi señora ahí, tranquila con Marianela —de la que nosotros éramos responsables— y Claudia Montecchiari sacándose fotos con Manu y con Jasen después del partido. Y nosotros que habíamos perdido así... Yo estaba como loco... Al rato viene Marianela y nos dice que Claudia la invitó a comer adonde iba a cenar el plantel de Estudiantes. '¿Puedo ir con ellos?', preguntó. Y Claudia nos dice que nos quedásemos tranquilos que ella iba con ellos. Y ahí nace el noviazgo. El día que el pibe me gana de esa manera se pone de novio con mi 'hija adoptiva'...", dice Oveja hoy con una sonrisa franca.

Los detalles de esa primera vez entre Manu y Many —así le dicen a ella— no fueron contados, aunque sí imaginados por quienes promovieron el encuentro. De todos modos, el noviazgo que comenzó a partir de entonces corrobora aquello del "amor a primera vista". Los contactos entre los dos jóvenes se hicieron más frecuentes y en distintas oportunidades, cuando Oveja viajaba a Bahía Blanca, Marianela iba con él. "Los dos son muy maduros. Él dijo 'Esta es mi mina' y listo. ¡Y Manu tiene un amor con esa chica...! ¡Me alegro de verdad!", dice Hernández.

El noviazgo coronó un año único, muy especial para Manu. El siguiente, a su vez, implicaría nuevos desafíos para la flamante pareja. Como la separación obligada por la partida de Manu para jugar en Italia. Pero eso, sin embargo, no afectaría la relación. Esporádicos viajes de Marianela hacia la península primero, y uno definitivo después para vivir juntos, la solidificarían. Años después, cuando Manu era ya una figura de la NBA, se casarían en Bahía Blanca rodeados de sus afectos más cercanos, lejos, muy lejos de las fastuosas y frívolas fiestas de las grandes estrellas.

GOLPES DE SUERTE

Diciembre de 1997 fue un mes largo y con sorpresas para los hermanos Emanuel y Sebastián Ginóbili y para Estudiantes de Bahía Blanca. En esa primera etapa del torneo, el objetivo era clasificar para la A1 y quedar entre los ocho mejores equipos de la Liga, para luego, sí, pelear por los primeros puestos del campeonato. Para ello debían disputar un partido definitorio, y por demás difícil, contra Atenas de Córdoba en calidad de visitantes, que se jugaría el 23 de diciembre. Los pronósticos se cumplieron. Pero allí aparecería la buena suerte que todos reconocen en Emanuel para dar una mano de oro al equipo. "La gente de Bahía nos venía a ver jugar, porque veía un mejor equipo, pero no se terminaba de convencer. Nos quería entre los ocho mejores. Y estábamos a punto de lograrlo. Nos faltaba sólo ese partido con Atenas. La cuestión era ganar o ganar porque para nosotros, y para el proyecto que se había armado, perder era terrible. Si perdíamos, nos pasaba Olimpia y no clasificábamos", recuerda Jasen. A la A1 ingresaban los ocho primeros. Dado el puntaje que tenía Estudiantes, peleaba por quedar en el séptimo u octavo lugar. Una baja considerable para ese partido fue la de Manu, que quedó afuera por problemas intestinales. Atenas le ganó a Estudiantes por 112 a 88. Al término del partido, les dan la novedad: se había producido un triple empate en 45 puntos entre Andino, Olimpia y Estudiantes. Pero por el promedio habían quedado en el noveno lugar y fuera de la clasificación. "Llegamos al hotel hechos pedazos, hacíamos cuentas y no lo podíamos creer", cuenta Jasen. Así también lo informaron los medios de comunicación. Los diarios del 24 anunciaron que el triple empate había marginado a Estudiantes de la A1. Ese día, cuando el apesadumbrado plantel estaba en el aeroparque de Buenos Aires a la espera de abordar el avión para regresar a Bahía Blanca, el delegado del equipo recibió una llamada del periodista Juan Carlos Meschini. "Nos informó que la Asociación había confirmado que nosotros éramos los que habíamos entrado en la A1, que el coeficiente así lo había estipulado. Nos pusimos a festejar como locos ahí mismo en el hall del aeroparque", rememora Pancho con la misma euforia de aquella vez en la estación aérea, y reconoce que la presencia de Manu en el equipo fue como un talismán. "¿Entendés ahora por qué digo que es un tipo afortunado, que la suerte lo ayuda?" Los dichos de Jasen se entienden aun más cuando se analiza cómo pudo entrar Estudiantes en la A1. Es que para determinar quiénes clasificaban en el triple empate en 45 puntos entre Andino, Estudiantes y Olimpia, el reglamento estipulaba que se debían tener en cuenta los resultados de los enfrentamientos entre sí. Pero aquí se produjo otro empate, en este caso, en seis puntos. La definición, entonces, debía llegar por el *gol average*, es decir, por la diferencia entre los tantos marcados y los recibidos. Los riojanos de Andino sumaron 421 a favor y 390 en contra, por lo cual su coeficiente fue de 1,079. Estudiantes tuvo 446 puntos a favor y 462 en contra, y su coeficiente quedó en 0,9653. Y Olimpia, 384 a favor y 399 en contra, con un coeficiente de 0,9624. La diferencia entre los de Bahía Blanca y los de Venado Tuerto —que no clasificaron a la A1— fue tan sólo de 0,0029. El séptimo puesto fue entonces para Andino, y el octavo —con clasificación incluida—, para Estudiantes. "Fue una diferencia increíble... Por eso te digo —insiste Jasen—: a Manu la suerte lo acompaña. Estábamos en la A1 entre los mejores equipos y la gente de Bahía se volvió a volcar a full."

En la A1, Estudiantes arrancó perdiendo contra Atenas de local para después ganar seis partidos seguidos, incluso a Boca Juniors, que estaba en los primeros puestos junto con el equipo cordobés. Para entonces, el Casanova desbordaba de un público extasiado. Uno de los triunfos más resonantes lo obtuvieron jugando de locales ante Independiente de General Pico. Fue el 28 de enero de 1998. *La Nueva Provincia* tituló en su portada al día siguiente: "Como en los viejos tiempos", y puso de relieve que con un doble de Ginóbili, faltando un segundo y una décima, "Estudiantes consiguió un trascendental triunfo". En la sección deportiva, la crónica del partido describe la jugada del final: "Igualados en 109, faltando siete segundos, el base visitante convirtió uno de los dos libres ejecutados: 110-109 la visita arriba. El último avance fue digno de la mejor película de suspenso. Se mandó Michel y fue tapado por Higgs, quien envió la pelota afuera. Faltaba un segundo y una décima. Sacaron del lateral y Emanuel Ginóbili ejecutó cuando ya expiraba el tiempo, convirtiendo el doble del triunfo, para desatar la euforia total". En un recuadro ("La noche de gloria para Manu Ginóbili"), rescata otra de sus jugadas maestras de esa noche. "Además del doble del triunfo, el chico de la muñeca de oro le puso el moño a una asistencia de su hermano Sebastián, tomando la bola sobre el cesto, girando y volcándola de espaldas. Faltaban cuatro minutos veinte segundos para finalizar el tercer cuarto y explotó el Casanova. Fantástico", remata la nota.

Fiel a su costumbre, quien seguía sin ir a ver los partidos era Raquel. El miedo a que sus hijos pudieran lastimarse era más fuerte. Para ella, ver los partidos era sufrir, no disfrutar. "Huevo siempre me decía 'Tenés que ir a ver jugar a los chicos a Bahiense porque algún día se van a ir, y después...'. A veces me arrepiento de no haberlos disfrutado. Pero bueno, ellos saben que yo soy así. El padre hizo todo eso por mí. Los llevaba y los traía, los llevaba y los traía. No les perdía pisada. A veces, cuando jugaban de local, yo iba al club un ratito y veía cómo estaba la cosa. Pero lo que menos hacía era ver el partido. Me quedaba charlando con alguien, si es que encontraba a alguien. Y si no, me volvía enseguida. Pero cuando jugaban de visitantes, no iba nunca. Como yo no manejo, me tenían que traer a casa si decidía irme en medio del partido, entonces, directamente no iba. Y a Manu le pedía que no arriesgara tanto, que tirara de tres..." Fernando Piña confirma esa conducta de Raquel. "Es todo un personaje. Es miedosa —dice— y hasta ocasiona situaciones risueñas. Por ahí vas a la cochera que está al lado de una cancha y la ves que se queda charlando con el que cuida el garaje con tal de no mirar. O, si lo dan por televisión, se va al baño con el lápiz labial. Se pinta y se lo saca, se pinta y se lo saca... para tardar un rato más. Y si no, te dice que no le cuentes cómo va... dice que sufre..." Y Huevo Sánchez completa la radiografía de Raquel con una descripción que le dibuja una amplia sonrisa. "He visto pocas mujeres que tengan tantas horas de básquet y que entiendan tan poco de básquet."

Esos miedos de Raquel se acrecentaron la noche del 28 de marzo de 1998. Ese día quebró la costumbre de no ir a ver los partidos. Y pasó lo que pasó. Estudiantes, que le había ganado a Regatas por 101 a 96, quedó como cuarto mejor equipo y se clasificó directamente a los cuartos de final de la Liga. Para llegar mejor preparados al comienzo de esas finales, disputaron unos amistosos con Quilmes de Mar del Plata. Uno de ellos se jugó en cancha de Bahiense del Norte. Emanuel volvía así a su casa pero con la camiseta número 10 del equipo albo. Raquel fue a Salta 28 acompañada por la abuela Adelia y otros familiares. A poco de comenzar el juego y tras una volcada sensacional, Emanuel "se tomó del cesto para controlar su descenso —según consignó después *La Nueva Provincia*— pero se desequilibró y se precipitó en caída libre desde aproximadamente 1,70 metros del suelo. Cayó de espaldas y golpeó la cabeza contra el parquet". Carlos "Zeta" Rodríguez recuerda que fue "un golpe tremendo y justo se produjo enfrente de su mamá. Una cosa increíble. Se hizo un silencio impresionante en la cancha y nadie sabía qué hacer. Yo me acerqué, me agaché y vi que le salía mucha sangre de la cabeza. Y llamaron a emergencias médicas". El primer diagnóstico fue "traumatismo de cráneo con pérdida de conocimiento". Cuando se empezó a recuperar, le colocaron un cuello ortopédico y lo trasladaron al Hospital Privado del Sur, donde le hicieron los primeros estudios. La tomografía de cráneo y las radiografías despejaron los peores temores, aunque debió quedar internado en observación. "Cuando llegué con Juan Vigna —dice Zeta—, ya le estaban haciendo los estudios correspondientes. Después le dijeron que lo mejor era que se quedara por lo menos esa noche en observación. A la hora de estar internado, ya estaba con su humor de siempre y quejándose porque la cama le quedaba chica." Como las camas tenían una madera de tope en la cabecera y en los pies, para que Manu pudiera estar más cómodo decidieron poner manos a la obra. "Juan Vigna fue al auto y trajo una caja de herramientas. En diez minutos habíamos desarmado prácticamente la cama completa." Con el alivio y con el ambiente distendido, las risas inundaron la habitación 119 del hospital. "Al día siguiente —dice Zeta— la foto de Manu, en silla de ruedas y con cuello ortopédico, fue tapa de *La Nueva Provincia*. ¡El hijo mimado de Bahía se había golpeado!" Rodríguez tiene buena memoria. "Susto para Manu", fue la tapa del diario local. En la edición del día 30 y con el título "Manu otra vez en casa", el zurdo goleador describió cómo vivió la caída. "Me acuerdo de todo. Cuando estaba en el aire me tocaron acá (indica la pierna derecha, a la altura de la rodilla) y noté que me desestabilizaba. Entonces me colgué del cesto y cuando el cuerpo se balanceó para adelante las manos no resistieron. Apoyé primero la cola, en ese momento pensé que tenía controlado el cuerpo, pero la inercia misma me llevó para atrás. En el momento sentí un susto bárbaro por no poder dominar el cuerpo, pero después, cuando logré sentarme, me tranquilicé bastante, aunque seguí con miedo." En la misma nota se reproducen declaraciones previas de Emanuel a una revista en las que detalla lo que siente cuando vuela hacia el cesto para enterrar la pelota. "Tengo los ojos así (se los abre con los dedos) y una sonrisa por dentro que me muero. Tengo una confianza ciega. Volcar una pelota es una satisfacción muy grande; además ver la tribuna pararse y aplaudir me pone la piel de gallina. No sé cómo explicar lo que siento en ese momento." El periodista le preguntó si después del golpe podría seguir sintiendo lo mismo. La respuesta de Manu fue contundente: "Seguro. Hasta que la volqué fue hermoso, sentí la misma sensación de siempre. El problema fue cuando me tocaron y me desestabilicé. Es una caída que puede sufrir cualquiera. Pero la sensación de haber volcado esa pelota y terminar un partido con una acción así fue muy linda (sonríe)". Sensaciones que Manu volvería a tener muchas veces. El tramo final de la Liga lo volvió a encontrar con su juego de siempre, sin retacear nada a pesar del golpe. Y volcadas como esas comenzarían ese año a ser disfrutadas también en Italia, hacia donde partiría para iniciar un recorrido que se coronaría tres años después cuando lo eligieran el mejor jugador de Europa.

Emanuel David Ginóbili Maccari

Aquel día del golpe, Nora Ferrante, la ex preceptora de 4º "E", también estaba en Salta 28. Fiel a su condición de fanática de Estudiantes y de Manu, no se perdía ningún partido. "Me enteré de que jugaban y fui... ¡qué susto! Todavía me acuerdo de la caída... Por suerte finalmente no fue nada. Ya para entonces era un jugador increíble. Cuando iba a la cancha no sabía para dónde mirarlo. Si para allá o para acá... Tenía una velocidad... Estaba en defensa, en ataque. Espectacular. Lo disfruté mucho. Ya era el mejor de Bahía Blanca. Posición en que lo pusieran, jugaba bien", dice con su condición de bahiense que entiende de básquet. Nora no fue la única que lo disfrutó. Hasta sus propios compañeros gozaban del juego de Emanuel. "Era increíble, hacía 30 puntos y hasta de visitante, que era re-difícil de conseguir —asevera Jasen—. Manu hacía todo. Podía penetrar, volcar, tirar cinco triples y meterlos y era muy difícil de defender. Y ahí más que nunca no quería perder. Jamás. En los momentos en que íbamos perdiendo sacaba todo su carácter para ir por más y empujaba como ninguno para conseguirlo. Y no se guardaba nada. Ni en los entrenamientos, donde nunca perdía ni siquiera el tiempo." Carlos "Zeta" Rodríguez explica que "Manu hacía todo muy fácil, más allá de que alguna vez nos tuviera en vilo por alguna situación que intentaba definir de forma inconveniente o apresurada. Siempre ponía mucha atención y era muy perceptivo, lo que nos permitía llegar a él con mucha facilidad. Siempre recuerdo que insistíamos mucho en su tiro porque tiraba con una parábola más bien baja y tratábamos de que corrigiera eso." Zeta también le señalaba lo que tenía que corregir y asegura que con Grant Gondrezick le daban mucho aliento "porque nos dábamos cuenta de que eso lo hacía sentir bien. Le decíamos que las mismas piernas que tenía para atacar las tenía para defender. De hecho, y creo no equivocarme, en esa temporada terminó con las mejores estadísticas de balones recuperados del equipo".

Ese juego y el de Estudiantes desató en Bahía un fenómeno mayor que el de la temporada anterior. Y el público acompañó como en la época de oro. Los triunfos encontraron a Manu, a Jasen y al resto de los muchachos con una notoriedad insospechada. Las salidas en caravana para los festejos —de las que participaban a los bocinazos– fueron la mejor música para los oídos de estos jóvenes. Eran los herederos de la más pura escuela bahiense de básquet. Y lo supieron disfrutar.

Entre los asiduos asistentes a los partidos estaban sus amigos y familiares —excepto Raquel, que luego de la caída hizo escasas excepciones—, que seguían orgullosos sus actuaciones. Entre ellos, su abuelo Constantino. "Lo fue a ver hasta que se fue a Italia —dice el tío Raúl—. Y si no podía verlo, lo seguía por los diarios. Todos los días los revisaba para ver si salía algo de su nieto. Cuando no encontraba nada lo cerraba, lo dejaba a un costado y decía 'Hoy no hay nada interesante en el diario porque no salió nada de Manu'. Y cuando sí publicaban algo terminaba preguntando 'Por qué no dicen que se llama Maccari también... Ginóbili, quién conoce a los Ginóbili'. Un personaje, mi papá", recuerda Raúl.

El tramo final de esa temporada de la Liga arrancó a fines de abril. En cuartos de final, Estudiantes debió enfrentar al ex equipo de Manu, Andino de La Rioja. El equipo de Bahía Blanca ganó la serie 3 a 1. En el último partido, Emanuel anotó 41 puntos. Pero en semifinales debieron enfrentarse con el poderoso equipo de Atenas de Córdoba, que en su paso arrollador hacia el título no tuvo contemplaciones con el joven y talentoso equipo de Bahía. "Nos ganaron 3 a 0 directo —recuerda Sepo—. Tenían un equipazo con Campana, Milanesio, Oberto y Ossela." El último partido lo perdieron de locales por 92 a 87 con 17 puntos de Manu. Pocos días después, los cordobeses conquistaron el campeonato sudamericano primero, y la Liga Nacional al vencer a Boca en la final por 4 a 0. Era la quinta vez que Atenas se adjudicaba la Liga, y la primera que un equipo lograba ganar todos los partidos en finales a siete cotejos. Atenas, con la dirección técnica de Rubén Magnano, fue un genuino campeón. Pero el cuarto puesto conseguido por Estudiantes, su mejor ubicación desde la temporada 1992-1993, fue ampliamente reconocido tanto en Bahía como en el resto del país. Más aún por ser un equipo con uno de los presupuestos más bajos. "Nosotros ganaríamos unos 3000 pesos por mes cuando otros ganaban 15.000 o 18.000. Fuimos la sorpresa —dice Jasen— y nuestro técnico fue elegido revelación. Éramos jóvenes y llegamos muy lejos." Emanuel Ginóbili resultó elegido como el jugador de mayor progreso de la temporada. Sus números fueron contundentes. Jugó cuarenta y nueve partidos, dos menos que la temporada anterior, pero muchos más minutos, 1668 —a razón 34,04 por partido—. En cuanto a los puntos, la estadística es asombrosa, 1220 con un promedio de 24,9 por cotejo (la temporada anterior había sido de 16,4). En dobles, convirtió 259 de 436 lanzamientos (59,4% de efectividad); en triples, 133 sobre 371 (35,8%); en libres, 303 sobre 428 (70,8% de efectividad). También creció en asistencias (2,3 por partido), en rebotes (4,0) y en recuperos (2,2 promedio).

Esa fue la última participación de Emanuel en la Liga Nacional. Su futuro inmediato sería el debut en la Selección de Mayores para luego, sí, dejar la Argentina y jugar en el exterior.

Saber esperar

En julio de 1998, el entrenador de la Selección Argentina Julio Lamas lo convocó para la preselección del plantel que disputaría el Mundial de Grecia. A diferencia de lo ocurrido en 1993 en aquel preseleccionado de cadetes de Bahía

Blanca donde Manu quedó afuera en el último corte, en esta oportunidad el último corte lo favoreció. La última vacante para quedar entre los doce jugadores estaba entre Jorge Racca y Emanuel. Y Lamas optó por Manu. "La verdad —dice Lamas— es que los dos estaban en un nivel más o menos similar. Y bueno, me pareció que Manu era un jugador distinto que no podía faltar en el programa de la Selección Nacional." El resto del plantel estaba compuesto por Fabricio Oberto, Juan Espil, Marcelo Milanesio, Marcelo Nicola, Carlos Simoni, Alejandro Montecchia, Rubén Wolkowyski, Hugo Sconochini, Pepe Sánchez, Diego Ossela y Esteban de la Fuente. Era su primera inclusión en la escuadra nacional. Y, a pesar de haber ido como suplente, no desaprovecharía la oportunidad para dejar en claro que debería ser tenido en cuenta en el futuro.

Después de la participación de un cuadrangular jugado en Puerto Rico, que ganó invicta, y de los Juegos de Buena Voluntad en Nueva York, donde obtuvo el sexto lugar, la Selección llegó a Atenas para disputar el Mundial. El arranque fue promisorio. Un triunfo histórico ante Australia por 66 a 62, y otro ante Nigeria, por 68 a 51. Manu debutó, con la camiseta número 13, en este último partido, y anotó 7 puntos. Sucedió el 30 de julio, dos días después de haber cumplido 21 años. Pero el empuje inicial se vio frenado por la derrota —jugando muy mal— por 68 a 67 frente a España. También fue derrota frente a Estados Unidos por 87 a 74, pero se logró la clasificación a cuartos de final y quedar entre los ocho mejores del mundo, al vencer al Brasil por 86 a 76. Dos derrotas, una previsible ante Yugoslavia —uno de los candidatos— por 70 a 62, y otra vez ante España por 77 a 64, llevaron a la Selección a jugar por el séptimo lugar ante Lituania. Las críticas de la prensa hacia el juego del equipo mencionaron la irregularidad, la falta de garra y de actitud ganadora. Hasta la última derrota frente a España, Manu había entrado sólo en cuatro de los siete partidos y Pepe Sánchez en tres, y con menos minutos. Manu y Pepe, que eran los más chicos del plantel, fueron compañeros de cuarto durante el transcurso del Mundial. Podría decirse que fueron "compañeros de banco" también. "No estábamos acostumbrados a no jugar y quedarnos en el banco —aclara Pepe—. Y llegaba un momento en que no sabíamos qué hacer. En los primeros partidos, estuvimos más concentrados pero después se hizo más difícil. Es cierto que también éramos más inmaduros... Estábamos en un Mundial y casi no teníamos idea de lo que era." Ya en la derrota frente a España, Manu había tenido la posibilidad de jugar más minutos. Pero en la definición del séptimo puesto, frente a Lituania, la sangre joven dejó en claro hacia dónde había que apuntar en adelante. En el segundo cuarto, los lituanos consiguieron una ventaja de 17 puntos. En ese momento ingresaron Manu, Pepe y Simone. Y se logró una remontada que impresionó. Argentina logró un parcial de 21 a 4 a favor. "Dimos vuelta el partido —recuerda Pepe— e incluso llegamos a pasarlos por un punto. Finalmente lo terminamos perdiendo por inexperiencia. Me acuerdo que cuando terminamos el partido, Rubén Magnano, que era el asistente de Lamas, nos dijo que siguiéramos así, que se había identificado con el juego que habíamos hecho." El partido terminó 77-76 a favor de Lituania, y Argentina quedó en octavo lugar. El campeón fue finalmente Yugoslavia, que venció a Rusia en la final.

La actuación de Emanuel (sus números fueron 7,8 puntos, 81% de eficacia en dobles y 1,7 pelotas recuperadas) le abrió el crédito hacia el futuro. Así lo deja en claro Julio Lamas, a modo de balance. "Manu era un jugador joven, jovencísimo, que debutaba en la selección mayor en un torneo mundial. Había ido como suplente y en los primeros partidos casi no tuvo oportunidad de entrar a la cancha. Pero en los últimos partidos, sí. Tuvo un gran impacto en el juego y una gran actuación en poco tiempo. Ante la mínima posibilidad que tuvo la agarró muy fuerte y me dejó la sensación de que lo podía haber puesto dos días antes, dos partidos antes. La sensación deportiva que me quedó después de esa participación en el Mundial es que estábamos ante un jugador distinto, preparado mental y físicamente para aprovechar cualquier oportunidad que tuviera." Los enviados especiales de los medios gráficos argentinos también hicieron una muy buena evaluación del desempeño de Emanuel. Para Alejandro Pérez, que cubrió el evento para el matutino *Clarín*, fue "una positiva confirmación" (10 de agosto de 1998). Para Miguel Romano, de *La Nación*, "aprovechó cada oportunidad que tuvo. Se anotó en todos los rubros de las estadísticas, en puntos, rebotes, tapas y recuperos. Con atrevimiento y soltura, mostró que puede marcar a rivales más experimentados" (11 de agosto de 1998). *Básquet Plus* de agosto indicó que "al final del torneo resultó hasta curioso que haya debutado recién en la segunda fecha ante Nigeria. Fue el jugador de la Selección que más elevó su nivel por encima de lo esperado. Mejoró mucho en defensa y fue figura en los dos últimos partidos".

Al año siguiente, en el preolímpico de Puerto Rico, Lamas comenzaría a poner en práctica el recambio generacional, dándoles más lugar a los jóvenes. Antes, Emanuel viviría su primera experiencia en Europa, en Italia, la tierra de sus ancestros. Más precisamente, el club Reggio Calabria de la segunda división. Otra vez, la elección no pudo ser más acertada. Nuevamente, llegaría al lugar exacto en el momento indicado. Y no desaprovecharía su oportunidad. Su técnico en Estudiantes, Carlos Rodríguez, deja una definición que encierra la clave de su éxito posterior. "Lo que tengo presente es que lo único que Manu no aceptaba era que le pidiéramos que no arriesgara o que se contuviera a la hora de jugar o arriesgar. Eso lo rebelaba. Hubo que aceptarlo así. Siempre ha jugado al límite y gracias a Dios eso es lo que me sigue deslumbrando a mí y a los que lo vemos jugar siempre." Llegar al lugar exacto en el momento justo. Sí. Pero también, y fundamentalmente, creer en su juego, estar persuadido de sus posibilidades y arriesgar. Hasta llegar a convencer a muchas personalidades del básquet de puño rígido que finalmente cedieron, abrieron sus manos y lo dejaron volar.

En clave de Versace

La "punta de la bota" de Italia. Esa es la región de Calabria. A una de sus ciudades, Reggio Calabria —una de las más antiguas de la península, fundada por los griegos—, llegó Emanuel para comenzar su carrera en Europa. Una ciudad que mira al mar, como Bahía Blanca, sólo que no al Atlántico sino al Mediterráneo y con una historia y una geografía muy diferentes. Fue reconstruida tras un fuerte terremoto que la destruyó por completo en 1908 pero que no pudo opacar su belleza natural. Su paseo marítimo, el *lungomare* desde el cual se puede ver la costa de Sicilia, es considerado el más hermoso de Europa. Allí, en ese marco donde la historia más profunda se entremezcla con la naturaleza más suntuosa, comenzaría un Manu deslumbrado y esperanzado su aventura en Europa. Allí, de cara al Mediterráneo, escribiría su propia historia, de manera natural pero impactante, ese chico provinciano (un atleta tocado por el genio) que ya nunca más sería el mismo.

Reggio Calabria también es famosa porque es la ciudad natal de Santo, Gianni y Donatella Versace, los famosos diseñadores, que fueron criados entre las tijeras, las telas y los hilos de coser de su madre, costurera de profesión, que tenía su propio taller en la ciudad. Cuando crecieron, y antes de que Gianni iniciara en Milán la construcción de un imperio de la moda que en veinte años lo llevaría a ser uno de los diseñadores preferidos del *jet-set* internacional, Santo jugó al básquet en el club de su ciudad: Viola Reggio Calabria. Era muy joven cuando dejó su carrera deportiva para estudiar economía y comercio primero y para sumarse a la compañía de su hermano después. Los Versace lograron edificar un gigantesco conglomerado de empresas valuadas, según algunas estimaciones, en 250 millones de dólares. Por sus tiendas —y manos— pasaron personajes como Lady Di, Elton John,

Madonna y Elizabeth Taylor. En 1997, Gianni Versace fue asesinado en Miami y su familia —no sin diferencias— continuó con las empresas. Sin abandonar sus negocios, Santo regresó al club de sus inicios, ya millonario, con el treinta por ciento de la compañía en sus manos, dispuesto a invertir y lograr que el Reggio, que había descendido en la temporada 1997-1998 a la segunda división de Italia, lograra el ansiado regreso a la denominada A1 de la "Lega". Uno de los encargados de esa difícil misión fue el entrenador Gaetano Gebbia, quien sería también el factótum de la llegada de Emanuel al club y que ya había llevado a otros argentinos a Italia, entre ellos, ocho años antes, a Hugo Sconochini. "Supe de él a través de amigos, de gente de la Liga y de todos los contactos que uno tiene. Yo había tenido muy buena experiencia con los argentinos. Y sentí curiosidad por conocer a este nuevo chico argentino. Con esos antecedentes, me comuniqué con Hugo, que me habló en términos muy positivos de Emanuel. Esa fue la primera vez que oí hablar de él. Después lo pude ver en unos videos de algunos partidos que jugó en Bahía Blanca. Observé que tenía una manera de jugar muy diferente de la de Europa. Pero decidí guiarme por mi instinto y por lo que me habían hablado de él. Sin más, me reuní con su representante y en muy poco tiempo firmamos el contrato. Manu tenía en ese momento un contacto para ir a un equipo de España, pero como nuestra oferta fue superior, pudimos traerlo a Reggio Calabria. Y debo reconocer que fui muy afortunado." La oferta superior que menciona Gebbia fueron 250.000 dólares por año y por tres temporadas. "Lo contactan acá en Bahía. Nos llaman y nos dicen que Reggio Calabria tenía una oferta para Manu. Había otras, pero él quiso ir ahí. 'Sí, voy' dijo de entrada", asegura Jorge "Yuyo" Ginóbili. El pasaporte italiano de Emanuel y la cláusula que había firmado con Estudiantes —que establecía que si algún club lo pretendía no debía pagar suma alguna—, también facilitaron su incorporación. La posibilidad de ir a jugar a una universidad de los Estados Unidos había sido desechada.

Y el supuesto interés del Tau de España no terminó de concretarse. "Finalmente, firmó un contrato muy bueno con Reggio. Ahí iba a poder ser protagonista. Además, el entrenador tenía una idea del juego como la de Manu. Porque por lo general en Europa se juega mucho más conservador. Y este técnico era de correr y jugar rápido", dice Sepo Ginóbili.

Ya para entonces la presencia de jugadores argentinos en Europa se había acrecentado tras la aprobación de la célebre Ley Bosman, que les permitió a los comunitarios no ocupar plazas de extranjeros. Así, a los adelantados Hugo Sconochini y Marcelo Nicola, se sumaron entre mediados y fines de la década del 90, otros, que llegarían a más de cuarenta pasado el año 2000. En la temporada 1998-1999, la primera de Manu en el Viejo Continente, jugarían en Europa Fabricio Oberto (Grecia), Juan Espil, Lucas Victoriano, Jorge Racca, Luis Scola (España), Nicola, Sconochini y —como queda dicho— Ginóbili en Italia.

El desafío estaba lanzado. El primer paso en Europa sería en la Reggio de Santo Versace, para quien la única palabra que tenía valor era "ascenso" y así se lo hacía notar a jugadores y cuerpo técnico, de manera poco sutil. Y hacia allí fue Emanuel. Con 21 años recién cumplidos y acompañado de sus padres, que —a su pedido— viajaron con él. Antes de la partida, el 14 de agosto, se realizó en Bahiense del Norte una cena de despedida y, también, de agasajo a los jugadores del club que habían participado del Mundial de Grecia. Ya el club había cambiado su fisonomía. Luego de trasponer el portón, a la izquierda y todo a lo largo hasta la entrada al gimnasio, se erigieron sendas canchas de *paddle*. Entre una y otra, estaban la secretaría del club y el bar. A la derecha, y antes de entrar en la cancha, el fogón donde Diego Minoldo, el canchero, tiene siempre todo a disposición. Ese era el lugar de encuentro para las rondas de mate o de los asados o hamburguesadas tan típicas de Bahiense. Pero la esencia era la misma. Es que cuando se ingresa a Bahiense y se recorre el ancho pasillo, aun en los momentos de mayor actividad, no hay gritos sino murmullos. Y recién cerca de la puerta de ingreso a la cancha se pueden sospechar de los movimientos que hay dentro. Cuando se traspone la puerta, el tan singular eco que sólo producen los lugares con un techo de chapa tan alto provoca una vibración única, y multiplica el sonido inequívoco que produce el balón al rebotar en el parquet y de las zapatillas con su "chuic, chuic", tan característicos del baloncesto. Las gradas de cemento ubicadas a la izquierda son las que acogen a los ocasionales espectadores. Otros observan desde los costados, apoyados en la baranda que rodea todo el perímetro, de espaldas a algunos carteles de publicidad, fijados en la pared de la derecha. En esa misma pared, en un espacio entonces vacío, se colocaría pocos años después un nuevo cartel. No ya de publicidad. Sino el del nombre con que sería bautizado el estadio. Con las fotos de su jugador más querido y con las camisetas que usó en su carrera: Emanuel Ginóbili.

Allí, en Bahiense, se le hizo entonces la despedida a Manu antes de viajar a Italia. Según consignó *La Nueva Provincia*, las ciento veinte tarjetas que se pusieron a disposición quedaron agotadas. Tras las palabras de Horacio La Bella, de la subcomisión de básquet, Luis Decio, compañero de Manu desde Premini, le entregó una medalla de oro con la flor de lis, símbolo del club. "Soy optimista por jugar en Italia y estoy convencido de que me va a ir bien —declaró Manu al periódico—. Espero que no me cueste mucho la adaptación y, en lo deportivo, todos los equipos europeos juegan más o menos parecido, es decir, físico, con mucho control y defensa durísima. Yo algo tendré que modificar, pero ellos me contrataron por mi forma de juego y no creo que me quieran cambiar." La despedida —"cuando se fue 'moqueaba'"—, recuerda su hermano Sebastián— fue más complicada que la adaptación. En especial para Raquel, a quien le parecía que su hijo era todavía muy joven para quedarse solo tan lejos de casa. "Lo de Italia —dice Raquel— fue difícil para nosotros..., de lo peor. Después nos acostumbramos, pero en ese momento... Él quiso que lo acompañáramos. Así que fuimos los tres." Para el viaje, Manu se compró un diccionario español-italiano con el que fue practicando un idioma que le era familiar y que debería usar cotidianamente en el futuro inmediato. "Se reía con algunos términos", recuerda la mamá. Emanuel volvía, así, a la tierra de donde habían partido cien años antes sus bisabuelos. En una extraña parábola, regresaba por gloria al lugar del que sus mayores partieron buscándola. Con distintos temores, pero con los mismos desafíos.

Los Ginóbili se llevaron una grata sorpresa con la ciudad, el club y con el centro deportivo donde viviría Emanuel. Se trataba de un complejo de estilo *country*, donde además de un gran gimnasio de básquet con dos canchas, gimnasio de pesas y de tenis, había pequeños edificios de dos pisos donde se alojaban los jugadores. Su departamento fue uno del segundo piso, igual que en La Rioja, aunque muy diferente en paisaje e infraestructura. Raquel y Yuyo coinciden en que el trato de la gente era excelente pero que la despedida para ellos resultó durísima. Ya no se trataba de los mil trescientos kilómetros hasta otra provincia argentina. No estaba Huevo para cuidarlo; ningún amigo de Bahía Blanca para hacerle compañía. Se quedaba solo en una ciudad que no conocía. Manu, en cambio, estaba más tranquilo. "Nos quedamos quince días pero no pudimos estar para el debut. Yo tenía que volver a trabajar. Nos llevó hasta el aeropuerto y cuando nos quedamos solos nos abrazamos y lloramos. Primero mi señora y atrás yo. —Yuyo hace una pausa—. Lo vimos cuando se alejaba. Subió al coche y se fue. Estaba feliz..."

La carrera ascendente de Emanuel parecía corresponderse con una escalera de peldaños a su medida. Uno por uno y de acuerdo con la necesidad de cada una de sus etapas. Así había llegado la oportunidad de su primera partida a La Rioja, para el debut en la Liga Nacional. Y su posterior regreso con gloria a Bahía Blanca. En La Rioja, con sólo 18 años, aprendió a convivir con las sensaciones de la soledad. En Bahía Blanca el otro, entre los 19 y los 20 años, ya otra vez en el calor del hogar, aprendió a tolerar mejor la exigencia, a liderar siendo muy joven un equipo y a disfrutar de las mieles de la popularidad. Ahora, a los 21 años, volvía a estar solo. Dejando atrás lo conocido, cierto, pero con mejores condiciones. Los viajes en ómnibus que muchas veces debió hacer cuando jugaba en la Liga Nacional —sumamente incómodos para jugadores de dos metros de estatura—; los exiguos vestuarios —en algunos de los cuales había pequeñas sillas de plástico para cambiarse o se quedaban sin agua caliente en la mitad de la ducha—, dieron paso —once mil kilómetros de distancia mediante— a viajes en avión, alojamiento en hoteles de cuatro estrellas y vestuarios con las comodidades adecuadas. El departamento que le habían asignado dentro del centro deportivo tenía todo lo necesario. Y hasta el gimnasio estaba a pasos de su casa. En esa primera etapa —inglés mediante—, Emanuel se apoyó más en la compañía de los dos americanos del equipo. Después, con las clases de italiano, mejoró el idioma de sus mayores y pudo adaptarse mejor. En lo personal, a tener que arreglárselas solo; en lo deportivo, a enfrentarse con rivales más exigentes. La lejanía de los afectos se equilibraba con la sensación de saber que un nuevo peldaño estaba empezando a moldearse. Y, como dijo Yuyo, estaba feliz.

Ese sentimiento se intensificó pocos días después, cuando llegó el debut. Si en algún momento había pensado que la adaptación le podría llevar tiempo, ese 3 de septiembre despejó todas sus dudas. Le bastó un solo partido, el primero, para entrar en el corazón de los calabreses. Fue por la Copa Italia y frente al Livorno. El triunfo fue por 84 a 78. Cuando terminó el partido, una ovación envolvió a Manu. Los ecos de esa actuación llegaron a Bahía Blanca al día siguiente. "Corrí a buscar el diario, el *Corriere della Sera* —recuerda Yuyo—. Busqué en la sección deportiva hasta que encontré la síntesis del partido. Leo y veo 'Ginóbili, 32 puntos'. Pensé que había habido un error, 'se equivocaron, salió mal, cómo 32...', me dije. Y sí, anotó 32 puntos en el primer partido", dice con orgullo y aún con sorpresa, mientras dibuja una sonrisa, Yuyo Ginóbili.

Esa etapa inicial en Reggio incluyó muy buenos desempeños en los primeros partidos; entonces fue convocado para el Juego de las Estrellas en el equipo de italianos y comunitarios. Algo poco habitual tomando en cuenta su escaso tiempo en el país y, más aún, el dato de provenir de la Segunda división. "Tuve suerte. Desde que llegué, la prensa italiana me elogió mucho y me dio un trato privilegiado. En el primer cuadrangular, me eligieron el mejor jugador joven, y en mi partido inicial en Calabria anduve muy bien. La gente me ovacionó y desde ese momento tengo una relación maravillosa con los hinchas" (Emanuel al diario *Olé*, 9 de diciembre de 1998).

Su equipo tuvo un buen arranque, ganando tres partidos sobre cuatro jugados, pero sufrió después una actuación irregular que, sin embargo, no le impidió mantener la expectativa de lograr uno de los tres ascensos disponibles. En los momentos más duros, la presión del poderoso Santo Versace se hacía sentir. "Más de una vez me dijo que yo era la apuesta del equipo y me apretó diciéndome que era un buen jugador, pero que debía mejorar para superar a cada uno de los rivales. '¡Matalos!', suele gritarme cada vez que va a un entrenamiento", reveló Manu al periodista Guillermo Gorroño en la revista *El Gráfico* del 6 de julio de 1999.

Gaetano Gebbia, su entrenador de entonces y actual responsable de las selecciones juveniles de Italia, sostiene que la protección que los compañeros le dieron a Emanuel fue vital a la hora de recibir esas presiones. "La obligación de ganar era muy fuerte, ese primer año. Y con tanta presión todo se hace más difícil. Pero Manu se sintió muy contenido por sus compañeros. Sobre todo porque era el más pequeño y ellos eran jugadores maduros y con más experiencia. Se sentían con la responsabilidad de mantener unido y fuerte al equipo. Por eso lo trataban así, por eso lo protegían así. Y yo también. El equipo estuvo muy unido y eso ayudó a que expandiera su talento."

En febrero, un par de meses antes de la instancia final, Emanuel no olvidaría, como nunca lo hacía, el cumpleaños de su abuelo Constantino Maccari. A la distancia, que es cuando los afectos cobran mayor fuerza, la necesidad de expresar los sentimientos adquiere también otra dimensión. Si lo habrá sentido así Manu, que para el festejo número 87 de su abuelo tuvo un gesto especial. Ese 1999 no era bisiesto, por lo que Constantino tenía preparada la misma respuesta de siempre para cuando llegara la habitual felicitación de su nieto. El 28 de febrero le diría: "No, todavía no, es mañana". Y el 1º de marzo: "No, te pasaste, fue ayer...". Ese domingo 28 de febrero, cuando en Italia ya era 1º de marzo, exactamente a las doce de la noche de Bahía Blanca, las cuatro de la madrugada en Reggio Calabria, sonó el teléfono en la casa de los Maccari, en Estomba 753. El "feliz cumpleaños" de Manu dejó a Bobotino sin respuesta posible. Esa vez el nieto había logrado atrapar al abuelo. Y la felicitación llegó en tiempo y forma. Ni antes ni después. "Papi ya estaba acostado. Atendí yo el llamado y se lo pasé para que hablara —recuerda conmovido el tío Raúl—. Mirá qué presente tenía Manu a su abuelo..." El nudo en la garganta y las lágrimas que no puede evitar Raúl al evocar ese recuerdo tiene también otra explicación: trece días después de ese llamado, mientras trabajaba en su huerta, Constantino murió. "Yo estaba acá —dice la abuela Adelia en la cocina de su casa—. Él estaba en su huerta —señala la parte trasera de la casa, que se divisa desde la ventana de la cocina— y salí para despedirme porque me iba a visitar a una amiga. 'Me voy a lo de Elena, chau', le dije. Para cuando me había dado vuelta, ya se había caído. '¿Qué te pasó?, ¿te tropezaste?', le pregunté... y ya no tuve respuesta", dice Adelia repitiendo el mismo gesto de sorpresa e impacto de aquel día. Y con la sabiduría que sólo da el paso del tiempo, agrega: "Tuvo una muy buena vida. Y una mejor muerte".

Constantino no llegó a vivir el tiempo de consagración deportiva de su nieto en Europa y en los Estados Unidos. Pero no es difícil imaginar que habría disfrutado de sus éxitos. Y que habría dicho, desbordante de orgullo, lo interesantes que estaban todos los diarios del mundo "porque todos hablan de Manu". Pero no se habría olvidado de reclamar por su apellido. Sí, Emanuel Ginóbili. Pero Maccari también.

Capítulo VII

Manu en Kinder Bologna.

1,98 metro

EL NÚMERO 57

Para tranquilidad de Santo Versace y de todo el equipo, Reggio Calabria logró finalmente ese año, 1999, el ascenso. Si bien no ganaron el campeonato —quedaron terceros—, sí clasificaron para disputar los *playoffs* que determinarían los otros dos ascensos. Según Gebbia, la presencia de Manu en el equipo fue decisiva para llegar a esas instancias. En la temporada regular, Manu jugó 29 partidos, con un promedio de 27,7 minutos y 16,9 puntos; 2,8 rebotes; 1,5 asistencias y 3,0 robos por partido. Su efectividad en tiros de dos fue del 60,1%, en triples, del 33,6%, y en libres, del 75,8%. Esas estadísticas del zurdo bahiense alcanzarían un punto aun más alto a la hora de la verdad: en los partidos en los que jugarían por el ascenso.

A diferencia de lo que sucedió en otros equipos, el técnico Gaetano Gebbia les dio a sus jugadores una semana de descanso. Mientras los demás entrenaban, los de la Reggio tuvieron vacaciones. Emanuel aprovechó y volvió a Bahía Blanca por unos días. La idea de Gebbia no pudo ser mejor. Sus jugadores volvieron con más energía. Y en los *playoffs* fueron arrolladores. Contaron además con esa cuota de suerte que siempre tiene Emanuel. Los rivales, que por su desempeño durante la temporada regular podían tener sobre la Reggio la ventaja de la localía, quedaron paulatinamente eliminados. El club de Calabria derrotó así a los dos adversarios que le tocaron por 3 a 0 —sin darles una mínima posibilidad de reacción— y alcanzó la meta que se había propuesto. En esos seis cotejos, Emanuel elevó los números de la temporada regular: anotó un promedio de 23,2 puntos por partido con un porcentaje de eficacia en dobles del 67,5%, del 44,4% en triples, y del 88,1% en libres. El último encuentro se disputó el 23 de mayo de 1999 contra Fila Biella, y Manu fue el goleador con 29 puntos. Los ocho mil espectadores que colmaron el estadio de Reggio festejaron estruendosamente el logro. Este equipo fue el mejor primer paso que Manu pudo haber tenido para sumar experiencia y, además, la mejor vidriera a la que podría haber aspirado. Su carrera avanzó paso a paso, como una escalera con peldaños a medida. Tras ese primer año de experiencia, estaba más fuerte para el nuevo desafío que se había impuesto: el de codearse con los grandes del básquet de Italia y de Europa. Para ello, contaría a su lado con otro puro representante de Bahiense del Norte: Alejandro Montecchia, que se incorporaría al equipo. Pero antes Emanuel volvería a ser convocado a la Selección nacional para un apretado calendario que incluía el Sudamericano, el Preolímpico y los Juegos Panamericanos.

El Sudamericano se jugó desde el 14 hasta el 20 de junio de 1999, nada más y nada menos que en su ciudad, Bahía Blanca. Casualmente, en forma paralela, se disputaron los *playoffs* que definieron el nuevo campeón de la NBA de los Estados Unidos. Aunque esos campeonatos no guardaban relación entre sí, quedarían implicados con la vida de Emanuel.

El estadio Osvaldo Casanova volvió a ver en acción a su ídolo. Es que luego de la partida de Manu, el dueño de casa, Estudiantes, volvió a caer en otro bajón que alejó a su público del entusiasmo que había despertado un año atrás. Ginóbili regresaba ahora con una Selección nacional integrada por muchos jugadores jóvenes y a la que le faltaban algunas de sus figuras. El plantel, dirigido por Julio Lamas, contó con Sergio Aispurúa, Rubén Wolkowyski, Andrés Nocioni, Leonardo Gutiérrez, Luis Scola, Leandro Palladino, Lucas Victoriano, Hernán Jasen, Juan Espil, Pepe Sánchez, Alejandro Montecchia y Emanuel Ginóbili.

Uno de los gimnasios utilizados para los entrenamientos fue el de Walter Goicochea, aquel profesor de educación física que Emanuel había tenido en la escuela primaria. Hacía nueve años que Manu había terminado séptimo grado, pero Walter lo seguía recordando como aquel chico cuyos goles no valían cuando jugaban al handball y su equipo iba ganando. "Vino todo el plantel. Y claro, Manu también. Me pregunté si se acordaría de mí... Había pasado tanto tiempo. Era hasta lógico que no se acordara. Si no me saludaba no iba a dejar de apreciarlo, porque él venía a entrenar. Fueron pasando uno por uno. Hasta que entró Manu. Cuando me vio me dijo 'Hola, profe'. Y me dio un beso. Ese gesto me demostró que no había cambiado nada, que seguía siendo el mismo de siempre..."

La expectativa de lograr el campeonato quedó frustrada luego de perder la final con Brasil por 73 a 67. Con el número 5 en su camiseta, Emanuel jugó seis partidos, con un promedio de 20 minutos y de 13,7 puntos. Fue el segundo goleador del equipo, detrás de Juan Espil. Tuvo un porcentaje de efectividad en dobles del 72%, del 39,1% en triples y del 90,5% en libres. Si bien el resultado no había sido el esperado, y menos aún jugando de locales, ayudó para la integración de un grupo que luego daría que hablar.

El siguiente paso de la Selección era un difícil compromiso: conseguir una de las dos plazas en el Preolímpico de Puerto Rico para los Juegos de Sidney del año siguiente. Previamente jugarían, a modo de preparación, algunos partidos amistosos en Brasil. Entre el Sudamericano y el comienzo del preolímpico, San Antonio Spurs, de la mano de su pivote, Tim Duncan, de 23 años, elegido MVP (jugador más valioso) de la final, y con un jugador legendario como David "el almirante" Robinson, logró su primer título de la NBA. Fue el 26 de junio, cuando derrotó a los New York Knicks por 78 a 77 en el mismísimo Madison Square Garden de Nueva York, en el quinto partido, dejando la serie 4 a 1 a su favor. Uno de los más exultantes por el título logrado fue su director técnico Greg Popovich, que con ese triunfo había sorteado una situación profesional complicadísima (había perdido ocho partidos seguidos en medio de la temporada). Los planes a futuro de los Spurs no eran otros que repetir el título todas las veces que fuera posible. Con ese horizonte, y de la mano de R. C. Buford, el equipo tejano venía realizando un seguimiento detallado de cada uno de los jugadores a los que había puesto en la mira y que, en un plazo mediato o inmediato, podrían integrarse al *team*. Uno de ellos era Emanuel Ginóbili, a quien habían observado en el Mundial de Australia Sub 22 de 1997 y sobre quien seguían pidiendo referencias a Julio Lamas.

Cuatro días después del título conseguido por los Spurs, el 30 de junio, se llevó a cabo en el estadio MCI de la ciudad de Washington el *draft* en el que los equipos de la NBA seleccionan jugadores procedentes en su mayoría de universidades americanas, pero también extranjeros de hasta 22 años de edad, de los cuales reservan los derechos de contratación. Si bien habían circulado rumores acerca de un eventual interés de Boston Celtics y, claro, de los Spurs, en seleccionar a Emanuel, no había indicios ciertos que alentaran esa posibilidad. "Sé que algunos equipos preguntaron por mí —le había dicho Manu a *Básquet Plus*— pero de ahí a que me pongan en un *draft*, lo veo muy difícil. El sueño uno lo tiene siempre, pero no me desespera. Es sólo un deseo".

Ese 30 de junio, y tras un viaje agotador, la delegación argentina arribó a la localidad de Macapá, en Brasil, en el marco de la gira preparatoria para el Preolímpico. Minutos después de las 12 de la noche, cuando ya era 1º de julio, el último campeón, San Antonio Spurs, seleccionó a Emanuel en la posición número 57 de la segunda ronda del *draft*. A Manu le comunicaron la novedad en la mañana del 1º de julio, un mes y 27 días antes de su cumpleaños número 22. "No lo podía creer. Sabía que había algún interés, pero jamás pensé que me fueran a tomar en cuenta. Fue una locura. Todos mis compañeros me abrazaron y felicitaron. Estoy en las nubes. No puedo dejar de pensar en la posibilidad de jugar en la NBA", le dijo Manu a *La Nación* del 2 de julio, y agregó: "Casi me caigo del *draft*. Ya estaban cerrando todo cuando me eligieron. Fui el penúltimo". Cuando el enviado especial a Macapá del diario *Olé*, Julián Mozo, le preguntó qué se le pasó por la cabeza cuando recibió la noticia, Manu respondió: "Toda mi vida, mi familia, mi carrera, cuando jugaba en Mini en Bahiense del Norte... Aún no me di cuenta de lo que significa y de la repercusión que seguramente tendrá. ¡Cómo debe estar Bahía!". Días después, le dijo a la revista *El Gráfico* que aquella noche "no pude cerrar un ojo. Es como que ya tengo la responsabilidad de llegar a la NBA. Me siento distinto. Trataba de pensar en mi familia. Me imaginé al Huevo Sánchez diciéndome: 'Qué c... que tenés pend...'". Huevo Sánchez recibió con inmensa alegría la noticia de la elección de Manu, casualmente mientras estaba en Estados Unidos, adonde había viajado para presenciar las finales de la NBA que ganó San Antonio. Incluso había entrevistado a Tim Duncan por unos informes para el diario *Olé*. Otro símbolo en la carrera de Emanuel: aquel hombre que le había enseñado a dar sus primeros pasos con una pelota de básquet, el que lo llevó a jugar la Liga Nacional con sólo 18 años, había estado poco antes del *draft* junto al equipo que lo tendría como estrella en el futuro y con quien luego sería compañero de ruta en dos anillos de la liga más poderosa del mundo.

La imaginación de Manu debió volar, y mucho, en esos días. Si bien sabía que aún faltaba tiempo para ser incorporado a los Spurs, nada ni nadie podía impedirle que diera rienda suelta a la fantasía. Tenía por delante más oportunidades con la Selección nacional y comenzaría a competir en la A1 de Italia, una de las más importantes del mundo, donde podía seguir sumando minutos y calidad de juego. El propio R. C. Buford, el director de reclutamiento del club tejano, declaró entonces que la elección de Emanuel era una apuesta a largo plazo. "Comprobamos que a los 21 años es ya un jugador maduro para el básquet internacional. Es un gran tirador, de los que lamentablemente no se pueden conseguir más en el torneo universitario. Nuestro objetivo es que Ginóbili siga jugando dos temporadas más en Europa y tenga continuidad en el seleccionado para sumar más experiencia, no queremos apurarlo" (*Olé*, 2 de julio).

Para Emanuel, había comenzado la cuenta regresiva hacia la concreción de su sueño más preciado. Estaba en la mitad del camino que lo llevaría al centro del mundo del básquet. Y como una señal del destino, recibió la noticia de su elección en el *draft* en una ciudad ubicada en un punto del planeta muy peculiar. La casualidad quiso que estuviera ese día en la localidad de Macapá, en el extremo noreste de Brasil, cerca de la frontera con la Guyana Francesa y Surinam. La particularidad es que el centro de la ciudad está a sólo cinco kilómetros de donde pasa la línea del Ecuador. De la llamada latitud cero, de la línea imaginaria dibujada alrededor del planeta que está en la mitad de los polos y que divide el hemisferio norte y el hemisferio sur. Exactamente en la mitad del mundo. O si se quiere, en el centro del mundo. Y aquel día, Manu sintió que estaba en el centro del mundo. Y como un mensaje invisible que anticipaba el lugar adonde llegaría por mérito propio, y no por casualidad, poco tiempo después.

LOS LÍMITES Y LA LIBERTAD

Emanuel llegó entonado a disputar el Preolímpico de Puerto Rico donde la Selección Argentina tuvo una destacada actuación que le permitió obtener el tercer puesto. Sin embargo, como se clasificaron sólo dos equipos para Sydney 2000, no pudo obtener la plaza que pretendía. A pesar de ello, el desempeño de los argentinos fue ampliamente reconocido. Ese tercer puesto adquiere mayor valor si se tiene en cuenta que el campeón fue el Dream Team de Estados Unidos, integrado entre otros por Jason Kidd, Gary Payton y otras rutilantes estrellas de la célebre liga americana, entre ellas, alguien que pocos años después sería compañero de Manu: el pivote Tim Duncan, una de las estrellas del último campeón de la NBA, San Antonio Spurs.

La Selección perdió el primer partido contra Canadá —que finalmente sería el subcampeón— por 77 a 70. Y a partir de allí, a excepción de dos partidos contra del Dream Team, les ganó a todos los demás equipos. Fue victoria frente a Cuba por 81 a 76; le ganó a Uruguay por 97 a 81, a Venezuela, por 95 a 71, a Puerto Rico —los locales— por 101 a 96, a República Dominicana por 85 a 71, y a Brasil, por 79 a 77. La Selección perdió el primer partido frente a Estados Unidos en la primera ronda por 103 a 72, y estaba obligada vencerlo nuevamente en semifinales —algo casi imposible entonces— para llegar a la final. Se impuso la lógica y cayó por 88 a 59. El último partido, por la medalla de bronce, fue nuevamente frente a los locales. Y otra vez Argentina logró la victoria. Esa vez por 103 a 101. Emanuel jugó los diez partidos aunque en una sola oportunidad entró como titular. Pero sumó muchos minutos: un promedio de 23,7 por partido. El resto de sus números fueron: 11,1 puntos (58,5% de efectividad en dobles; 24,1% en triples; 82,4% en libres), 3,1 rebotes y 1,4 asistencias por partido. "Hubo un recambio generacional —recuerda el director técnico de ese equipo, Julio Lamas—. Y entiendo que Manu pasó a ser más importante dentro del equipo. En los años anteriores era el benjamín, protegido por sus compañeros. Pero en el '99 ya tomó el rol de un jugador adulto y empezó a ser más líder dentro del grupo."

La actuación de la Selección —integrada por Alejandro Montecchia, Juan Espil, Hugo Sconochini, Leonardo Gutiérrez, Luis Scola, Andrés Nocioni, Lucas Victoriano, Sergio Aispurúa, Facundo Sucatzky, Leandro Palladino, Gabriel Fernández y Emanuel Ginóbili—, que sacó a relucir durante el torneo el "fuego sagrado" de los grandes equipos, fue ampliamente reconocida por los especialistas, entre ellos, Larry Brown, director técnico del Dream Team. De acuerdo con la crónica de Miguel Romano, enviado especial del diario *La Nación* a Puerto Rico, Brown visitó el vestuario argentino tras la derrota ante el equipo norteamericano. "Quiero felicitarlos por el juego, por la actitud de querer ganarnos, por sentir y jugar el básquetbol como a mí me gusta. Tienen un futuro brillante, fueron el mejor equipo del torneo" (26 de julio de 1999). Las palabras de Brown resultaron premonitorias. Esa misma actitud le serviría a la Selección en el futuro para derrotar a otros Dream Team, uno de ellos dirigido por el mismo técnico. Pero también Larry Brown sufriría en carne propia la actuación de uno de los hijos pródigos de esa Selección. Sería en 2005, cuando, dirigiendo a Detroit Pistons, disputara una reñidísima final con San Antonio Spurs. Allí el escolta bahiense Emanuel Ginóbili sería el factor clave en el triunfo por 4 a 3 del equipo tejano, en la derrota del equipo de Larry Brown, y en la obtención de su segundo anillo de campeón en tres temporadas.

Tras participar en el Panamericano de Winnipeg, donde la Selección terminó en la cuarta posición, Emanuel —que tuvo un promedio de 18,8 puntos y fue el goleador del equipo— regresó a Italia para su segunda temporada. Esta vez para competir en la A1. Alejandro Montecchia —hombre del riñón de Bahiense del Norte, el amigo de sus hermanos, el que compartió vacaciones con los Ginóbili y que era su compañero en la selección nacional— ya se había incorporado al Reggio Calabria. El Puma y su esposa se instalaron en el edificio del complejo deportivo del club donde vivía Emanuel. Más precisamente, en el mismo piso. Recrear allí una mini Bahía fue natural. Las puertas del departamento estaban una al lado de la otra. Y permanecían casi siempre abiertas, como si fueran dos ambientes de una misma casa. La pared que dividía los departamentos era lo suficientemente delgada como para permitir que si alguien golpeaba de un lado, se escuchara con intensidad del otro. Por eso, cuando la esposa de Alejandro tenía la comida preparada —almorzaban o cenaban casi siempre juntos— sólo bastaba con golpear la pared para avisarle a Manu que ya estaba todo listo. Durante su permanencia en Italia, Manu se acostumbró a comer pasta.

En especial los días de partido, un hábito que mantendría con los años.

La presencia de Alejandro y su familia fue de gran apoyo para Emanuel. Y lo mismo para Montecchia, ya que era su primera experiencia en Italia y no dominaba el idioma. Así, apoyados uno en el otro, transcurrió ese periodo en Reggio Calabria donde generaron buenos vínculos con la gente del lugar y aprovecharon para hacer paseos por la zona. Eso sí, Montecchia no pudo convencer a Emanuel de que lo acompañara a pescar, uno de sus pasatiempos favoritos pero que no despertaba en su amigo ningún entusiasmo.

Manu sabía que, para competir en la A1, debía mejorar particularmente en un aspecto del juego: la defensa. "Todavía soy muy instintivo", dijo a *Básquet Plus* de julio de 1999. "Hago ayudas que no tienen nada que ver o voy a quitar más que a defender. Ahí tengo que mejorar mucho... A veces soy muy soberbio y creo que mi defensor no puede pararme, entonces me enceguezco y voy en todas las bolas a atacarlo porque pienso que no puede conmigo. Por ahí es verdad, pero lo tengo que corregir." Pero al mismo tiempo estaba convencido de que su ventaja residía en la creatividad, en romper los esquemas preestablecidos, algo que su director técnico en Reggio, Gaetano Gebbia, también sabía. "Concedí que cometiera errores, le di la posibilidad de que se equivocara porque pude ver el talento que tenía. Y para eso había que darle libertad. Y yo siempre lo dejé muy libre para que lo desarrollara." Gebbia tenía en claro que el talento ofensivo de Emanuel predominaba por sobre sus virtudes defensivas. Alejandro Montecchia fue testigo de las recomendaciones de Gebbia a Manu en las reuniones de evaluación que se hacían al día siguiente de los partidos. "En esa época se veía que quería pegar su salto de calidad. Todavía no era tan regular. Tenía partidos muy buenos, alguno malo, otros buenos... Y en esas reuniones al único al que le señalaba los errores era a Manu. Creo que le veía el potencial y quería hacerlo crecer. La mayoría de los palos eran para él. Manu se calentaba pero se los bancaba. Yo le decía 'peor es que no te diga nada... porque significaría que no te tiene en cuenta'." Gebbia, que remarca que siempre tuvo una relación "óptima" con Emanuel, dice que le señalaba los errores "de una manera que pudiera sentirse seguro. Pero le explicaba que debía cambiar algunas cosas porque de lo contrario podía repercutir en el desempeño del equipo. Ese era mi trabajo. Yo sabía que era un jugador al que le costaba quedarse dentro de los límites y lo aceptaba con esa manera de ser. Pero si bien yo lo entendía, el equipo siempre debía estar primero".

La primera temporada en la A1 encontró a Reggio Calabria con un buen arranque pero con un juego aún irregular. A pesar de todo, fue una sorpresa el desempeño del equipo recién ascendido y Manu fue incluido en noviembre en el Juego de la Estrellas por segundo año consecutivo. Al término de 1999 —cuyo fin de año Emanuel pasó en Calabria junto a Marianela—, Reggio estaba en el tercer lugar de la tabla junto a otros dos equipos, muy cerca de los más poderosos de la Lega. Ginóbili-Montecchia, la dupla bahiense debutante en la A1, daba que hablar. Tanto, que al finalizar la temporada regular logró colarse entre los grandes equipos del norte, terminar en la quinta posición y clasificarse para los *playoffs*. Toda una proeza para un equipo que venía del ascenso. Los números de Emanuel en ese período dicen que jugó 30 partidos, con un promedio de 30,6 minutos y 17,0 puntos (porcentaje de efectividad en dobles del 55,6, en triples del 35,4 y de libres del 70,5), 3,1 rebotes y 2,4 asistencias.

La actuación en los *playoffs* fue consagratoria. Comenzó eliminando al campeón Varese —con su figura Andrea Meneghin, jugador de la selección *azzurra*— por 2 a 1 y pasó a cuartos de final (ya estaban entre los ocho mejores equipos), donde debía enfrentar al Kinder Bologna. Y no le resultó fácil a uno de los mejores equipos italianos. Reggio obligó a un quinto partido que se jugó en Bolonia y recién allí pudo quebrar al equipo calabrés. El Kinder, que contaba entre otros con el francés Antoine Rigadeau, el serbio Predrag Danilovic y el argentino y compañero de Manu de la Selección Hugo Sconochini, le ganó por 61 a 43. Ginóbili fue el goleador de su equipo con 18 puntos. En los *playoffs* jugó los ocho partidos y mejoró sus estadísticas de la temporada regular: 21 puntos, 4,5 rebotes y 2,5 asistencias por partido. Reggio había logrado pasar la prueba en la A1 con el puntaje más alto de su historia.

Montecchia, que no pudo jugar el último partido porque se había lesionado en el cuarto cotejo, tiene un recuerdo muy grato del paso por Reggio, en el cual se quedó dos años más que Emanuel. "La gente nos quería muchísimo. El afecto que nos mostraba en la calle o en la cancha era espectacular. Yo me sentía como si jugara en la Argentina", dice.

Tras esa temporada, la permanencia de Emanuel en Reggio ya era imposible. Distintos equipos de Italia y de otros países de Europa pretendían sus servicios. "Manu había hecho partidos muy buenos contra los equipos grandes. Y llamó la atención", dice Alejandro. Se habló entonces de un supuesto interés del Barcelona de España y el Panathinaikos. Pero fueron Kinder Bologna, uno de los más fuertes de Italia, y el Olympiakos de Grecia los que quedaron en pugna. "Manu siempre ha estado tocado por la varita mágica. Siempre llegó al lugar justo en el momento ideal", reafirma Montecchia. Alejandro sabe por qué lo dice. La elección final que hizo Manu del club con el que firmó el contrato y las circunstancias en que esto se produjo ratificaron luego esa característica que hace de Emanuel Ginóbili un personaje muy peculiar.

EL SENTIDO DE LA OPORTUNIDAD

Ni el frío de Bahía Blanca, que se siente hasta en los huesos, pudo impedir que las gotas de transpiración fluyeran aquellos primeros días de julio de 2000 en Vergara 14.

Los Ginóbili tenían que decidir entre una de las dos atractivas ofertas que al agente de Emanuel, el español

213

Arturo Ortega —que había sido presentado a los Ginóbili por el Huevo Sánchez—, les había llevado. Las ofertas económicas —que no eran los únicos elementos a tomar en cuenta— eran similares: tres millones de dólares por tres temporadas. El agobio de tener que tomar una decisión crucial para su futuro le jugó una mala pasada a Emanuel, que hasta llegó a tener fiebre muy alta. Pero no podía tomarse mucho tiempo para decidir. Las consultas se sucedieron entre los miembros de la familia. En este aspecto, el padre era el referente máximo. Los hermanos Ginóbili valoraban mucho sus opiniones. "Siempre les dije a mis hijos que yo los podía aconsejar, darles mi opinión. Pero también les dije que tenían que resolver en función de lo que ellos creyeran. De nada sirve guiarse por lo que los demás te dicen que hagas. 'Si se tienen que equivocar, es preferible que sea por sus ideas', les decía siempre." Leandro, el hermano mayor, sostiene que "cuando empezó el tira y afloje entre el Kinder y el Olympiakos, Emanuel nos preguntó qué opinábamos. No te olvides que en esa época era muy joven, estaba a punto de cumplir 23 años. Yo le aconsejé que siguiera en Italia porque ya conocía el país y también el idioma. En Grecia era otro idioma y otro tipo de juego. Él nos pedía consejo cuando lo necesitaba pero la decisión siempre era suya".

La noche de la definición —que se hizo interminable—, el teléfono de Vergara 14 no paró de sonar. Los llamados desde Italia y Grecia se sucedían con propuestas para hacer más atractivas las ofertas. Una superaba a la otra. Los Ginóbili en pleno —en la misma cocina donde Manu aprendió a picar la pelota de básquet— las debatían y analizaban. La mayoría —Huevo Sánchez incluido, que había sido consultado por Yuyo— preferían que siguiera en Italia. Raquel, lo mismo, aunque por otros argumentos. Fiel a su costumbre —y como en cada cambio de ciudad o país—, prefería que Manu se quedara donde estaba. Ahora estaba encantada con Italia. Cada uno expresó sus puntos de vista. Los que preferían descartar Grecia sostenían que era una Liga muy dura, con un juego donde el factor físico era decisivo y que no era el que más le convenía a Emanuel. Y alegaban que a los argentinos que habían pasado por equipos de ese país (como Hugo Sconochini, Marcelo Nicola y Fabricio Oberto) les había costado mucho la adaptación y no habían podido rendir de acuerdo a sus posibilidades. Pero, por otra parte, en Kinder Bologna, si bien era un equipo candidato para ganar la Liga, Manu no tenía garantizada la titularidad. El indiscutido en su puesto era el yugoslavo Predrag "Sasha" Danilovic, la figura del equipo. Y como si eso fuera poco, Kinder estaba negociando para incorporar a otro gran jugador, Andrea Meneghin, símbolo de la Selección italiana, que venía de una temporada rutilante en el club Varese y que también jugaba en la posición de escolta. Emanuel tenía que elegir. Y eso hizo. Ya era de madrugada cuando la discusión pareció quedar zanjada. "Manu prefería ir a Grecia. Y decidimos entonces que firmaríamos con el Olympiakos", recuerda Yuyo. Agotados, pero con la decisión tomada, cada uno se aprestó a ir a dormir. Necesitaban el descanso para reparar las horas de tensión. No se habían acostado todavía cuando, como tantas otras veces en esa larga madrugada, el teléfono de Vergara 14 volvió a sonar. El sonido fue, claro, el mismo, pero no la propuesta que llegó del otro lado de la línea. "Era el presidente de Kinder Bologna —recuerda Yuyo con una expresión de asombro—. Hizo una oferta que no se pudo rechazar." Esa oferta que era imposible rechazar significaba nada más y nada menos que Emanuel se convertiría en el jugador de básquet argentino mejor pago de la historia: 3.500.000 dólares por tres temporadas. Pero en el acuerdo quedó también estipulada una norma que resultó determinante a la hora de inclinar la balanza: una cláusula de rescisión del contrato que establecía la posibilidad de emigrar a la NBA luego de la segunda temporada. Manu pudo, así, dejar a resguardo su sueño más anhelado. Por otra parte, Kinder tuvo que pagar un millón de dólares a Reggio por la rescisión del contrato de Manu. En sólo dos años, el club de Calabria —para beneplácito de Santo Versace— no solamente había recuperado el dinero invertido en Ginóbili con el ascenso a la A1 sino que, además, había logrado un resarcimiento económico que superaba todas sus previsiones.

Virtus Bologna —en esa época el Virtus "Kinder" Bologna, por el famoso patrocinante vinculado a los chocolates— era un club centenario con sobrados pergaminos: catorce ligas de Italia, una Euroliga y seis Copas de Italia. El nuevo hombre fuerte era Marco Madrigali, un empresario del ramo de los video-juegos que desembarcó demostrando todo su poder: un presupuesto para el equipo de dieciséis millones de dólares para ese año. Emanuel llegó así a uno de los clubes más importantes de Italia. Y a una ciudad donde el básquet —como en su Bahía Blanca natal— despertaba pasiones encontradas. En especial entre los dos principales equipos: Virtus Kinder y Fortitudo Pallacanestro, entonces denominado Paf y luego Skipper. Kinder jugaba en un estadio imponente, el Palamalaguti, que había sido inaugurado en 1993 y tenía capacidad para 8000 espectadores. Allí se disputarían en las dos temporadas siguientes partidos memorables y sus instalaciones quedarían desbordadas de enfervorizados fanáticos. La ciudad, que posee la universidad más antigua de Europa y un ambiente estudiantil y académico notable, acogió a Emanuel de la mejor manera. "Estaba muy bien ahí. Bolonia es una ciudad con mucho movimiento. Los edificios son bajos, de pocos pisos. El centro es chico pero muy especial. Es cierto que tiene 400.000 habitantes pero es por la sumatoria de los pueblos de los alrededores. Si hasta parece más chica que Bahía", dice Paulo Maccari, un joven y prestigioso kinesiólogo, primo hermano de Emanuel, con el que vivió un tiempo en la ciudad. Emanuel se instaló, precisamente, en un departamento del centro, en la Via Don Minzoni. Sin embargo, Bolonia, a diferencia de Reggio Calabria, donde el ambiente era más familiar, tenía las ventajas y desventajas propias de una ciudad más grande. Para la adaptación, Manu contó con otro argentino, compañero de la selección: Hugo, Sconochini, uno de los primeros en llegar a Italia y que jugaba también en Kinder. Así lo expresó Manu al periodista Juan Carlos

Meschini en una entrevista para el diario *Olé* del 12 de julio de 2001. "A mí me salvó Hugo, que me abrió las puertas de su casa para comer y me presentó a todos sus amigos. Fue fundamental porque no sabía para qué lado arrancar y en eso los dirigentes no se meten. Después me dolió lo que hicieron con él. Le dio mucho al equipo y lo dejaron de lado." Emanuel alude a la sanción de ocho meses que recibió Sconochini por dar positivo en un control antidoping —habían descubierto la misma sustancia, nandralona, en otros cuarenta deportistas—, y que le impidió jugar esa temporada en el equipo. Cumplida la sanción, Sconochini —el primer argentino en ganar la Euroliga— retomaría su carrera deportiva en España y luego otra vez en Italia y sería uno de los jugadores clave en la Selección argentina de los años siguientes.

Casi al mismo tiempo que Manu comenzaba su primera temporada en Bolonia, se producía un hecho histórico para el básquet nacional: el debut en la NBA de los primeros argentinos. Pepe Sánchez, el compañero de Manu en Bahiense del Norte, fue el primero, el 31 de octubre de 2000, en Philadelphia Sixers. Pocos minutos después lo hizo el chaqueño Rubén Wolkowyski en Seattle Supersonics. La presencia de dos argentinos en la meca del básquet mundial demostraba el interés creciente hacia los jugadores latinos más destacados. Sólo tres días después, y como una señal de lo que vendría, se cumplirían cincuenta años de un logro hasta entonces único: el titulo de campeón mundial que Argentina había conseguido en 1950.

Ginóbili fue al Virtus sabiendo que debería pelear por ganarse un lugar. Sabía que, más que nunca, debería competir a fondo para que cada minuto en la cancha tuviera el doble de valor. "Es un desafío enorme para mí. Porque vamos a ser seis jugadores en la media cancha para compartir minutos. No me importa. En este primer año quiero ganar. Y la Kinder armó uno de los mejores planteles de Europa", dijo Emanuel a *Básquet Plus* en agosto de 2000. En dos aspectos tuvo razón: Kinder se reforzó muy bien y su deseo de ganar se cumpliría esa temporada más allá de lo que pudo imaginar. Pero en otro no acertó: los jugadores que compartirían "la media cancha" no serían tantos como supuso. La primera novedad fue la decisión de Andrea Meneghin de fichar (firmar contrato) finalmente con Paf, el otro equipo de Bolonia, los competidores directos del Virtus. "Meneghin tenía más experiencia que Emanuel. Estaba más formado, tenía una trayectoria importante. Además era italiano y jugador de la escuadra nacional", dice el prestigioso Ettore Messina, entonces responsable técnico del Kinder, que había sido el técnico de la Selección italiana, elegido mejor entrenador europeo en 1998 y que tenía exitosos antecedentes en Italia. Para Messina, conseguir el fichaje de Meneghin había sido prioridad porque el desempeño futuro de Manu era para él todavía una incógnita. "No había hablado nunca con él. No lo conocía. Sólo lo había visto en unos partidos por la Copa Italia, donde además no había tenido un buen desempeño. Sí me atraía su capacidad atlética, su energía, su capacidad de jugar en el uno contra uno, su actitud siempre positiva. Se notaba que le gustaba el baloncesto a este chico. Tenía mucha energía, ganas de jugar bien y de ganar. Pero a pesar de su talento tenía dudas sobre si podría adaptarse a un nivel más alto de competencia." Las dudas de Messina eran si Emanuel —que venía de jugar en la segunda división ante defensas difíciles de penetrar, y ante la opción de tirar— lograría mejorar sus tiros de tres puntos y si podría ser un buen defensor; en definitiva, si podría adaptar sus condiciones naturales a un nivel de juego superior. Messina —que tenía 41 años cuando dirigió a Manu— no tardó mucho en despejar esas incógnitas. En un excelente español y en una pausa de la práctica con el CSKA de Moscú donde actualmente trabaja, Ettore explica los motivos. "Ya en los primeros días de entrenamiento me di cuenta de que podría hacer todo lo que se propusiera. Tenía una capacidad increíble de aprendizaje. Emanuel es uno de esos jugadores a los que tú le dices las cosas una vez, máximo dos, y ya las incorpora. Es como si tuviera un disco rígido de computadora en la cabeza donde almacena todo sin problemas y después lo ejecuta. Fue una suerte haberlo fichado."

También había dudas sobre si Messina, un técnico que mantenía una disciplina rígida entre sus dirigidos, exigente y perfeccionista, proclive a la realización de un estilo de juego más estructurado y ajustado a sistemas prefijados, podría aceptar la forma de jugar de Ginóbili, dueño de un estilo más espontáneo, inclinado a "salirse del libreto" y a improvisar. En este sentido, Messina reconoce que se trató de un proceso de aprendizaje mutuo, que cada uno se adaptó al otro y que el resultado fue inmejorable. "Durante los partidos era capaz de hacer jugadas imprevistas que me sorprendían y hasta me ponían nervioso. Pero la nuestra ha sido una adaptación mutua. Yo empecé a aceptar sus jugadas aunque a veces no terminaran bien y él supo también adecuarse a jugar dentro de una estructura y, dentro de ella, tomarse sus libertades." Manu reconocería luego a Messina como uno de los técnicos que más lo marcó en su proceso de aprendizaje en toda su carrera. Y Ettore no deja de agradecer la oportunidad que tuvo de haber trabajado con él. "No puedo ser objetivo con Emanuel. Es un chico al que quiero mucho, no sólo por sus cualidades en el deporte sino por su forma de ser. Yo simplemente intenté ayudarlo a crecer como jugador porque mejorando él, mejoraba el equipo. Y juntos hemos logrado éxitos increíbles e inolvidables." Luca Chiabotti, periodista de *La Gazzetta dello Sport*, agrega: "Messina —que ha sido un entrenador muy duro y disciplinado— fue muy inteligente en cambiar un poco su juego siguiendo el talento de Manu. Y Ginóbili no desaprovechó tampoco la oportunidad de demostrar su valor".

Esta "adaptación mutua", como define Messina su relación con Manu, volvería a repetirse dos años después con la llegada de Emanuel a la NBA. La experiencia vivida en Italia ayudaría a Ginóbili a atravesar una situación similar con Greg Popovich, quien sería su entrenador en los Spurs. Y allí, otra vez, con la paciencia de un artesano —aunque no sin sobresaltos— y con la habilidad de un encantador de serpientes, volvería a ejercer con su juego un poder de seducción irresistible sobre otro técnico con fama de duro. Y también él se adaptaría a las demandas de su técnico. Juntos, como con Messina, también tendrían "éxitos increíbles e inolvidables".

Además de Ginóbili, Kinder fichó para esa temporada al pivote nortemericano Rashard Griffith, al esloveno Matjaz Smodis y a dos yugoslavos, Marko Jaric, que también había sido drafteado por la NBA, y Nikola Jestratijevic. Los anuncios de las incorporaciones fueron hechos por el propio Madrigali, el hombre fuerte del club, en conferencia de prensa. El plantel contaba además con el internacional francés Antoine Rigadeau, el mencionado Danilovc y otros destacados jugadores locales. Pero poco antes de comenzar el campeonato 2000-2001, otro hecho fortuito que no estaba en los cálculos de nadie —esas "circunstancias favorables" que acompañan siempre a Emanuel, como las calificó su entrenador en Reggio, Gaetano Gebbia—, colocó a Manu aun más cerca de poder exhibir su juego: el mismo día de la presentación formal del equipo, luego de la pretemporada, cuando ya no se podían hacer más incorporaciones, la estrella del equipo, el yugoslavo Predrag Danilovic, anunció sorpresivamente su retiro. "La gente no entendía nada —recuerda Yuyo Ginóbili—. Yo le decía a Manu en broma 'te habrá visto jugar a vos y se asustó'..." El retiro de Danilovic le allanó el camino. Es que el yugoslavo era considerado el mejor escolta europeo de los años 90. Fue el goleador de la selección de su país en los juegos olímpicos de Atlanta de 1996 y del campeonato de Europa realizado en Barcelona en 1997. Como si eso fuera poco, había ganado cuatro ligas italianas (1993, 1994, 1995 y 1998), y en ese último año lo habían elegido el MVP de la Lega.

A partir de ese momento, el futuro de Emanuel dependía más que nunca de sí mismo. Una vez más, había llegado al lugar indicado en el momento justo. Los siguientes peldaños —otra vez a medida— estaban a punto de ser escalados. Como un paciente escultor, creativo y perseverante, Emanuel los fue cincelando. Pulió las partes más irregulares, logró apoyarse en ellos y elevarse para que los demás pudieran disfrutar de la belleza de su juego. En sólo diez meses, cumpliría todas las metas que se había propuesto cuando llegó a Europa.

EN TIERRAS DE DAVID, EL REY

Es difícil saber qué habría pasado con Manu si Danilovic no se hubiera retirado. En cambio, sabemos lo que sucedió después. Kinder Bologna lograría esa temporada algo que ningún otro equipo conseguía desde hacía quince años: la triple corona. Con un paso arrollador, Kinder obtuvo la Copa Italia, la Euroliga y Liga Italiana. Y con Emanuel como jugador clave, que aprovechó cada una de las oportunidades y se convirtió en titular indiscutido. "En un equipo todos son importantes. Pero Emanuel se convirtió en nuestro primer atacante. Al principio, estaba más centrado en el aro pero después aprendió también a buscar en la penetración a su compañero libre y a encontrarlo sin egoísmos, a entender el juego en equipo. Mejoró muchísimo en todos los aspectos y también me sacó las dudas que yo tuve inicialmente: su tiro de tres y su defensa. Se convirtió en nuestro mejor defensor contra el mejor atacante rival", destaca Messina. El técnico aclara también que no todo fue tan perfecto en un comienzo. Y pone dos ejemplos para graficarlo. Uno, el primer partido por la Euroliga, contra el AEK en Atenas, donde Manu jugó decididamente mal y anotó sólo dos puntos de tiro libre. "Me fui pensando que si jugaba así teníamos pocas posibilidades de ganar algún partido. Pero siete meses después no sólo ganamos la Euroliga sino que fue elegido el jugador más valioso." El otro ejemplo es lo que sucedió en el primer clásico con el Paf, su rival de Bolonia, donde el enfrentamiento entre sus fanáticos se asemeja al que existe en un clásico Boca y River del fútbol argentino. Son comunes las peleas entre las barras y hasta tiran proyectiles al campo de juego. En ese marco, Emanuel "jugó ese día un partido fatal. Un mes después volvimos a jugar. Ganamos de visitantes y Emanuel fue nuestro mejor jugador. Después los enfrentamos de nuevo por los *playoffs* de la Euroliga. Les volvimos a ganar y los eliminamos. Y finalmente ganamos la Liga, donde fue, otra vez, el mejor jugador de la final".

Como buen observador, Ettore pone de relieve dos características de Emanuel: la capacidad de adaptarse rápidamente a un ambiente nuevo y, fundamentalmente, la de transformar la dificultad en el mejor alimento para seguir creciendo. Cualidades estas aprendidas en ciertas experiencias adolescentes —en su corte de la selección de cadetes cuando tenía 16 años y en el descenso con Bahiense del Norte— que calaron en su personalidad y lo impulsaron a ir por más. "Manu es capaz de probar y equivocarse, pero aprende del error y supera la dificultad. Se adapta al nivel más alto con una rapidez increíble. Y nunca deja de crecer...", sostiene el experimentado entrenador.

Esas fueron las armas con las que Manu revirtió las críticas iniciales. Ya había alcanzado 1,98 metro de estatura y a fuerza de actuaciones sobresalientes con la camiseta número 6 —la misma de Bahiense del Norte— conquistó el corazón de los fanáticos de Bolonia. En el primer partido de la Liga, el 14 de octubre de 2000, Kinder le ganó a Monte Dei Paschi Siena por 90 a 51. Manu convirtió 22 puntos en 30 minutos de juego. El segundo también resultó victoria contra el Lineltex Imola, de visitantes, por 85 a 66 con 19 puntos de Manu en 29 minutos de juego. El tercero fue derrota contra el Snaidero Udine, un equipo que venía del ascenso, por 91 a 84 (Manu anotó 6 puntos en 22 minutos), lo que provocó fuertes críticas de la prensa y la presión de los *tiffosi*. Pero a partir de allí, tuvieron una racha de treinta y tres partidos invictos entre la Liga italiana, la Copa Italia y la Euroliga. Entre ellos, dos frente a sus antiguos compañeros de Reggio Calabria, entre los que se encontraba Alejandro Montecchia. Uno lo jugaron el 16 de diciembre de 2000 y Manu convirtió 19 puntos. El 13 de marzo de 2001 fue el segundo y, en ese, Emanuel anotó 33 puntos. "Ese año fue la explosión total —afirma Alejandro— y en esos partidos nos mató. Los de Reggio le decían: 'Qué nos hacés, Manu...'. Ya era un ídolo total en Bolonia."

De ello pudieron dar fe también Yuyo Ginóbili y Huevo Sánchez, que visitaron a Manu en Bolonia. "Impresionante —dice Huevo—; salías a la calle con él y la gente lo reconocía de inmediato y le demostraba un gran cariño. Su camiseta y la de Rigadeau eran las más vendidas. Y la de Manu, más difícil de conseguir. Y Yuyo agrega: "Era sorprendente. Su primera temporada y ya era ídolo. En la calle no paraban de pedirle autógrafos".

Los títulos no tardaron en llegar. Los jugadores conquistaron la primera de las tres coronas el 28 de abril de 2001, cuando derrotaron al Scavolini Pesaro por 83 a 58 y obtuvieron la Copa Italia. En ese partido, Ginóbili jugó 25 minutos y convirtió 15 puntos (71,4% de efectividad en dobles, 25% en triples y 50% ciento en libres).

La segunda corona fue la de la Euroliga, que llegó luego de eliminar por 3 a 0 en semifinales nada más y nada menos que a su rival de Bolonia, el Paf. En esos partidos —a los que había hecho referencia el entrenador Messina y que se jugaron en el clima tenso que caracterizaba a los derbys de la ciudad—, Manu anotó en dos de ellos 22 puntos y en el restante, 17.

En la final de la competición europea, Kinder debió enfrentar al Tau español de los argentinos Oberto y Scola. El duelo de sudamericanos tuvo también una versión por chat donde los amigos —que habitualmente se comunicaban por esa vía— se desafiaban continuamente. La serie quedó igualada en dos, producto de victorias tanto de locales como de visitantes de cada uno de los equipos. Se llegó entonces a un quinto partido que se disputó el 10 de mayo de 2001 en Bolonia. El Palamalaguti —el estadio de Kinder— era una verdadera caldera a punto de estallar. Los más de ocho mil fanáticos del equipo local hicieron sentir toda su energía para ayudar a Kinder a conquistar el segundo trofeo del año. Y con Emanuel como líder —elegido MVP de la serie—, Kinder ganó 82 a 74. El goleador del encuentro fue Elmer Bennet, del Tau, con 24 tantos y, del equipo de Bolonia, el francés Rigadeau. Manu jugó 33 minutos y anotó 16 puntos (6 de 9 en dobles, 1 de 4 en triples, 1 de 1 en libres), 4 rebotes, 6 asistencias y 2 balones recuperados. Las estadísticas de los *playoffs* de la Euroliga fueron impactantes. Enfrentando a los mejores del continente, jugó doce partidos con un promedio de 29,50 minutos, 16,1 puntos (61% de efectividad en dobles, 31,7% en triples, 78,5% en libres), 4,0 rebotes y 2,2 asistencias.

Sólo quedaba definir la Liga italiana. Al término del campeonato, Kinder quedó en la primera posición con 58 puntos, con veintinueve partidos ganados y sólo cinco derrotas. Manu anotó un promedio de 17,1 puntos por partido (62% de efectividad en tiros de dos, 38,1% en triples, 74,8% en libres), 4,5 rebotes, 2,8 pelotas recuperadas y 2,5 asistencias. En los *playoffs*, siguió con la marcha triunfal. Eliminó por 3 a 0 a Cordivari Roseto en cuartos de final y a Benetton Treviso, por el mismo marcador, en semifinales. En la final, el show siguió a toda orquesta. Y para figurar en los récords volvió a ganar por 3 a 0 y dejó asentada la paternidad de ese año frente a su máximo adversario: el Paf. No fueron partidos fáciles. Y no sólo en lo deportivo. "La cancha de Paf siempre fue un reducto difícil —dice Messina—. La gente mete mucha presión... de todo tipo. Hasta uno de mis colaboradores sufrió las consecuencias..." Ettore se refiere al golpe que recibió el masajista del club, producto del impacto de una pila arrojada por un hincha rival y que lo dejó conmocionado. Sin embargo, Kinder, con autoridad y sin dejarse presionar, ganó los tres partidos. La estadística del juego de Manu en ellos muestra una parte —impactante, por cierto— de la historia: 24 puntos, 4 rebotes y 5 recuperos en el primer partido, que terminó 86 a 81; 8 puntos, 6 rebotes, 1 tapa, 1 recupero y 6 pérdidas en el segundo triunfo de visitante por 77 a 71; y 10 puntos, 12 rebotes —una cifra impresionante que mostró lo metido que estaba en el partido—, 2 recuperos, 1 tapa y 6 pérdidas en el último y definitorio, que se jugó el 19 de junio y en el que ganaron por 83 a 79. La otra parte de la historia es la que no muestran los números. Muchos de los tantos, asistencias, rebotes, robos y tapas llegaron en momentos clave de los partidos. En aquellos donde la balanza se inclina para uno u otro lado. A pesar de los años transcurridos, Messina sigue recordando uno de esos momentos. Ocurrió en el segundo partido contra el Paf cuando, a menos de un minuto del final, Manu le hizo a Carlton Myers, la estrella del equipo contrario, una tapa impresionante que fue determinante en el resultado final. "La serie estaba 1 a 0 —habíamos ganado el primer partido de locales— y fuimos a jugar el segundo a la cancha del Paf. Cuando faltaban cincuenta segundos para terminar, estábamos 2 puntos arriba. En ese momento, Myers sale en contraataque con la posibilidad de empatar el partido. Cuando está a punto de hacer la canasta, llega Manu no sé de dónde y le hace un tapón increíble. De contraataque, hacemos la canasta nosotros y el partido se acaba. Ganamos finalmente 83 a 79 y nos pusimos 2 a 0. Ese tapón fue importantísimo porque fue como un cambio histórico. Myers que va y él que lo tapona. La foto de esa jugada de Manu, claro, fue la tapa de todos los diarios del día después."

El conjunto de Ginóbili —elegido el MVP de la temporada de la Liga—, con Griffith, Rigadeaux, Jaric, Frosini, Abbio, Ambrassa, Andersen, Smodis, bajo la batuta de Ettore Messina, se convirtió en un gran equipo que dejó en claro a Italia y a toda Europa cuál era el mejor de todos. El festejo —con banderas argentinas incluidas— fue interminable. "Estoy enloquecido, se podrán imaginar —dijo después Emanuel—. Sólo dos equipos en la historia de Italia habían logrado los tres campeonatos en un año. La gente delira, aquí. Yo no podía salir de la cancha al terminar el partido con Paf. Esto es espectacular, tremendo. Tuvimos que festejar en el vestuario entre nosotros y los periodistas, a los que también metimos bajo las duchas. El premio lo tuvieron que entregar también en el vestuario. Después de media hora salimos a mostrárselo al público, pero fue un infierno. El colectivo hasta la sede sólo lo pudimos tomar dos horas después" (*La Nación*, 20 de junio de 2001).

Los Ginóbili de Bahía Blanca y los amigos de Manu pudieron ver por televisión y en directo las finales con el Tau. Inauguraron así una costumbre que empezaría a convertirse a partir de entonces en rito: juntarse, cada uno a su manera y con sus "cábalas", para ver finales que tendrían a Emanuel como protagonista. Pero no fueron los únicos que vieron esos partidos. El manager de San Antonio, R. C. Buford —que ya lo había visitado en dos oportunidades en Bolonia—, y Greg Popovich, el entrenador del equipo tejano, también lo vieron. Popovich, incluso, lo llamó por teléfono para felicitarlo. Los tiempos se aceleraban para Manu. Y su destino tenía nombre: la NBA. Increíble para alguien que hasta esa temporada, en que consiguió tres y de los mejores, no había ganado un solo campeonato en toda su vida. Ni siquiera en las categorías menores de Bahiense del Norte. Pero que, a partir de entonces, no dejaría de coleccionarlos, casi como una obsesión, uno tras otro. Ya estaba cerca de ese tiempo. Cerca, muy cerca.

Un camino Mundial

El siguiente título —muy festejado porque se trataba del primero con la camiseta de la Selección nacional— fue el Panamericano jugado en Neuquén donde, además, se consiguió la plaza para el Mundial del año siguiente en Indianápolis. La Selección estaba dirigida por Rubén Magnano, el técnico cordobés campeón de la Liga con Atenas y Boca Juniors, cuyo proceso al frente de la escuadra nacional había comenzado a mediados de 2000. Ya habían ganado el Sudamericano en Valdivia, Chile, tras catorce años de intentos fallidos, sin Manu —que estaba lesionado—. Y el Super 4, jugado en el estadio de Ferrocarril Oeste de Buenos Aires. El Premundial se desarrolló desde el 16 de agosto de 2001 y, a medida de que se sucedieron los partidos, la selección fue demostrando que la nueva generación que había comenzado en el Sub 22 de Australia —integrada por muchos jugadores que ya tenían una vasta experiencia internacional, ya fuera en Europa o en los Estados Unidos, y reforzada con otros jugadores más veteranos pero de igual espíritu— era un equipo que debía tomarse en serio. Vale la pena repasar algunos de esos nombres. Pepe Sánchez, con un exitoso recorrido en el básquet universitario norteamericano y con un presente de NBA, lo mismo que Rubén Wolkowyski. Los subcampeones de la Euroliga, Fabricio Oberto y Luis Scola, del Tau de España, país en el que también jugaban Andrés Nocioni y Lucas Victoriano. Hugo Sconochini —con más de diez años de experiencia europea—, que reaparecía luego de la sanción; Leandro Palladino y Manu, en Italia. El plantel se completó con Daniel Farabello, Leonardo Gutiérrez y Gabriel Fernández. Quien no pudo integrar el equipo fue Alejandro Montecchia, que se lesionó en el Super 4 y no se recuperó a tiempo.

La Selección ganó el Premundial invicta. Le ganó sucesivamente a Uruguay, Estados Unidos, Venezuela, Brasil, Panamá —victoria con la cual se aseguró la clasificación para el Mundial—, Puerto Rico, Canadá y, finalmente, otra vez a Brasil. En este último cotejo, Ginóbili anotó 28 puntos y fue el goleador del equipo y del partido. Pero además logró anular a Marcelino, el mejor tirador brasileño. Emanuel lograba aplicar lo aprendido en Italia. Mejor atacante y mejor defensor. Aquellos aspectos que Messina le había señalado. Manu jugó el torneo con la camiseta número 6 que utilizaba habitualmente Alejandro Montecchia, ausente por la lesión. Al término del partido, le dedicó el campeonato. "A mí se me caían las lágrimas —recuerda Alejandro—. Yo estaba en mi casa viéndolo por televisión... recaliente por no poder estar ahí y lo escuché. Fue una época difícil para mí... La lesión, perderme el torneo y, lo peor, un mes después falleció mi mamá.... Y él tuvo un gesto muy lindo hacia mí." El plantel entero también le dedicó el campeonato a Gabriel Riofrío, aquel excelente jugador —"un talento", diría Huevo Sánchez— que había sido compañero de Manu en Andino, que había estado en distintas selecciones y que había fallecido en enero de ese año de un paro cardíaco en medio de un partido a raíz de una enfermedad coronaria congénita.

Con el triunfo ante Brasil, Argentina coronó una impresionante racha positiva de veintiséis partidos sin perder. "Ahí empezamos a ser una maquinita —recuerda Pepe Sánchez—. Llevábamos cinco o seis años juntos, desde Juveniles. Lamas tuvo el mérito de empezar a poner a los que éramos más jóvenes y después Magnano continuó el proceso." Fabricio Oberto destaca el espíritu que unía al equipo. "Por los resultados, el torneo de Neuquén lo ganamos relativamente fácil —dice con su típica tonada cordobesa—. Ya antes del Premundial en Europa decían que teníamos un equipazo y que en el Mundial nos iba a ir muy bien. Pero nosotros teníamos los pies sobre la tierra. Decíamos: 'Sí, tenemos un buen equipo, pero todavía no le ganamos a nadie'. Lo importante es que se fue armando un grupo con una mística muy especial." Para los jugadores de la Selección, la prueba de fuego sería al año siguiente en Indianápolis, donde se la tendrían que ver con los equipos más fuertes de Europa y con el Dream Team. "Sería un error de la gente pensar que ahora ganaremos el Mundial", dijo Emanuel en una entrevista para *La Nación* del 28 de agosto de 2001. "Yo sé que las cosas no están bien en el país y que cuando aparece algo lindo o bueno se crea una gran expectativa. Hay que ir paso a paso, tranquilos, con humildad; por ahora tenemos un nombre en América, pero no en el mundo."

Era cierto lo que declaraba entonces Emanuel. No estaban bien las cosas en esa época en la Argentina. El gobierno de la Alianza, que llevó a Fernando de la Rúa a la presidencia, profundizaba una crisis que se había iniciado un año antes tras la renuncia del vicepresidente Carlos "Chacho" Álvarez. La caída libre del gobierno se hizo irreversible en diciembre de 2001, cuando se instauró el "corralito" financiero —ideado por el ministro Domingo Cavallo— que encorsetó los ahorros que la gente tenía en los bancos. El hastío de la ciudadanía fue tal que poco antes de fin de año, tras un "cacerolazo" de la clase media y manifestaciones que derivaron en una sangrienta represión, De la Rúa se vio obligado a renunciar. La crisis institucional y el deterioro de la economía hicieron que 2001 y 2002 fueran años de zozobra y desazón para los golpeados habitantes de la Argentina.

Emanuel estaba al tanto de lo que sucedía en su país gracias a la comunicación casi diaria, vía mail o chat, con su familia. Para entonces, se había reintegrado a la actividad con Kinder. En febrero de 2002, el equipo de Bolonia logró retener la Copa Italia, en esta oportunidad al vencer a Montepaschi Siena por 79 a 77. Manu anotó 28 puntos y fue elegido otra vez el mejor jugador de la final. Paulo Maccari, el primo hermano de Emanuel, estuvo en esa oportunidad en Bolonia. Vivió tres meses en el departamento con Manu mientras adquiría experiencia como kinesiólogo. Paulo ya se había recibido cuando viajó para trabajar con el médico del Kinder que —extraño para una ciudad con tanto antagonismo entre los hinchas de los clubes rivales— tenía concesionado un consultorio en el Fortitude, antes Paf y ese año denominado Skipper. Paulo tenía experiencia con jugadores de básquet, ya que había colaborado con el profesional que atendía al plantel de Boca Juniors cuando el técnico era Rubén Magnano. El testimonio de Paulo importa porque revela un fenómeno hasta entonces nunca visto en la ciudad. Al atender en el consultorio de un club de básquet —y sin que los pacientes supieran que era el primo de Manu— eran naturales los comentarios. "Me decían: 'Odiamos a los de Kinder pero a Manu lo queremos, es otra cosa'. Ya era la estrella de la Liga. Si yo llegaba a decir que vivía en el mismo departamento que él...", Paulo deja la frase incompleta, aludiendo a lo imposible que habría sido tolerar la presión de los fanáticos. El carisma de Ginóbili bastaba para superar las diferencias irreconciliables de los *tiffosi* de uno y otro equipo.

Paulo fue testigo también de uno de los encuentros de R. C. Buford, manager de los Spurs, con los Ginóbili.

Manu estaba acompañado por Marianela —ya en esa época convivían— y por Raquel y Yuyo, que habían viajado para acompañarlo por unos días. Buford había ido a ver a Manu y a conversar con él, uno de los tantos contactos que se habían producido desde su elección en el *draft* y que se habían acelerado a partir del brillante desempeño de la temporada anterior. Luego de uno de los partidos, en el que Emanuel no había tenido un buen desempeño, salieron todos a cenar. "Raquel, como de costumbre, no quería que Manu se fuera de Italia. Ya era un clásico. Cuando estaba en Reggio no quería que se fuera de ahí. Después estuvo encantada con Bolonia y no quería que se fuera de Bolonia. Y ahí estaba Buford con todo el tema de San Antonio y la NBA. Los únicos que entendían inglés eran Manu y Marianela. Nosotros acompañábamos." Paulo relata que en un momento, traducción mediante, Buford les explicó que la diferencia de los Spurs con los otros equipos era que se consideraban una gran familia y que para ellos eran importante otros aspectos más allá de los deportivos. "Y por ahí mi tía —por Raquel— le dice: 'Pero yo quiero que se quede acá'. Emanuel le echó una mirada a la mamá..." Seductor, Buford, le explicó entonces las ventajas de San Antonio. "Tenía que convencerla más a Raquel que a Manu", detalla Paulo. "Debo reconocer que cada cambio de Manu me costó —se ríe ahora Raquel en su casa de Bahía—. Yo no quería que se fuera de Italia porque el carácter de los italianos es más parecido al nuestro. Pensé que los americanos serían más fríos... ¿Y si no jugaba? ¿Qué le pasaría? Con esa personalidad que tiene Manu... 'Las puertas de Europa las tengo siempre abiertas —me decía— y si no resulta, me vuelvo.' Pero todo lo que decidió le terminó saliendo bien y todo lo que se propuso, también..."

Después de ganar por segundo año consecutivo la Copa Italia y poco después de recibir el Olimpia de oro en básquet que otorgan los periodistas deportivos de la Argentina, Manu debió revalidar con Kinder los títulos de la Euroliga y la Liga italiana. Pero ese objetivo no pudo cumplirlo. Es que, a pesar de los éxitos, el clima institucional no era el mejor. Tras una derrota del equipo, Marco Madrigali, el hombre fuerte del club —que ya había empezado a tener inconvenientes con el pago de los salarios—, resolvió despedir a Ettore Messina. Esta medida suscitó una reacción inédita de los aficionados al Kinder, que en el partido siguiente invadieron la cancha en reclamo de la reincorporación del director técnico. Madrigali no tuvo más remedio que dar marcha atrás. "Una semana después de que me despidiera —recuerda Ettore—, me pidió que volviera a dirigir el equipo. Y yo decidí regresar porque quería ganar otra vez la Euroliga con mis jugadores. Ahora que pasó tanto tiempo, estoy convencido de que fue un error. Porque debimos transitar ese periodo con una presión increíble, con una paz ficticia que interfirió con la concentración del equipo." A esa situación interna se sumaron las lesiones de jugadores importantes como Rashard Griffith y Becirovic. A pesar de todo, Kinder se la ingenió para llegar otra vez a la final de la Euroliga luego de eliminar en la semifinal al Benetton Treviso. La final sería contra el Panathinaikos de Grecia y se jugaría en el Palamalaguti de Bolonia, dado que Kinder era el último campeón. Manu se enfrentaría así a Pepe Sánchez, que se había desvinculado de Philadelphia Sixers tras su paso por la NBA, donde no tuvo la continuidad que habría deseado. El partido se disputó el 5 de mayo de 2002 y, a pesar de la gran actuación de Ginóbili (27 puntos, 5 rebotes, 2 recuperos y 2 asistencias), el equipo griego derrotó a Kinder por 89 a 83 y se quedó con el título. El premio de jugador más valioso de la final fue para el yugoslavo Dejan Bodiroga. Emanuel —aunque no le sirvió como consuelo— fue elegido en el quinteto ideal.

La Liga italiana se definió pocos días después. Allí vino la segunda frustración. El Benetton Treviso le ganó la serie semifinal por 3 a 1. Nuevamente, Manu, a pesar de la derrota, recibía un trofeo. En este caso, el trofeo Foxy —por segundo año consecutivo— al mejor jugador de la temporada. Y no era para menos. Kinder, de su mano, había obtenido la Copa Italia, fue subcampeón de Europa y tercero en la Liga. Sus estadísticas personales en este último torneo mejoraron las de la temporada anterior. En la serie regular, tuvo un promedio por partido de 19,9 puntos (2,8 más que en 2000-2001), 4,4 rebotes, 4,3 recuperos y 2,2 asistencias. En los *playoffs* fue mucho más notorio su crecimiento. En los siete partidos que disputó, anotó un promedio de 20,3 puntos (8,2 más que 2000-2001), 4,2 rebotes, 4,3 recuperos y 2,4 asistencias. Esos fueron los últimos partidos de Manu en Italia. Su paso a la NBA era un hecho. San Antonio Spurs lo quería para la próxima temporada. Las negociaciones se aceleraron. El ciclo en Europa se había cumplido.

Seguramente, Manu habría deseado irse de Italia con todos los títulos revalidados. Pero no la dejaba sin gloria. Con sólo dos temporadas en la A1, se había convertido en el mejor jugador de Europa. "Manu es un ejemplo de cómo un jugador de gran talento puede ser útil a su equipo sin perder su propio talento —dice Gebbia—. Porque muchas veces se da esa contradicción. Por eso Manu es brillante. Porque le es útil al equipo: defiende, les da espacios a sus compañeros y valoriza a sus colegas. No es que Ginóbili anota 30 puntos y el equipo pierde. No. Él suma puntos y su equipo gana", dice Gaetano Gebbia, su entrenador en Reggio, a modo de balance del paso de Manu por Italia. Y enfatiza la capacidad de adaptación de Emanuel. Ettore Messina coincide con ese concepto. "Siempre, ante una primera dificultad, un primer problema, aprende. Y se adapta muy rápido. Y sube y sube y no para de crecer..." Aquel chico que de adolescente se preocupaba, paradójicamente, por su estatura, ahora no paraba de crecer y hasta se sorprendía de su propia capacidad de adaptación a los niveles más altos de exigencia. El básquet más poderoso del mundo sería testigo de que todavía era posible que se elevara más y más.

Saber negociar

Los meses de junio y julio de 2002 fueron muy intensos para Emanuel. El partido lo disputaba ahora fuera de la cancha. Se trataba de los últimos detalles del contrato que lo vincularía a San Antonio Spurs. Con la misma paciencia con que esperó su lugar en el básquet y con la misma habilidad que demostraba cuando penetraba en las defensas rivales, negoció su futuro vínculo con el equipo tejano. Una vez más, el aspecto económico no era el único que tendría en cuenta. El anuncio de su incorporación ya tenía fecha: el 18 de junio de 2002. Mientras esperaba ese día, Emanuel regresó, como siempre que podía, a Bahía Blanca. Ni la consagración internacional en Italia, ni las cifras millonarias que se barajaban en sus contratos, le impedían volver a sus raíces. Nada le daba más energía para seguir adelante que estar en contacto con ellas. Por eso, caminar por las calles de su ciudad —aunque cada vez le resultaba más difícil por el reconocimiento popular—, volver a respirar su aire, volver a pisar el gimnasio de Bahiense del Norte, reencontrarse con sus amigos de la secundaria y comer los asados con su familia, no eran prendas negociables. En esos ajetreados momentos en que definía su futuro, tuvo tiempo incluso de jugar un partido a beneficio del Hospital Regional de Agudos entre una selección de Bahía Blanca y Bahiense del Norte reforzado, claro, por el propio Manu, sus hermanos Leandro y Sebastián y Hernán Pancho Jasen. Los directores técnicos de Bahiense fueron, como no podía ser de otra manera, Huevo Sánchez y Oveja Hernández.

El maratón de esos días incluyó un fugaz regreso a Italia para cerrar sus asuntos personales luego de cuatro años de permanencia y para despedirse —conferencia de prensa mediante— de la gente de Bolonia. Su partida no fue el único motivo de tristeza para la ciudad. El entrenador Messina también dejó el club, Marko Jaric emigró a la NBA, y hasta Kinder dejó de ser el patrocinante. Poco después, y luego de un problema judicial y económico, el

Virtus entraría en una grave crisis institucional de la que le costaría emerger.

Finalmente, llegó el día del esperado viaje a San Antonio para firmar su contrato y para ser presentado como nuevo jugador de los Spurs. Sería su segunda visita a los Estados Unidos. Sólo había estado en una oportunidad, y de vacaciones, con Hernán Jasen y su hermano Sepo, poco antes de comenzar a jugar en Kinder en el año 2000. "Pasamos unos días en Miami y Orlando y después fuimos a Cancún —recuerda Pancho—. Justo era la época de los *playoffs* en la NBA y Manu, en vez de salir a comer con nosotros, se quería quedar a ver los partidos. ¡Y eso que estábamos de vacaciones!..." Esta vez no iría a los Estados Unidos de paseo. Y tampoco para ver los partidos de la NBA por televisión. En todo caso, serían las cámaras las que lo enfocarían a él para transmitir su imagen y dar a conocer su llegada a la poderosa liga norteamericana primero y para mostrar con reiteraciones, desde todos los ángulos, después, jugadas que harían delirar a los seguidores de los Spurs.

El viaje a San Antonio, desde Bolonia y con escalas intermedias en París y Atlanta, no sólo fue un largo trayecto hasta la ciudad que sería su casa a partir de entonces. Fue, sobre todo, el viaje a un mundo nuevo. Con mucho más confort y un cuidado de los profesionales como en ningún lado había vivido. Un ambiente tan distinto pero, al mismo tiempo, tan suyo; un escenario desconocido pero que le resultaría muy familiar. Llegaba al planeta estelar de las figuras de la NBA. Y se sentiría cómodo en él. Las luces del show no lo encandilarían. Y a la hora de jugar lo haría como en la cancha de Bahiense del Norte. Y a la hora de vivir, como en Bahía Blanca.

Apenas desembarcó en San Antonio, pudo notar las diferencias. "Esto es increíble, papá, es un sueño... Me fueron a buscar al aeropuerto con una limusina blanca inmensa... El chofer estaba allá lejos, ni se veía. Y no sabés lo que es el hotel, me dieron la suite presidencial. Está frente a un río y en mi habitación tengo una cama como las de la Edad Media, con techos y tules... Imaginate cómo será que tiene cuatro baños y hasta un piano de cola... Papá, si acá no la emboco me pegan una patada que termino en Bahía Blanca." Así detalló Manu sus primeras sensaciones a su padre en una comunicación telefónica que reprodujo *La Nación* el 19 de junio de 2002. Justamente el día anterior, el 18, fue presentado oficialmente como una estrella. Manu se mostró con una camiseta con su apellido y el número 6, que finalmente no usaría porque la había utilizado Avery Jonson, el jugador que había convertido el último doble en el único campeonato ganado hasta entonces por los Spurs en 1999. "Llego para aprender y demostrar que puedo jugar en la NBA. La única meta que tengo es la de dar todo dentro del campo de juego", dijo Manu en la conferencia de prensa en la que respondió en inglés —"voy a tener que practicarlo para mejorar", dijo—, en italiano y también en español —para los medios de habla hispana, comunidad numerosísima en San Antonio—. En la rueda con la prensa, lo acompañaba el propio R. C. Buford ya sabido, en su nuevo rol de vicepresidente de los Spurs. Buford expresó su satisfacción por haber logrado su incorporación al equipo y definió a Manu como "el mejor fuera de la NBA". El entrenador Popovich, a su lado, marcó el territorio. "Lo importante ahora es ver cómo se adapta a nuestro sistema de juego. Su participación en los próximos campus será decisiva de cara al futuro."

Para los Spurs, tenerlo a Manu en el equipo significó también una ardua negociación. Finalmente, el acuerdo se cerró en 2.940.000 dólares por dos temporadas y con el compromiso de un fuerte aumento al momento de renovar el vínculo. San Antonio había logrado, para llegar a esa cifra, una cláusula de excepción al tope salarial de 42.500.000 dólares que las franquicias tienen para armar sus equipos. Al mismo tiempo, fue la propia NBA la que dispuso de 350.000 de los 500.000 dólares que debía pagar a Kinder por la rescisión del contrato, producto de aquel pacto logrado cuando, en lugar de ir al Olympiakos, Manu resolvió ir al Kinder Bolonia.

Lo que tenía claro era que no quería firmar por el contrato mínimo que estipula la NBA, que era de 465.000 dólares anuales. Las experiencias vividas por otros jugadores con contratos de ese tipo, que luego fueron tenidos en cuenta muy poco durante la temporada, le sirvieron para, de alguna manera, hacerse respetar con un contrato por un monto superior y que generaba, además, mayor compromiso de parte de los Spurs. Uno de ellos, el de tener minutos de juego en el equipo. Su deseo de llegar a la NBA no le había impedido negociar como lo que había llegado a ser: el mejor jugador de Europa. Si bien el acuerdo que había conseguido no significaba más dinero que el que ganaba en Italia, apostó a que si lograba demostrar lo que valía se verían obligados, efectivamente, a mejorar con creces esos números. No se equivocó. Dos años después, Ginóbili volvería a firmar otro contrato con los Spurs por un monto que lo convertiría en el deportista argentino mejor pago de la historia, por encima de Juan Sebastián Verón, Walter Samuel y Gabriel Batistuta en fútbol, Ángel Cabrera en golf y Gastón Gaudio, Guillermo Coria y David Nalbandián en tenis.

Manu estuvo sólo tres días en San Antonio. Enseguida volvió a partir. Volvería dos meses después para sumarse a la pretemporada. Pero primero, previo paso por Bahía Blanca, concentró con la Selección nacional que jugaría el Mundial de Indianápolis. Un torneo que sería el comienzo de la consagración definitiva de una selección que quedaría en la historia.

EL PIE DERECHO

Confianza era lo que les sobraba a los integrantes de la Selección nacional para el Mundial de Indianápolis. El desempeño del año anterior en el Premundial, la creciente experiencia de sus jugadores —que competían con los mejores del mundo en el exterior— y la solidez del juego que venían mostrando y que ratificaron en los amistosos preparatorios (ganaron diez, de once) permitían soñar con mejorar los resultados que había obtenido la Argentina a lo largo de la historia. Es que luego del primer puesto del Mundial de 1950, la mejor ubicación que había conseguido fue la sexta posición en el de Uruguay de 1967. Otro de los factores era la continuidad de este grupo. Argentina se presentó en Indianápolis prácticamente con el mismo plantel del campeonato de Neuquén. La única variante fue el regreso de Alejandro Montechia por Daniel Farabello. Con Hugo Sconochini, por experiencia, como capitán y líder natural, Manu Ginóbili como una de sus principales figuras, y Pepe Sánchez, Fabricio Oberto, Rubén Wolkowyski, Lucas Victoriano, Andrés Nocioni, Gabriel Fernández, Luis Scola, Leonardo Gutiérrez y Leandro Palladino.

El candidato natural era, claro, el Dream Team, que si bien no llegaba con sus máximas figuras tenía un equipo con jugadores espectaculares como Ben Wallace, Reggie Miller, Shawn Marion, Jermaine O'Neal y Michael Finley. Los cálculos previos colocaban a Yugoslavia como otro candidato a conseguir un lugar de privilegio en el podio. Este equipo estaba integrado por seis jugadores que participaban en la NBA, entre ellos, Vlade Divac y Predrag Stojakovic. Un viejo conocido de Manu, compañero suyo en Kinder, Marko Jaric, era otra de las figuras. Lo completaba el MVP de la última Euroliga —y rival de Ginóbili—, Dejan Bodiroga.

El campeonato arrancó el jueves 29 de agosto. Ese día, Argentina consiguió su primer triunfo, contundente, ante Venezuela por 107 a 72. El goleador del partido fue Ginóbili con 19 puntos. El siguiente fue frente a Rusia y allí se obtuvo el primer resultado histórico de los que se conseguirían en el torneo. Argentina ganó 100 a 81 y logró así su primera victoria frente a los subcampeones del mundo en cinco choques oficiales. Las figuras fueron Hugo Sconochini, autor de 26 puntos, y Emanuel, el segundo goleador, con 21 tantos.

Llegó entonces el turno de Nueva Zelanda, que también chocó contra el cada vez más sólido equipo nacional. La victoria fue por 112 a 85. Manu anotó 24 puntos (7 de 9 en dobles, 1 de 4 en triples y 7 de 7 en libres), 1 rebote y 5 asistencias. De esta manera, Argentina llegó invicta a la segunda ronda. El primer rival de esta etapa fue China —con el gigante Yao Ming, de 2,26 metros de estatura—, a la que también derrotó en una actuación pareja de todo el equipo. La racha triunfal se prolongó ante Alemania, del excelente Dirk Nowitzki, a la que derrotó por 86 a 77 con una producción notable del Chapu Nocioni, que consiguió 19 puntos, tomó 6 rebotes y dio 2 asistencias.

Con esos resultados, en la Argentina comenzaron a seguirse con mayor interés los partidos de la Selección. En un país de tradición básicamente futbolera, el básquet empezó a llamar la atención. Los responsables eran unos jóvenes talentosos y aguerridos que les peleaban de igual a igual a los mejores del mundo. Más aún después de la pobre actuación de la Selección de fútbol en el Mundial Corea-Japón: dos meses antes —contra todos los pronósticos— había sido eliminada en la primera ronda. El Mundial de básquet fue transmitido en vivo por ESPN con muy buenos niveles de audiencia.

El siguiente partido, contra el Dream Team, que venía de cincuenta y ocho victorias consecutivas desde el preolímpico de 1992 —año en que comenzó a utilizar jugadores de la NBA en estas competencias—, despertó enormes expectativas. ¿Podría Argentina quebrar ese invicto y más aún jugando de visitante? "Me acuerdo —dice Oberto— en el vestuario, antes del partido, diciéndonos: 'Vos defendés a O'Neil, vos a Wallace, este otro a Pierce'. Y eran nombres importantes. Pero nos habíamos propuesto jugar con el mayor respeto posible y eso para nosotros significaba jugarles de igual a igual y, si nos teníamos que pelear, hacerlo con la mayor lealtad posible. Creo que la gran diferencia fue que nosotros éramos un equipo. Y ellos, un conjunto de individualidades." Este contraste que señala el cordobés Oberto se notó apenas empezó el partido. La Selección pasó al frente en el marcador y mantuvo la diferencia hasta el final del partido. El juego de equipo al que hacía referencia Oberto —una muy buena defensa y el dominio de los rebotes— le permitió a Argentina sacar una ventaja de 20 puntos en la primera parte. La hazaña pareció, entonces, posible. Estados Unidos redujo esa diferencia a 6 puntos en el tercer cuarto, pero un doble de Ginóbili cortó la reacción del Dream Team y colocó en 8 los puntos a favor del equipo nacional. En el último cuarto, la victoria argentina no corrió peligro. El final los encontró concentrados y el resultado, inevitable, fue 87 a 80. Parecía mentira, pero no lo era. Argentina había logrado quebrar una racha única. Y con las mejores armas. Un equipo sólido y con un juego espectacular. Las estadísticas marcaron que Ginóbili resultó el goleador del equipo con 15 puntos (6 de 11 en dobles, 0 de 3 en triples, 3 de 6 en libres). Y fueron importantísimos Sconochini, que tomó 5 rebotes y dio 8 asistencias; Oberto, con 9 rebotes; Nocioni, con 14 puntos y 4 rebotes; Scola, autor de 13 puntos; Wolkowyski, con 9 puntos y 7 rebotes; y Pepe Sánchez, con 9 puntos y 3 asistencias.

El triunfo argentino, justo y espectacular, fue visto en ciento sesenta países que tomaron la transmisión en directo. Y en la Argentina se vivió con una intensidad que hasta entonces el básquet no había provocado. "El básquet argentino cambió la historia", tituló en su portada *La Nación*. "El básquet en su triunfo más glorioso", fue la tapa de *Clarín*. En Bahía Blanca, *La Nueva Provincia* tituló "Argentina, por los siglos de los siglos". Los medios de comunicación internacionales también se hicieron eco de la victoria histórica. *El Mundo* de España dijo que "el equipo liderado por Ginóbili aspira a dar la alegría que el fútbol no alcanzó". *The Washington Post* habló de un "nuevo orden mundial en básquet". Y *The New York Times* ponderó la tarea de la Argentina como equipo y calificó a Ginóbili como el mejor jugador argentino.

Los protagonistas vivieron este hecho histórico entre la euforia que les generó la victoria y la mesura necesaria para enfrentar con serenidad lo que faltaba del torneo. "Esto tiene un significado distinto. Jugar con este grupo de amigos y ganar este partido fue increíble. Es algo muy pero muy grande, nos permite tener un cruce más accesible pero no vinimos a buscar una victoria contra Estados Unidos", le dijo Manu al diario *Clarín* del 5 de septiembre, resaltando el interés de la Selección por llegar al podio. En la misma edición, Alejandro Montecchia reconocía que había soñado con la victoria, y Luis Scola insistía en que, si no ganaban en cuartos de final, la victoria frente al Drem Team "no habrá servido para nada". Y la victoria en cuartos de final también llegó. El derrotado en esa oportunidad fue Brasil. El resultado: 78 a 67. Casi el 80 por ciento de los puntos fueron anotados por Ginóbili y Oberto (19 cada uno) y Nocioni (16). La Selección argentina se colocó así entre los cuatro mejores equipos del mundo. Y fue por más.

La semifinal se jugó contra Alemania. Un partido complicadísimo para los argentinos, que sólo sobre el cierre pudieron revertir un resultado que les había sido adverso durante casi todo el partido. El triunfo, y el histórico pase a la final, se consiguió con un resultado de 86 a 80, pero tuvo un costo altísimo: cuando faltaban 4 minutos y 39 segundos para la finalización del segundo cuarto, cuando llevaba 9 puntos, y tras convertir su primer triple, Emanuel quedó tendido a un costado de la cancha, producto de una mala caída con signos de evidente dolor. La imagen de Ginóbili tomándose con sus dos manos el tobillo derecho y el rostro escondido en el pecho hizo presumir que se trataba de una lesión grave. Mientras era revisado en la cancha por Horacio Pila, el médico de la delegación, Emanuel se tomó el rostro con las manos. No era difícil imaginar el dolor que sentía. El físico y el otro. Aquel que le provocaba el peor miedo: que la lesión le impidiera seguir jugando en el Mundial. Manu fue retirado hacia el vestuario rengueando y apoyado en el médico y el kinesiólogo Miguel Borgatello. Yuyo, que había viajado a Indianápolis por insistencia de Huevo Sánchez, bajó inmediatamente de la platea para acompañar a su hijo. Manu regresó al banco cuando comenzó la segunda parte del partido, pero no pudo volver a jugar. "Fue un momento difícil para el equipo —recuerda Fabricio Oberto—. Ya era un jugador clave, desequilibraba. Fue un golpe verlo lesionado. Pero nos sobrepusimos y después de estar casi todo el partido abajo, pudimos ganarlo."

Cuando el partido terminó, Manu disfrutó con el resto de sus compañeros del pase a la final, un hecho que no se daba desde hacía cincuenta y dos años. "Estoy orgulloso de mis compañeros, dieron vuelta el partido —dijo Manu a Julián Mozo, el enviado del diario *Olé*—. Todavía no sé si jugaré la final, vamos a ver... Igual la medalla ya no me la saca nadie." Las lágrimas, la emoción y la euforia que provocó el resultado no tenían límites. Únicamente la lesión de Manu suscitó cierta preocupación, aunque todos esperaban que pudiera recuperarse y estuviese al día siguiente jugando la final frente a Yugoslavia. Los primeros estudios diagnosticaron un esguince de tobillo de segundo grado, una lesión que Manu sufrió por primera vez. "Fue un día bastante especial —dice el técnico argentino Rubén Magnano—. Pasamos a la final y se lesionó Ginóbili. Mi idea como entrenador jefe ha sido siempre la de salvaguardar la salud de los jugadores. Ahí mismo se empezó a trabajar para ver si se podía recuperar para el día siguiente. Y eso fue lo que le dije a Ginóbili. Que ante todo estaba su salud, que veríamos la evolución y que al día siguiente evaluaríamos si estaba en condiciones de jugar. Pero hablando en términos vulgares, estaba muy bajoneado." La habitación 1012 del hotel Embassy Suites de Indianápolis —que Manu compartía con Hugo Sconochini— fue más tarde el centro de la atención. "Nos queríamos matar todos —dice Alejandro Montecchia—. Cuando volvimos al hotel fuimos a verlo a la habitación. Tenía hielo colocado para deshinchar el tobillo. Y le preguntábamos: '¿Jugás mañana, no?', o '¿No es nada, no?'. El ya era un estandarte, un jugador fundamental del equipo." Magnano afirma que se guardó la angustia —"la procesión va por dentro para un entrenador", dice— y se encargó de transmitirle a Manu la posibilidad de recomponerse. La otra tarea consistió en fortalecer, con convicción y confianza, al resto del equipo que al día siguiente jugaría nada más y nada menos que la final de un Mundial.

Argentina estuvo cerca de la hazaña. Con un gran juego de equipo, con talento, garra y corazón, estuvo a punto de obtener la medalla dorada. Argentina ganaba 75 a 73 cuando, a 17 segundos del final, Dejan Bodiroga embocó dos libres y el partido quedó 75 iguales. Luego, tras un robo de Luis Scola que tenía destino de doble y cuando sólo restaban 5,9 segundos, el árbitro griego Nicolás Pitsilkas señaló una falta inexistente del jugador argentino sobre Vlade Divac. En un final dramático, el yugoslavo falló los libres y el rebote lo tomó Sconochini que encaró hacia el aro y al tiempo que tiraba recibió la falta de dos yugoslavos que los árbitros decidieron no cobrar. Enseguida llegó el final en 77 y el obligado suplementario. Las airadas quejas de los jugadores no hicieron mella sobre el árbitro. Descontrolados por esas decisiones, los argentinos jugaron esos minutos desconcentrados. Y no hubo vuelta atrás. Yugoslavia ganó 84 a 77 y se quedó con la medalla de oro.

Emanuel —disminuido físicamente— había ingresado a los 8 minutos 6 segundos del tercer cuarto y jugado 12 minutos sin anotar puntos. Pero el trabajo en equipo del seleccionado pudo enmendar su ausencia. El cordobés Fabricio Oberto jugó un partidazo y fue el goleador del encuentro con 28 puntos. El sentimiento de frustración de los jugadores argentinos —"siento que nos robaron", dijeron Manu y Sconochini— impidió gozar inmediatamente de la obtención de la medalla de plata. El reconocimiento del mundo del básquet hacia la Selección fue unánime. Lo mismo que en la Argentina, donde se profundizó la admiración por este grupo que había logrado entrar en la historia. Miles de argentinos, los que ya amaban al básquet y aquellos que a partir de esta selección empezaron a quererlo, tejieron un invisible pero sólido vínculo con ellos. Sobre todo en momentos en que el país seguía sumido en una crisis casi terminal. "En ese momento la dirigencia del país había perdido credibilidad —dice un reflexivo Magnano—. Y creo que quebramos un poco la desesperanza de la gente. El pueblo vio en este y en otros deportes un elemento confiable que dejó entrever que con un trabajo en equipo, organizado y coherente, se puede arribar a objetivos importantes. Y que también captó, claro, todo lo que transmitieron estos muchachos." Con el paso de las horas, y el regreso a la Argentina, el grupo empezó a valorar el logro obtenido. Sin saber que, dos años después, llegaría la revancha ante el mismo rival y en un torneo muy relevante: los juegos olímpicos. Una revancha que llegaría con el mejor de los sabores. Una victoria agónica, con un doble de Ginóbili que quedaría en la memoria colectiva y que le pondría imagen al momento en que los ídolos nacen para siempre.

Capítulo VIII

Grecia. Juegos Olímpicos 2004.

El cielo con las manos

LA HORA DE LA NBA

El retorno de los subcampeones del mundo a la Argentina fue un regreso con gloria. Nunca antes el básquet nacional había logrado una conmoción semejante. Las quinientas personas que los fueron a esperar al aeropuerto de Ezeiza, el paso de algunos de los jugadores —entre ellos Manu— por la Casa Rosada, donde fueron recibidos por el presidente Eduardo Duhalde, la participación en los programas de televisión más populares, les hicieron notar que ya nada sería como antes. Sus rostros —antes desconocidos para el común de la gente, en especial en la Capital Federal y el Gran Buenos Aires— empezaron a ser más familiares. Los nuevos aficionados comenzaron a usar cotidianamente términos basquetbolísticos como "volcada", "penetración", "perímetro", "tapa" o "asistencia". Opinar de las jugadas de básquet —aunque se entendiera poco— se convirtió en un hábito de las charlas de café. El fenómeno se había verificado anteriormente con el hockey y el voley. Y ahora era el turno del básquet.

Paradójicamente, Emanuel, que gozaba de gran popularidad en Italia, no era todavía tan reconocido en la Argentina. A partir del Mundial, el apellido Ginóbili empezó a ser escuchado en ámbitos más amplios. Claro que eso no sucedía en Bahía Blanca, ciudad en la que era el deportista más famoso, uno de sus mejores representantes. Hasta tuvo que salir al balcón del Teatro Municipal —donde lo había recibido el intendente— para agradecer a las mil personas que se habían congregado afuera.

Fue un acto muy simbólico. Junto a ellos estaba Lito Fruet, uno de los mejores representantes de la época de oro del básquet bahiense. "Mucha gente... y sin cacerolas" fue el título del *La Nueva Provincia* del 12 de septiembre en alusión a la presencia de Manu en el balcón sin que se oyera el clásico abucheo que, por entonces, fustigaba a diario a la dirigencia política del país.

Doce días después, Emanuel emprendió el regreso a San Antonio para dar comienzo a su primera temporada en la NBA. Lo acompañaron al aeropuerto local Yuyo, Raquel, Leandro, el hermano mayor, el tío Raúl y su esposa Beatriz, la abuela Adelia y hasta Cecil Valcarcel. No fue una despedida como las anteriores. Tenía 25 años, y una experiencia previa en Italia, donde vivió solo la mayor parte del tiempo. Era más maduro que cuando se había marchado. Se iba con Many —Marianela, su novia—, con la cual seguiría conviviendo en la nueva etapa en San Antonio. Además, sus actuaciones en Europa y en el Mundial lo sometieron a una mayor exposición pública y los ojos de la prensa estaban más pendientes de él. Esta despedida sería igual a la de La Rioja o la de Italia sólo en el abrazo de Yuyo y en las lágrimas de Raquel. En todo lo demás, resultó completamente distinta. Emanuel llegaba a los Estados Unidos luego de un proceso que le permitía sentirse más fuerte, más seguro. Su masa muscular se había desarrollado y llevaba en su cuerpo —como capas superpuestas y entrelazadas— la experiencia de haber jugado muy joven en el equipo de su club y de haber descendido; la carga positiva de debutar a los 18 años en una Liga Nacional dura y competitiva y de liderar a los 19 años —con la confianza que le diera Zeta Rodríguez— un equipo con toda una ciudad detrás; el concepto de libertad bien entendida dentro de una cancha que le dio Gaetano Gebbia, el primer entrenador que tuvo en Italia; la capacidad de amoldarse a esquemas de trabajo para el bien del equipo que le transmitió Ettore Messina; y la sabiduría para persistir y lograr que los otros comprendieran su juego y también se adaptaran a él. Llegaba a la NBA con sólo 25 años pero con las marcas de mil batallas, sin heridas, y con muchos triunfos. Las calientes finales en Italia y en la Euroliga lo habían preparado para compromisos difíciles. Y con la Selección argentina aprendió a mantener la frente alta para jugar de igual a igual ante los mejores del mundo. No era la misma despedida, pero sí la misma persona. Había transitado un recorrido que le permitía tener más confianza en sí mismo y en el futuro. Sin olvidar sus sueños, claro, ni el humilde lugar de donde venía.

Pero Manu no llegó a San Antonio como hubiera querido. Todavía seguía maltrecho por la lesión en el tobillo que arrastraba desde el Mundial. Para colmo, por la efusividad de la gente, lo pisaron en el mismo lugar de la lesión. Pensó que se curaría rápidamente —eso le habían dicho— pero resultó exactamente al revés. El hecho de haber jugado la final y el ajetreo posterior le impidieron una buena recuperación. Y poco después lo pagaría.

Ese esguince condicionó su adaptación a los Spurs. El primer mes, pudo participar de unos pocos entrenamientos. Durante ese tiempo, Marianela y Emanuel aprovecharon para conocer mejor la ciudad y, finalmente, dejar el hotel donde estaban viviendo. Se instalaron en Stone Oak, en las afueras de San Antonio, a unos veinte minutos del centro y cerca del lugar de entrenamiento. La inserción en la ciudad se hizo más fácil ya que el 60% de la población (un millón ciento cincuenta mil personas) es latina, la mayoría mexicanos. Todos estaban encantados de tener a uno de los suyos en el equipo. La ciudad de San Antonio, que pertenece al estado de Texas en el sur de los Estados Unidos, es famosa porque en su territorio está El Álamo, el lugar en el que 189 combatientes, entre ellos el célebre David Crockett, pelearon hasta la muerte contra el poderoso ejército del general mexicano Santa Ana. El River Walk, el Paseo del Río, donde corre el río San Antonio, es una de sus mayores atracciones. Manu recorrería sus aguas en dos oportunidades. Y no en plan turístico, sino en caravanas de gloria, para cumplir un rito que la ciudad reserva sólo para sus campeones.

La meta de los Spurs para ese año era ganar el campeonato. Desde 1999, cuando obtuvieron su primer y único título, no habían logrado repetir. No era de los equipos de mayor presupuesto de la NBA (cerca de 50 millones de dólares, la mitad de otros equipos), sin embargo, habían armado un buen grupo con el equilibrio de una lógica inversión y el cuidado de sus figuras. Para esa temporada, el fenómeno de la globalización de la NBA se había ampliado —y se profundizaría en los años siguientes— con la presencia de unos cuarenta jugadores extranjeros. Si bien los índices de audiencia televisiva habían decrecido notoriamente en los Estados Unidos desde el retiro de Michael Jordan, la presencia de jugadores de otros países garantizaba la continuidad de los millonarios dividendos producidos por los derechos de televisación al resto del mundo. Sólo en China, país de donde es oriundo Yao Ming, los partidos de la NBA tienen una audiencia de treinta millones de espectadores.

Al igual que en Reggio Calabria —donde el empresario Santo Versace regía los destinos del equipo en el cual jugaba Manu—, un poderoso magnate era propietario de los Spurs: Peter Holt, un veterano de Vietnam condecorado con el Corazón Púrpura, dueño de la franquicia desde 1996, luego de pagar unos 75 millones de dólares. Este multimillonario, vinculado a la firma Caterpillar, una de las más poderosas del mundo en maquinarias para la construcción, tuvo la idea de construir el SBC Center, el nuevo estadio de los Spurs, con un costo de 190 millones de dólares —el municipio de San Antonio realizó un aporte considerable— y capacidad para 18.500 espectadores.

Las dos figuras emblemáticas del equipo eran Tim Duncan y David "el Almirante" Robinson. El primero, oriundo de las Islas Vírgenes, disputaba con Shaquille O'Neal, que en ese momento integraba el plantel de los Lakers, la calificación de mejor jugador de la NBA. El Almirante, un querido y veterano integrante de los Spurs, ya había anunciado su retiro para el fin de la temporada. El francés Tony Parker, un jovencísimo base que había llegado al equipo el año anterior, Bruce Bowen, Stephen Jackson, Malik Rose, Speedy Claxon, Steve Kerr, Kevin Willis, Danny Ferry y Steve Smith, con quien Manu debería disputar la titularidad, completaban el plantel.

Descartada la camiseta número 6, Ginóbili eligió finalmente la número 20. Con ella, y después de no haber podido jugar tres de los partidos preparatorios, entró por primera vez en un amistoso frente a Houston Rockets. Manu estuvo 17 minutos en la cancha y convirtió 6 puntos, tomó 4 rebotes, 2 robos y dio 2 asistencias. Sin embargo, la expectativa estaba puesta en el debut oficial, que sería nada más y nada menos que frente a los tricampeones, Los Ángeles Lakers, equipo que la temporada anterior había eliminado a San Antonio en las semifinales de la Conferencia del Oeste. "El equipo tiene un montón de jugadas cortas, de dos o tres movimientos, que son difíciles de recordar —confesó Manu a *La Nación* el 26 de octubre, poco antes del debut—. Eso es lo que más me cuesta. Además, como no estoy al cien por cien y pienso en el tobillo y en las reglas de la NBA, se me junta todo y se me complica más." Ginóbili debía acostumbrarse, entre otras cosas, a las diferencias reglamentarias de la NBA respecto de la FIBA (Federación Internacional): en el torneo americano, la línea para el tiro de tres puntos está casi un metro más lejos (7,24 contra 6,25). Ya había sufrido este cambio en la pretemporada, durante la cual había podido embocar sólo uno de nueve intentos. Manu, sin embargo, estaba confiado en que todo era cuestión de tiempo, de entrenamiento y partidos. El primero de ellos, el del debut, sería en el Staples Center de los Lakers, los dueños de casa. El día: 29 de octubre de 2002. Aunque para la Argentina sería, por la diferencia horaria, el 30. Lesionado, Shaquille O'Neal, figura del equipo rival, se encontraba presente entre los diecinueve mil espectadores que colmaron el estadio. También estaba un fanático del equipo de Los Ángeles: el actor Jack Nicholson. El marco era espectacular porque, antes del encuentro, los jugadores de los Lakers —en una ceremonia que se repite año tras año en el primer partido de la temporada— recibieron sus anillos de campeones. Poco después, Manu, con la camiseta número 20, se sentó en el banco a la espera de que Greg Popovich le diera la indicación para ingresar. Los nervios se esfumaron cuando le tocó entrar. Fue a la 1:14 horas del día 30, cuando faltaban 3 minutos 15 segundos para que terminase el primer cuarto. Entró por Steve Smith, y en su primer intento al aro, dos minutos después, convirtió un triple. Ginóbili quedó así en la historia como el tercer argentino en jugar en la poderosa NBA. Los números del partido dicen que su equipo les ganó a los campeones, y de visitante, por 87 a 82. Y que Manu jugó 20 minutos, anotó 7 puntos (1 de 4 en triples, 2 de 5 en dobles), dio 3 asistencias, sufrió 2 pérdidas, tomó 2 rebotes y concretó 1 tapa y 4 robos. Uno de ellos, al mismísimo Kobe Bryant, al que le quitó la pelota desde atrás para iniciar un contragolpe y asistir a su compañero Speedy Claxton, quien convirtió el doble que definió el encuentro. La actuación de Manu no pasó inadvertida y recibió elogios de sus compañeros, del técnico Popovich y de la prensa local e internacional. Manu había dejado su sello en el debut. Es que más allá de las estadísticas, jugó sin dejarse presionar por el marco que lo rodeaba, por las estrellas que estaban en la cancha y, como siempre lo había hecho, arriesgó pensando más en el eventual éxito que en el posible fracaso. "Cuando entré a la cancha me olvidé de los nervios. Creo que las cosas me salieron bastante bien. Podría haber jugado un poco mejor pero creo que ayudé al equipo a ganar", declaró Emanuel al término del partido. En su debut, Manu dejó en claro que tenía la personalidad suficiente para jugar en la NBA. Y que el equipo podía contar con alguien capaz de sacar de la galera jugadas imprevistas. Una vez más, como había sucedido en Italia, demostró que podía adaptarse a un nivel superior. Pero también, como sucedió en otras oportunidades, debería sortear primero varias dificultades, y hacerlo, como dijo Ettore Messina, con su capacidad para adaptarse rápido, aprender de ellas y seguir creciendo. Fue una etapa que duró pocos meses; meses que a Manu le parecieron interminables. Después, después, vendría lo mejor.

DONAS, LESIÓN Y DESPUÉS

Hacia los primeros días de noviembre, Manu había jugado en los cuatro partidos del inicio del campeonato —algunos de ellos como titular—, con tres triunfos y una derrota. Había estado en la cancha un promedio de 23 minutos, con 8,25 puntos, 2,25 rebotes, 2 asistencias y 2 pelotas recuperadas.

Por entonces, y con el comienzo de la fase regular, le tocó cumplir con el rito de todo *rookie* (novato): comprar las donas para sus compañeros más veteranos y llevarlas al entrenamiento. Un derecho de piso que todo jugador nuevo debía pagar. El último había sido Parker, novato en la temporada anterior, y ahora era el turno de Manu, que debió averiguar incluso las direcciones donde comprarlas. Pero también gozó de las ventajas del superprofesionalismo, de una organización casi perfecta. Los viajes no eran ya en vuelos de línea sino en un avión privado que estaba a disposición del plantel y al que llegaban directamente por pista en su propio automóvil. No tenía que molestarse ni siquiera en bajar el bolso. Y no lo volvía a ver hasta que se lo llevaban a la habitación del hotel cinco estrellas en el que se alojaban. Tampoco había concentraciones previas a los partidos, tan habituales en el fútbol. Se confiaba ciegamente en el profesionalismo de los jugadores.

Los prometedores primeros partidos dieron paso a otros en los que su producción sufrió un considerable bajón. Por un lado, seguía sin recuperarse totalmente de la lesión en el tobillo derecho. Por otro, le costaba adaptar su juego al de los Spurs. Así aparecieron las primeras tensiones con el técnico Popovich. En una teleconferencia del 19 de noviembre, hizo una inusual autocrítica —no para él sino para cualquier deportista—. "No estoy cien por cien físicamente. Pero no es sólo por eso que no juego más minutos sino porque mi rendimiento no es el ideal. Debo comprender lo que pretende el entrenador, saber lo

que detesta, lo que le gusta, y transformarme en un jugador confiable. Y sorprender menos a mis compañeros. A
veces no saben si voy a pasar, tirar o penetrar. Los confun-
do y no saben qué hacer. Soy una incógnita para ellos."
Con el bajón y la mejoría de algunos lesionados, perdió
minutos y ganó frustración. Y al querer aprovechar los
pocos minutos que tenía en cancha —por su personalidad,
por su juego—, arriesgaba y generaba su propio enojo
cuando las cosas no le salían como quería, y también, claro, la reacción de Popovich. No fueron tiempos fáciles
para Manu. "De ser el mejor jugador de Europa y que todos los balones pasaran por él, pasó a jugar cinco minutos,
a que lo sacaran si cometía un error y a llevar las donas
para los jugadores más experimentados —dice Huevo
Sánchez, un especialista a la hora de analizar los distintos
momentos de Emanuel—. Recuerdo una reunión que tuvo una vez con Popovich, que le apretó las clavijas por su
forma de jugar. Salió bastante enojado pero se lo bancó y
luego supo cómo ganarse los minutos. Con mucho respeto por Duncan, Parker y por el propio Popovich", afirma
Huevo en un alto de su actividad como técnico de Deportivo Madryn de la Liga Nacional. Cuando Sánchez habla
de que "supo ganarse los minutos" significa que Emanuel
logró revertir la situación. Y como había sucedido antes
con Messina, comenzó con Popovich un proceso de
"adaptación mutua". La primera resolución fue que no jugaría hasta tanto no estuviera recuperado totalmente de la
lesión en el tobillo —del que se había resentido en un
partido frente a Houston Rockets tras un choque con el
chino Yao Ming— y pudiera rendir al ciento por ciento
en el aspecto físico. Manu pasó así a la lista de lesionados, en
la que estuvo desde el 6 hasta el 28 de diciembre. Al menos tuvo el consuelo de obtener el premio Consagración
en básquet y el premio Consagración de Oro que entrega
anualmente el diario *Clarín* de Buenos Aires. Mientras permaneció en la lista de lesionados, se perdió los once partidos que se jugaron en ese lapso. Uno de ellos, tal vez el
que más le dolió, fue el del triunfo de los Spurs ante

Washington Wizards, donde jugaba, en su último retorno, su ídolo máximo, Michael Jordan.

Regresó a fines de diciembre —cuando ya estaba aburrido de no jugar— en la derrota frente a New York Nicks y, en el último día del año, tuvo otra oportunidad de encontrarse en la cancha con Michael Jordan. Pero en el nuevo encuentro ante Washington jugó sólo cinco segundos, justo cuando Jordan estaba en el banco de los suplentes. "Lo que impacta es su imagen —dijo Manu—. Lo ves e impone respeto. Ves su cara en la cancha y tenés que estar atento en cada momento. No sé si es por su imagen, por lo que ganó o por las dos cosas. Tenerlo al lado te hace sentir más chiquito" (*Clarín*, 6 de febrero de 2003).

Cuando mejoró en lo físico, se apoyó en la confianza que tenía en su juego y comenzó a recuperar su nivel. Y desde el lugar de sexto hombre —desde donde se sintió muy cómodo— demostró por qué había sido elegido el mejor jugador de Europa y por qué había llegado a la NBA. E, igual que en otros momentos de su carrera, no desaprovechó las oportunidades. A tal punto, que fue convocado para integrar el equipo de los novatos —los mejores de la temporada— que jugaría el All Star Game, el Juego de las Estrellas, frente al combinado de Sophomores (los que ya están en el segundo año de competencia). Aunque finalmente una nueva lesión lo excluyó del partido, su recuperación le permitió empezar a seducir también a los fanáticos de San Antonio. Asistencias, volcadas, tapas y penetraciones, todo su repertorio, en especial en el último cuarto, cuando se definen los partidos, hicieron que comenzara el idilio. Si le dejaban espacio para tirar, lo hacía —mejoró muchísimo entonces el porcentaje de efectividad en sus tiros de campo—; si lo intentaban marcar, sorprendía con sus mejores penetraciones. Los Baseline Bums, la barra de fanáticos de los Spurs, se lo hizo saber con un típico cantito argentino que hicieron propio: "Olé, olé, olé, olé, Manuuu, Manuuu". Después de Tim Duncan y Tony Parker, fue el tercer jugador de los Spurs en tener cantito propio. Curiosamente, quien lidera los Base-line no es un hombre sino una mujer. Se llama Juli Blanda. "Aquí estábamos entusiasmados con tener un latino en el equipo. Desde el primer momento que pisó el SBC Center, supimos que era diferente. La determinación, la intensidad y el entusiasmo con que juega, hicieron que rápidamente se convirtiera en uno de nuestros favoritos. Cuando Manu está en la cancha, hay otra excitación en el juego." Juli da más pistas de los motivos de la devoción por Ginóbili. "Habla español, es humilde, es un jugador divertido para mirar y... las mujeres de aquí piensan que, además, es muy guapo." Ese enamoramiento de las mujeres de San Antonio se haría cada vez más fuerte. Tanto que no son pocas las que lamentan profundamente que esté en pareja. Con el tiempo se convirtió en un *sex simbol* y hasta hubo ropa interior para mujeres estampada con el nombre "Manu".

El crecimiento de San Antonio y de Emanuel fueron de la mano. Así, los Spurs lograron establecer un nuevo récord en la NBA: ocho triunfos seguidos, de visitantes. "Mis compañeros entendieron que yo no era de esos *rookies* que lo único que quieren es demostrar que pueden jugar y hacer puntos. Ellos saben que lo que me importa es hacer ganar al equipo. Ese respeto me hizo llegar a este presente" (*Clarín*, 8 de marzo de 2003). Manu había entendido el juego del equipo. Y el equipo había empezado a entender a Manu. Sus jugadas ya no eran una incógnita para sus compañeros. La improvisación que aportaba al planificado juego de los Spurs les dio un vuelo que antes no tenían. A su vez, Manu supo adaptarse al estilo del equipo. La confianza con Popovich creció cada vez más. Eso no impidió que en alguna oportunidad —y sin darse cuenta de que los micrófonos de la televisión estaban abiertos— el técnico lo retara a Manu mostrándole sus curtidas manos en señal de su experiencia en contraposición a la juventud del zurdo bahiense, advirtiéndolo por no hacerle caso y por seguir intentando jugadas fuera de las preestablecidas.

Con un fenomenal Duncan, con la experiencia de Robinson, la inspiración de Parker y el talento de Manu, la clasificación para los *playoffs* llegó por anticipado. Si algo le faltaba para sentirse totalmente aclimatado, fue que la NBA lo eligiera Novato del mes —marzo— superando entre otros al chino Yao Ming y a Amare Stoudemire.

A mediados del mes de abril, los Spurs obtuvieron la fase regular de la NBA, se aseguraron el primer puesto de la Conferencia del Oeste y también la primera posición en la temporada regular, lo que les dio derecho a definir de local —en caso de ser necesario— los desempates de los *playoffs*. En esa fase, Emanuel jugó sesenta y nueve partidos y sólo en cinco lo hizo como titular. Tuvo un promedio de 20,7 minutos, 9,08 puntos (43,8 por ciento de efectividad en dobles; 34,5 en triples; 73,7 en libres), 2,33 rebotes, 2 asistencias, 1,39 robos, 1,45 pérdidas. Las estadísticas hablaron por sí solas. Un desempeño por demás satisfactorio para una primera temporada en el básquet más poderoso del mundo. Lo que estaba por venir sería muy fuerte. Se convertiría en el primer argentino en ganar un título de la NBA.

EL PRIMER ANILLO

El primer —y duro— escollo se llamó Phoenix Suns. San Antonio pudo superarlo después de partidos muy peleados y ganó la serie 4 a 2. En tres de ellos, Manu fue muy importante: en el segundo, convirtió un triple decisivo cuando faltaba un minuto y dos segundos; en el tercero, acompañó una excelente producción de Tony Parker; y en el sexto y último, el que definió la serie, señaló el rumbo con tiros decisivos junto a Stephen Jackson, aprovechando la doble marca que le hicieron esa noche a la estrella Tim Duncan.

En el siguiente turno, debieron vérselas con quienes habían sido los verdugos de los Spurs en las dos temporadas anteriores: Los Ángeles Lakers, con Shaquille O'Neal y Kobe Bryant como estandartes. Y al igual que la serie anterior, ésta se definió 4 a 2 a favor de San Antonio. Y otra vez Manu tuvo participaciones decisivas. En el segundo juego, por ejemplo, donde quedó como segundo goleador de su equipo con 17 puntos, detrás de Bowen, que convirtió 27. El triunfo del quinto partido —tras una definición dramática— resultó clave. Después de que los Spurs llevaran una ventaja de 25 puntos, los Lakers se pusieron a 1, cuando faltaban veinte segundos. Robert Horry falló un triple que hubiera significado la derrota. (Dos años más tarde, cuando Horry ya había sido trasferido a San Antonio, sería el autor de un triple decisivo, tras la asistencia de Manu para un triunfo que colocaría a los Spurs al borde de su segundo título.) La serie con los Lakers se definió en el Staples Center, frente a la mirada atenta de 19 mil espectadores, entre los que se encontraban Jack Nicholson y Denzel Washington, además de otras figuras de Hollywood. Los Spurs triunfaron por 110 a 82 y consiguieron el cuarto y decisivo punto.

La final de la Conferencia Oeste fue frente a Dallas Mavericks. Y otra vez, la serie se definió 4 a 2. Manu jugó uno de sus mejores partidos de la temporada en el cuarto cotejo, que puso la serie 3 a 1. En el sexto partido, 4 triples en el último cuarto del veterano Steve Kerr, uno de los amigos de Manu fuera de la cancha, y 9 puntos del zurdo bahiense fueron decisivos para darlo vuelta, ganarlo por 90 a 78 y colocarse en la final. Por primera vez en la historia, habría un jugador argentino en esa instancia.

El rival a vencer era New Jersey, con figuras relevantes como Jason Kidd, Kenyon Martin, Richard Jefferson, Lucious Harris, Dikembe Mutumbo (el gigante zaireño de 2,18 metros) y Kerry Kittles. El primer partido jugado en San Antonio el 4 de junio de 2002 fue favorable a los Spurs por 101 a 89, con una gran actuación de su pivote Tim Duncan. Manu convirtió 7 puntos y consiguió 7 rebotes. El segundo significó la primera derrota, y como locales. Los Nets se pusieron 1 a 1, con 30 puntos de Jason Kidd en el triunfo por 87 a 85. En el tercer partido fueron los Spurs los que ganaron de visitantes. Fue 84 a 79 y Ginóbili anotó 8 puntos (uno de los dobles concretado a 43 segundos del final), tomó 2 rebotes, robó 3 balones, puso

2 tapas y dio 4 asistencias. La serie volvió a quedar empatada, ahora en 2, cuando el equipo de Nueva Jersey ganó 77 a 76 en el cuarto partido. Manu (10 puntos, 2 rebotes, 1 asistencia) no lo pudo definir con el tiro del final —que por primera vez le dio Popovich— al fallar un triple a dos segundos del cierre que hubiera obligado al suplementario. "Volvería a lanzar ese tiro final las veces que fuera necesario. Prefiero perder así, teniendo que ver en la derrota, y no sin haber hecho nada", dijo Manu, como una declaración de principios, luego del partido (*Olé*, 13 de junio de 2002). El quinto cotejo se jugó en el Continental American Arena de Nueva Jersey. Con Tim Duncan como máximo goleador (29 puntos) y Manu con 12 puntos (4 de 8 en dobles, 4 de 4 en libres) 3 rebotes y 2 robos, los Spurs obtuvieron la victoria por 93 a 83. La ventaja de 3 a 2 les dio la posibilidad a los Spurs de definir de locales y quedarse con el título.

El domingo 15 de junio, San Antonio tenía todo preparado para la gran fiesta. El "Go, Spurs, Go" adornaba las calles de la ciudad. El SBC Center estaba vestido con sus mejores galas. Y el público colmaba sus modernas instalaciones. El coyote, la mascota de los Spurs, hacía de las suyas. Las pantallas gigantes entretenían al público con videos de las mejores jugadas. El locutor arengaba a los asistentes. El show, el megashow de la NBA, con sus luces y sus brillos, ejercía su seducción sobre los casi veinte mil fanáticos sentados en sus cómodas plateas. Adentro, parecía olvidarse el calor agobiante de 30 grados que había fuera del estadio. A once mil kilómetros de distancia, al sur, en Bahía Blanca, en Bahiense del Norte, la imagen de Manu se proyectaba en una pantalla especialmente alquilada para la ocasión y colocada en el salón contiguo al quincho, a metros de la cancha que lo vio nacer como jugador. Como en el resto de la instancia final, un canal de aire, el Canal 9, se sumó a ESPN en la transmisión del partido. Unas cincuenta sillas de plástico, colocadas en fila a modo de plateas, albergaron a los socios y simpatizantes que eligieron ver el partido en la cuna deportiva de su ídolo. Muchos de ellos bien abrigados. El frío de junio se hacía sentir en Bahía. Yuyo, acompañado por el presidente del club Alberto Antón, Horacio La Bella, y otros dirigentes y amigos, se instaló en el fondo del salón. Raquel, como era habitual, prefirió quedarse en Vergara 14, allí donde Emanuel aprendió a picar la pelota de la mano de Huevo Sánchez. Abstraerse seguía siendo su mejor remedio para los nervios. Al norte, en San Antonio, en el lujoso y alfombrado vestuario de los Spurs, su hijo Emanuel comenzaba el rito que ya había cumplido noventa y dos veces en la temporada: colocarse la camiseta blanca número 20 con su nombre estampado en la parte delantera y en la trasera.

Cuando empezó la final, con Manu sentado en el banco, en el salón de Bahiense del Norte se apagaron las luces y se encendieron los nervios. A los tres minutos, cuando Popovich le dio la orden a Manu para ingresar, llegó la primera ovación. Y el primer comentario de Yuyo: "Popovich se salió del libreto. Lo hizo entrar más temprano". Yuyo tenía razón. Por primera vez en la serie final, el técnico resolvió que Ginóbili entrara más rápido. Los Spurs estaban jugando un flojo primer cuarto. Manu tampoco estuvo muy acertado en ese comienzo. Falló en el primer intento de doble y luego, tras recibir tres faltas convirtió 3 de los 6 libres. En Salta 28, los nervios pudieron más, y Yuyo dejó el salón y se fue al quincho a controlar que las hamburguesas estuvieran listas para cuando terminara la primera mitad. No sería la única vez en la noche que Yuyo preferiría no ver el partido. En el segundo cuarto, los Nets llevaban 10 puntos de ventaja hasta que las torres Duncan y Robinson mejoraron debajo de los tableros y el partido empezó a emparejarse. Manu volvió a ingresar cuando faltaban poco más de tres minutos pero no pudo impedir que New Jersey se fuera al descanso con tres puntos de ventaja. En San Antonio, el público aprovechó ese tiempo para ir a buscar bebidas y algo para comer. En Bahiense del Norte, las hamburguesas moderaron la ansiedad de los presentes. Ni en un lado ni en el otro había motivos para el festejo. Era un partido cerrado sin una tendencia definitiva. Así fueron los primeros momentos del tercer cuarto. Hasta que Parker perdió un balón y los Nets, de la mano de Kittles, hicieron un parcial de 7 a 0 y luego ampliaron la diferencia en 10 puntos. En Bahiense, se generaron los primeros abucheos hacia el base francés. Uno de los asistentes lo cruzó con una de las críticas más escuchadas de la temporada: "Nunca le pasa el balón a Manu". Popovich mandó nuevamente a la cancha a Ginóbili. Entre las tapas de Duncan y un doble de Manu, que primero había errado un triple, acercaron el marcador a 6 puntos. Pero los de Nueva Jersey estaban muy firmes y esa diferencia se mantuvo al cierre del tercer cuarto. En Salta 28, Yuyo ya no aguantó más en el quincho y volvió al salón. Pero no se instaló en el fondo. Se quedó cerca del televisor como si de esa manera estuviera más cerca de su hijo en el cuarto definitorio. Manu salió desde el arranque. Y cuando más lo necesitaba el equipo, apareció. En una jugada clave le robó una pelota a Richard Jefferson. En Bahiense del Norte las miradas parecieron hacer foco sólo en la corrida de Emanuel. Si se lo hubiera podido pasar en cámara lenta, se habría podido ver en ese vuelo de Manu hacia la canasta, antes de volcar el balón, "esa sonrisa por dentro que me muero", como definió Manu a ese instante sublime. Y luego, al enterrarla, en la misma cara de Jefferson, "sentir la satisfacción más grande" por ver a la tribuna pararse y aplaudir. Como sucedió en el SBC Center y en Bahiense del Norte, que en ese instante quedaron unidos bajo la magia de una jugada que les dio una inyección anímica a los Spurs y que fue el comienzo de la remontada final. Dos triples de Jackson, un rebote ofensivo y un doble del Almirante, otro de Claxon, y los de San Antonio pasaron al frente por primera vez en el partido con 5 puntos de diferencia. La excelente tarea defensiva de Duncan y otro triple de Jackson aumentaron la ventaja. A tres minutos del final, la ventaja era ya de 8 puntos. La euforia comenzó a desatarse en San Antonio y en Bahía Blanca. La emoción creció. Yuyo seguía pegado a la pantalla, con la emoción a punto de desbordar. A 38 segundos del final, los Spurs estaban 86 a 77. Y tras un ataque fallido de los Nets, Manu tomó el rebote, y cuando encaró hacia el aro le cometieron falta. En el banco de los Spurs todo era festejo. Mientras Manu se aprestaba al primer lanzamiento, el Almirante Robinson, sabiendo que se retiraría campeón, se abrazaba con Kevin Willis. Manu tira el primer libre y convierte: 87 a 77. En Bahía, los brazos comienzan a estirarse hacia Yuyo. En el SBC Center los de Manu se alzan para conseguir el segundo de los libres: 88 a 77. El reloj indica que faltan 35 segundos. Otro ataque fallido de los Nets. Manu recibe el balón. Restan 16 segundos. Se la pasa a un compañero en el costado derecho de la cancha. La pelota duerme en esas manos, ajena a la locura desatada en el norte y en el sur de América... 12 segundos. El banco local es un ramillete de abrazos. Duncan, Robinson, Parker, Popovich, Kerr... 11 segundos. Manu se toma la cabeza con las manos. Nada puede detener la cuenta regresiva hacia la gloria. Lo entienden —ya resignados— los jugadores de los Nets. El salón de Bahiense estalla de emoción. El "Dale campeón" se escucha hasta en San Antonio... 10 segundos. Manu, parado en la mitad de la cancha, levanta los brazos y mira hacia la platea. Busca a Marianela. Hace visera con sus manos... 9 segundos. La descubre entre la multitud, la señala —en un tributo único— con los brazos extendidos... 7 segundos. Manu se vuelve a tomar la cabeza con las manos. Pareciera, en ese momento de triunfo, que está ahí vistiendo las camisetas, invisibles pero presentes, de Andino, de Estudiantes, de la Selección, de Reggio, de Kinder... 6 segundos... 5... 4... 3... 2... 1. Es el final. Campeón de la NBA. En un costado de la cancha se abraza con Marianela, que le da una bandera argentina. Manu se envuelve con ella en un gesto que la gente repite en Bahía y en todo el país. Ahora sí el festejo es total. Robinson estrecha a Manu en un abrazo. El veterano y el novato. Y se pierde en un mar de abrazos. Igual que el que invade a Yuyo en Bahiense del Norte. Los flashes de los fotógrafos encandilan a uno y a otro. Un Ginóbili ya estaba entre los gigantes del básquet mundial. Levanta la copa que levantó el mismísimo Michael Jordan. Y junto a él, la bandera celeste y blanca. El pibe de Vergara 14, el de Salta 28, el que saltaba tocando las chapitas porque quería volar bien alto, estaba en la cumbre. E iba por más.

PASAJE A LA ILUSIÓN

Al igual que durante la temporada, cuando encontró su lugar en el equipo desde un segundo plano, Manu supo ubicarse también en los festejos. Desde el lugar de sexto hombre, había aportado, y mucho, para la obtención del título. Y desde allí se sumó a la fiesta desatada en el SBC Center. Las figuras centrales en el momento de recibir la copa fueron Tim Duncan (el mejor de la final con 21 puntos y 20 rebotes, elegido el MVP) y David Robinson, en su último partido, y con gloria, tras una larga trayectoria en la NBA. Lo mismo sucedió en el vestuario, donde, prolijamente, se había colocado un nailon para proteger la alfombra del champán que empezó a caer cuando los jugadores sacudieron las botellas y regaron a sus compañeros, periodistas y allegados con el alcohol de la victoria.

En la final, la planilla de Manu indicó que había jugado 33 minutos con 11 puntos (0 de 4 en triples, 2 de 5 en dobles, 7 de 10 en libres), 7 rebotes y 2 robos. Pero las estadísticas de los *playoffs* volvieron a señalar, como en el pasado, que a la hora de las definiciones, su rendimiento era superior. En los 24 partidos, su promedio fue de 27,5 minutos (6,8 más que en la temporada regular); 11,75 puntos (2,67 más); rebotes, 3,8 (1,5 más); asistencias, 2,9 (0,9 más) y robos, 1,71 (0,32 más).

El triunfo de los Spurs y el desempeño de Manu tuvieron una amplia repercusión en la prensa local e internacional. Desde Italia, donde el recuerdo de su paso aún perduraba, pasando por España, Francia, de donde es oriundo Parker, y toda América latina. En la Argentina, la transmisión televisiva de Canal 9 logró el día de la final 8,1 puntos de rating, con un pico de 14,1. Y la de la señal de cable ESPN, 4,15, toda una hazaña para un partido de básquet. Más aún cuando se trataba de un solo jugador argentino y no de la Selección nacional. Dos años después, en la siguiente final que disputaría Manu, esas cifras de televidentes crecerían al doble.

En la revista *Veintitrés* del 19 de junio de 2003, el periodista Adrián Paenza —haciendo gala de su condición de matemático y de buen observador de la realidad— escribió un artículo que tituló "Grande Gino (sin exagerar)", donde cuantificó el significado del logro de Manu. Pero también advirtió —en ese momento y de ahí el subtítulo— el riesgo de exagerado chauvinismo en el que algunos habían caído. "En la tierra hay 6 mil millones de habitantes. Cada equipo de la NBA puede fichar 15 jugadores. Hay 29 equipos que juegan el torneo. La cuenta es fácil: hay sólo 435 personas en el mundo que acceden a esa elite. Pero también puede verse de este modo: una de cada catorce millones de personas participa de esa competencia." Uno de ellos —un elegido— había sido Emanuel.

Otra vez, Manu había llegado al lugar exacto en el momento preciso. Ganar un título de la NBA en la primera temporada de actuación no es algo de todos los días. El propio Manu, en su página Web —que recibió infinidad de visitas—, lo indicó antes del partido. Puso como ejemplo a sus compañeros de equipo y señaló que Kevin Williams, en 18 temporadas, y Steve Smith en 13, nunca habían llegado a una final. David Robinson, en 14 temporadas, sólo había disputado una final. Y Manu no sólo había llegado a una en su primera vez sino que, además, la había ganado. Fenómenos de la NBA como Karl Malone, Patrick Ewing y Charles Barkley se habían retirado sin haber disfrutado un campeonato. Precisamente Barkley se convirtió en uno de los más fanáticos hinchas de Ginóbili y hasta el propio Michael Jordan había señalado que era un muy buen jugador, un ejemplo para los jóvenes y que —en uno de los conceptos más valorados— ayudaba a su equipo a ganar partidos.

Ginóbili disfrutó de la fiesta que se desató en San Antonio tras la obtención del título: el paseo en lancha de los campeones por el River Walk ante más de 300 mil personas y el recibimiento de otras 50 mil en el Alamodome donde, incluso, debió hablar en español a pedido de sus compañeros y del público. Luego, tras unas breves vacaciones en St. Thomas, emprendió el esperado regreso a la Argentina.

En Córdoba primero, y en la Ciudad de Buenos Aires después, pudo palpar que ya nada sería como antes. Participó en clínicas para chicos organizadas por la NBA; allí pudo ver el fenómeno que empezaba a generarse a su alrededor. Otro presidente argentino lo recibió en la Rosada, en esta oportunidad Néstor Kirchner, al que le dejó la camiseta de los Spurs con el número 1 y el apellido Kirchner estampado en ella. Y cuidando las formas, hubo otra para el vicepresidente Daniel Scioli, pero con el número 2. Lo mismo sucedería en Bahía Blanca, su ciudad. Mil afiches con su rostro inundaron las calles para recibirlo el viernes 18 de julio de 2003. "Bienvenido Manu. A tu familia. A tu ciudad, a tu club, a tu barrio, a tu gente. Bahía Blanca, capital del básquetbol." Más de dos mil personas que esperaban bajo la lluvia —entre ellas, una de sus más fervientes admiradoras, Nora Ferrante, su preceptora del colegio secundario— lo ovacionaron cuando salió otra vez al mismo balcón que el año anterior. Ese día de tantas emociones vivió uno de los momentos que más lo conmovieron. Bahiense del Norte, su club, había resuelto bautizar con su nombre el estadio de básquet. Acompañado por toda su familia, ante su gente y una gigantografía amarilla colocada en el lado derecho la pared, donde se lo podía ver con las distintas camisetas de los equipos que había utilizado hasta entonces, y la leyenda "Estadio Manu Ginóbili", agradeció a todos, a sus compañeros de siempre de Bahiense, y le rindió un tributo de honor a Yuyo, su papá. "Tendría que llevar el nombre de mi viejo, no el mío", dijo mirando el cartel amarillo, ubicado más arriba de donde habían estado los aritos de básquet que muchos años atrás había hecho colocar Oveja Hernández.

El mes de agosto de 2003 lo encontró nuevamente con la Selección nacional y un compromiso de honor: el torneo Preolímpico de Puerto Rico, que definiría los lugares para los Juegos de 2004 en Atenas. Si bien el grupo de jugadores era prácticamente el mismo del año anterior —sólo el cambio de Federico Kammerichs por Hugo Sconochini, que se había retirado de la Selección—, la energía no era la misma. El propio Manu llegaba después de una agotadora temporada con los Spurs. En un momento, incluso, le pidió al técnico Rubén Magnano salir del equipo ("Estoy pintado dentro de la cancha; le pedí que me sacara porque estaba sin fuerza en las piernas", le dijo a *La Nación* el 22 de agosto de 2003). Sin embargo, a pesar de algunos problemas que rodearon la organización y que molestaron a los integrantes del plantel, la Selección —y Manu también— logró el objetivo. El inicio fue con el pie izquierdo ya que en el primer partido perdió con México por 91 a 89. Comenzó la recuperación con un triunfo ante Uruguay por 91 a 60, y la consolidó con otro muy importante ante el fuerte equipo de Canadá, por 94 a 90. Obtuvo el pase a la segunda ronda con otra victoria ante los locales, Puerto Rico, por 85 a 80. El Dream Team se tomó revancha del año anterior: con un equipo que integraban, entre otros, Tim Duncan y Jermaine O'Neal, le ganó a Argentina por 94 a 86. Otra derrota ante Venezuela, esta vez por 97 a 92, obligaba a un triunfo ante República Dominicana para poder alcanzar la semifinal. Y Argentina fue contundente: 102 a 72 y a jugar otra vez contra el Canadá del talentoso Steve Nash, por uno de los tres pasajes para Atenas. En el momento preciso, el equipo apareció en toda su dimensión con Manu como abanderado y logró un contundente triunfo por 88 a 72 y la consiguiente clasificación. Ginóbili fue la figura de ese partido con 26 puntos (2 de 6 en dobles, 5 de 7 en triples, 7 de 7 en libres), 3 rebotes y 4 asistencias en treinta minutos. El festejo interminable de los jugadores, envueltos en la bandera argentina, fue la portada de los principales diarios del país al día siguiente. En el partido por el campeonato, el Dream Team se encargó de postergar el sueño de campeones tomándose otra revancha de la derrota del año anterior. Esta vez Estados Unidos ganó por 106 a 73. Pero se logró el objetivo principal que se había impuesto: el pasaje a Atenas. Un pasaje que permitiría un año después no sólo volver a ganarle al Dream Team sino obtener el mayor logro de una Selección argentina. El sueño de una medalla olímpica —inspirado en un grupo de jugadores únicos— sería, finalmente, algo más que un sueño.

Con el éxito dentro de la cancha, Manu empezó a gozar del éxito fuera de ella. Y la misma capacidad que demostró en el básquet la trasladó al ámbito de los negocios. Ya en 2002, en Italia, había firmado un contrato con Nike por tres años. Ahora, tras el triunfo obtenido en la NBA y con la Selección, que repercutió con intensidad en la Argentina, hubo muchas empresas locales que quisieron asociar su marca a la figura de Ginóbili. Carlos Prunes, su representante, fue el encargado de recibir las propuestas. Gatorade, Banco Provincia de Buenos Aires y Movicom fueron las primeras en firmar con Ginóbili. "Diez años atrás hubiera desafiado a cualquiera: era imposible pensar que, en la Argentina, un basquetbolista pudiera más que un crack de Boca Juniors o River Plate", dice Marcos Diehl, el *brand manager* (el hombre que maneja la marca dentro de la empresa) de Gatorade, que tiene contrato con Manu hasta 2007. "¿Por qué Manu? Las razones sobran. Quisimos emparentar nuestro producto con su personalidad: noble y vinculada con el esfuerzo. Siempre está experimentando el pico de su máximo rendimiento. Lo mismo que busca Gatorade en cada uno de los deportistas que la consumen. Además es un gran profesional que no escatima esfuerzos, se juega todo, no se guarda nada", explica el ejecutivo, que conoció al deportista el mismo día que firmaron el contrato en las oficinas de la empresa y quedó admirado con su personalidad: "Es excepcional, talentoso, carismático. Es muy difícil permanecer indiferente a él", agrega. Manu grabó tres spots televisivos para esa marca. El primero fue en octubre de 2003. En este comercial, se enfrentaba en la cancha, en un duelo colosal contra un ser diabólico, "El Mal" encarnado por el "Diablo", al que, por supuesto, le ganaba. Fue una jornada de un día y medio de filmación que con cualquier otro protagonista habría demandado entre dos y tres días. Pero el profesionalismo con que se tomó el trabajo permitió acortar los tiempos. El primer día se filmó desde las ocho de la mañana hasta las tres de la mañana del día siguiente. Manu no se quejó y compartió todo el tiempo la grabación, y aun los descansos, con el personal técnico. Alrededor de las dos de la mañana se vivió el momento más divertido de la grabación. Manu debía hacer la toma del comienzo del comercial, que lo mostraba durmiendo en una cama. Tal como se lo pidió el director, el deportista se acostó y se hizo el dormido. "Acción", se escuchó en el estudio. Manu no respondió. Se había quedado dormido de verdad. Pero su descanso duró apenas unos segundos porque enseguida reaccionó y se disculpó. "Perdón, perdón, me fui", dijo sonriendo y haciendo sonreír al equipo de trabajo.

La actividad de Ginóbili fuera del básquet se intensificaría cada vez más a partir de entonces. Los compromisos comerciales con las empresas patrocinantes requerirían gran parte de su tiempo en cada uno de los viajes a la Argentina. En 2004, su figura no sólo seguiría generando ingresos por publicidad: el nuevo contrato con San Antonio Spurs lo colocaría en un sitial de privilegio, el de ser el deportista argentino mejor pago de la historia.

ANILLOS DE ORO

El 14 de octubre de 2003, en una tradicional ceremonia que se repite todos los años con el equipo campeón, el plantel de los Spurs fue recibido por el presidente norteamericano. En la foto de ese día puede verse a Tim Duncan a la izquierda de George Bush —con la camiseta número 1 de los tejanos y su nombre, en la mano— y a Ginóbili a la derecha del Jefe de

Estado. Dos años después, el propio Bush, en el marco de la cuarta Cumbre de las Américas que se desarrolló en la ciudad de Mar del Plata y luego de una reunión con el presidente argentino Néstor Kirchner, elogió con vehemencia a Manu al afirmar en conferencia de prensa que "Ginóbili ha hecho una enorme contribución al equipo de básquetbol de mi Estado y una enorme contribución a la Argentina. Es un gran embajador". Y con una mirada cómplice le preguntó a los presentes "¿Conocen a Manu Ginóbili?".

A fines de octubre de 2003 comenzó la segunda temporada de Manu en la NBA. Y en otro ritual, pero de mayor significación, poco antes del comienzo del primer partido —ante Phoenix—, cada jugador recibió su anillo de campeón. Manu fue el anteúltimo en recibirlo. Luego llegó el turno de Duncan. "Con sólo ponerte el anillo te emocionás. ¡Es pesadísimo y brilla por todos lados! Debe tener como un kilo... sin exagerar. Leí en la página de los Spurs que tiene como 850 gramos de oro blanco, a eso hay que sumarle los brillantes... Es fantástico y tiene un valor afectivo enorme", escribió Manu en *La Nación* el 30 de octubre. Los premios se acrecentaron al terminar 2003. A fines de diciembre, Manu recibió el Olimpia de Oro como mejor deportista, el diario *La Nación* lo distinguió como el deportista más destacado y la revista *Rolling Stone* como uno de los personajes del año.

La temporada 2003-2004 encontró a Manu con un reconocimiento mayor del ambiente de la NBA, lejos del período de adaptación, y con más gravitación dentro del equipo. Así, comenzó como titular en treinta y tres partidos hasta que una lesión lo marginó durante dos semanas. Al regresar, y luego de jugar otros dos partidos como titular, Popovich resolvió dejarlo afuera del quinteto inicial. En una teleconferencia desde San Antonio, Manu reconoció que había perdido la confianza del año anterior, que estaba pasando por un mal momento y que su meta era recuperarse. Tras participar del All Stars Game a mediados de febrero, donde fue convocado para jugar para el equipo de los Sophomores (los de segundo año en la NBA) contra los *rookies*, Manu comenzó a encontrar nuevamente su lugar en el equipo y a mejorar su rendimiento. Y otra vez como sexto hombre. En un partido contra Memphis, en el mes de marzo, logró quebrar su propio récord de asistencias en un partido (9). A finales del mismo mes, anotó 29 puntos —el más alto hasta ese entonces— frente a Sacramento Kings, en el triunfo por 107 a 89. "Greg Popovich me sacó cuando restaban cuarenta segundos para terminar y la ovación fue tremenda. Mucho no miré al público, pero me contaron mis padres, que hace unos diez días están visitándome, que fue tremenda. Creo que este buen momento tiene que ver con la cabeza. Me siento bien, confiado y adaptado al rol de suplente, que al principio me costó asumir. Volví a sentirme muy útil para el equipo", escribió Manu en su columna del diario *La Nación* del 2 de abril de 2004. A mediados de ese mes, concluyó la temporada regular. Los Spurs quedaron terceros en la Conferencia del Oeste. En ese período, Manu jugó 77 de los 82 partidos de su equipo —la mitad como titular y la otra como suplente— con un promedio por partido de 29,35 minutos, 12,8 puntos (41,8 de efectividad en dobles, 36,9 en triples y 80,2 en libres), 3,8 asistencias, 4,5 rebotes y 1,77 robos. Números notablemente superiores a los del año anterior.

En el comienzo de los *playoffs*, San Antonio enfrentó a Memphis, al que le ganó la serie en forma contundente por 4 a 0. En el ínterin, y tras la votación de 121 periodistas que cubren la NBA, Manu quedó en el tercer lugar, detrás de Antawn Jamison, de Dallas, y Al Harrington, de Indiana, por el trofeo al mejor sexto hombre. Parecía que San Antonio se perfilaba como serio candidato a repetir el título luego de ganarle los dos primeros partidos a su rival de siempre, Los Ángeles Lakers, en la semifinal de la Conferencia del Oeste. Sin embargo, el equipo de Shaquille O'Neal y Kobe Bryant comenzó a recuperarse, empató la serie en 2, ganó un tercer partido increíble y pasó al frente. En ese cotejo, jugado el 13 de mayo de 2003, los Spurs pudieron remontar una desventaja de 16 puntos y ponerse 73 a 72 a su favor a 4 décimas del final. Pero en ese momento, Derek Fisher, de los Lakers, metió el doble de su vida, justo sobre la marca de Ginóbili, y puso el 74 a 73 definitivo. Los Spurs intentaron una protesta argumentando que hubo demora en el operador del cronómetro para apretar el botón cuando se puso en juego la pelota. Pero no prosperó. Ese final, que puso 3 a 2 al equipo de Los Ángeles, resultó imposible de remontar para los de San Antonio, que perdieron el sexto partido y, en consecuencia la serie, por 4 a 2. Otra vez Los Lakers habían dejado a San Antonio fuera de la carrera hacia el título.

A pesar del resultado final, Manu demostró que el novato de la temporada anterior había dado paso a un jugador determinante, reconocido por sus pares, los técnicos y la prensa especializada. Sus estadísticas volvieron a crecer en los *playoffs*: 13 puntos, 5,3 rebotes, 1,7 robos y 3,1 asistencias por partido. No sólo no le había quedado grande la NBA sino que, además, su juego deslumbraba a otros equipos, que se disputaban sus servicios. Es que, precisamente, el contrato con los Spurs —aquel que había firmado en 2002 casi como una apuesta al futuro— venció después de esa temporada. Lo que se venía era la renovación o un cambio de club. Por supuesto, los montos que se empezaron a manejar no tenían nada que ver con los del contrato anterior. Una superestrella como Tim Duncan había firmado en 2003 por 122 millones de dólares, por siete temporadas. Si bien esa cifra correspondía a una elite dentro de la NBA, el nuevo acuerdo a firmar debería superar con creces los 2.940.000 dólares del contrato de 2002. El asunto era saber por cuánto. Manu decía que prefería quedarse en San Antonio, pero que no descartaba fichar con otro club. Entre el 1° y el 13 de julio tendría tiempo para escuchar ofertas y decidir. El comienzo de una nueva negociación con los Spurs estaba en camino. Y Manu volvió a mostrar su habilidad. Si bien la parte formal quedó a cargo de su agente en los Estados Unidos, Herb Rudoy, el zurdo bahiense jugó su estrategia. Viajó a Denver y a Utah, conoció las ciudades y habló con los re-

DANIEL FRESCÓ

presentantes de los equipos. Las señales hacia los de San Antonio habían sido claras. Las cartas estaban jugadas. Era la hora de las ofertas.

Para esa misma época, específicamente para el 10 de julio, Ginóbili tenía arreglado un compromiso de honor: aquél que había nacido en San Nicolás en 1997 y que quedaría sellado en Bahía Blanca. Tras el noviazgo y la convivencia, Manu y Marianela contraerían matrimonio en Bahía Blanca. A mediados de abril, se habían casado por civil en Texas, en el intermedio entre la finalización de la temporada regular y el comienzo de los *playoffs*. Pero éste, el de Bahía, sería el casamiento más esperado, el que junto a Marianela más prepararon, con la presencia de sus afectos más cercanos, y en su ciudad.

El "sí" conyugal llegaría casi al mismo tiempo que el "sí" deportivo. El 9 de julio, el San Antonio Express News, con la firma de sus periodistas Johnny Luden y Mike Monroe, adelantó que el acuerdo entre los Spurs y Ginóbili estaba cerrado en un 99 por ciento por un total de 52 millones de dólares por seis temporadas. Tras la firma del contrato —el tercero más elevado en la historia de San Antonio, después de Duncan y Robinson—, que se concretaría pocos días después, Emanuel pasó a convertirse en el deportista argentino mejor pago de la historia. Incluso más que los futbolistas que hasta entonces conformaban la elite del país. Juan Sebastián Verón, con 6.410.000 dólares anuales, Hernán Crespo con 4.850.000 y Gabriel Batistuta con 4.750.000 habían sido —según la revista *Sport Business*— los deportistas argentinos que más ganaron en el año 2003. Manu superó esas cifras. Ni siquiera el millonario contrato que obtuvo en 2005 la joven promesa del fútbol argentino Lionel Messi, que firmó con el Barcelona por 50 millones de dólares por nueve temporadas, superó el logro de Ginóbili.

Ese contexto de definiciones vinculadas al futuro económico coincidió con el otro, el de los vínculos más profundos, aquellos emparentados con la esencia de la vida. Si bien se trataba de una formalidad —convivían desde la

272

última época de Italia—, el casamiento no dejaba de ser una ratificación pública del amor que siente por su mujer. Todos los allegados a la pareja coinciden en que Many representó un apoyo fundamental para el crecimiento personal y deportivo de Manu. "Es la persona indicada para acompañarlo. Su presencia le permitió estar tranquilo, contenido. Son tal para cual", dice el amigo Germán Alonso. "Siempre digo que Marianela lo ayudó muchísimo. No sé si se hubiera bancado todo estando solo. Son los dos iguales. Leoninos los dos... bravísimos. Pero Manu es peor...", afirma Raquel. Manu definió siempre a Marianela como la futura madre de sus hijos. La que prefiere el perfil bajo y no hacer declaraciones públicas, pero que está siempre a su lado. Es la que cursa psicología social en San Antonio. La que conoce los códigos de los hombres de básquet. Y la que, con su habitual sencillez, a la hora de elegir su vestido de novia prefirió hacerlo con su modista de toda la vida de La Emilia, su pueblo.

Así estuvieron frente a frente esa noche del 10 de julio de 2004 en el Club Argentino de Bahía Blanca, en la misma manzana donde estuvo emplazada la Fortaleza Protectora, cuando se fundó la ciudad. Manu con un traje de color negro, con chaleco y corbata al tono. Marianela con uno de color tiza, con la espalda descubierta, con cola y guantes blancos. Acompañados por los sones de la Marcha Nupcial, interpretada por el Quinteto de bronces de la Orquesta Sinfónica de la ciudad, Manu y Marianela ingresaron en el salón Dorado donde se había armado el altar. Y ante el padre Horacio Fuhr, dieron el sí. La mirada y los saludos de los doscientos invitados y los flashes de los fotógrafos —contratados para la ocasión y sin ningún reportero gráfico— los acompañaron en la salida bajo los acordes de *Pompa y circunstancias*, la conocida melodía de Edward Elgar. Los esperaba el Salón Blanco, donde estaba todo preparado para la fiesta, que sería intensa, con sorpresas pero sin lujos ni excesos. La torta, de chocolate negro y de tres pisos, estaba cubierta de frutillas. Y como souvenirs, bombillas para mate con las iniciales de los novios. Estuvo casi todo Bahiense del Norte, amigos del barrio y de toda la vida como Huevo Sánchez y su esposa Marisa, Cecil Valcarcel, Fernando Piña, Oveja Hernández, Pepe Sánchez, Hernán "Pancho" Jásen, algunos integrantes de la Selección, como Lucas Victoriano, Fabricio Oberto y Gabriel Fernández, los compañeros del secundario Guillermo Barbieri, Federico Roscs, Luciano Gardella y Javier Lenarduzzi. En la mesa principal, Marianela y Manu, junto a sus amigos Germán Alonso, Federico Radavero y Alejandro Montecchia y sus respectivas parejas; los padres de los novios —Raquel y Yuyo, Analía y Luis— los hermanos Leandro y Sebastián —de los más entusiastas—, los tíos Raúl y Beatriz y otros familiares.

Los festejos terminaron pasadas las siete y media de la mañana, no sin antes haber disfrutado de la música de Los Auténticos Decadentes y un final a toda orquesta con los amigos arriba del escenario acompañando a los novios, a quienes "Cucho", el líder del grupo, había invitado a subir.

Así, sin estridencias y en "su estilo", completaron una semana de sensaciones muy fuertes. De aquellas que son difíciles de olvidar. Los esperaba una breve luna de miel en Villa La Angostura. Y después, a él, el viaje a Grecia, donde tendría reservada una cita para un mano a mano con los dioses del Olimpo.

El "zapato" de Dios

La felicidad de aquellos días se vio empañada por una información que Emanuel recibió en plena luna de miel. La policía de la provincia de Buenos Aires le advirtió sobre el posible secuestro de uno de sus familiares. Para una familia habituada a una vida de barrio, tranquila y sencilla, atravesar esa situación fue uno de los peores castigos. A Emanuel le produjo un mar de sensaciones. "Uno se siente hasta culpable, aunque sé que no soy responsable de nada. Ojo, no puedo enojarme con mi país porque ahora me pasa algo a mí. Sería un estúpido porque desde hace tiempo convivimos con estos problemas y a todos nos tocan de cerca. Sabía que era una posibilidad, que estar en la tapa de los diarios, con las cifras que se manejaron, me hacía un objetivo mucho más evidente" (*Olé*, 19 de julio de 2004).

Con esa inquietud, sumado al trajín de la temporada de la NBA y toda la movida del casamiento, Emanuel se sumó al Seleccionado nacional que se preparaba para los Juegos Olímpicos de Atenas. Con la dirección técnica de Rubén Magnano y la asistencia de Enrique Tocachier y Fernando Duró, el plantel quedó integrado por Andrés Nocioni, Rubén Wolkowyski, Luis Scola, Leonardo Gutiérrez, Fabricio Oberto, Gabriel Fernández, Emanuel Ginóbili, Pepe Sánchez, Alejandro Montecchia, Hugo Sconochini —que regresó a la Selección especialmente para jugar en Atenas—, Walter Herrmann y Carlos Delfino. Estos dos últimos jugadores reemplazaron a Lucas Victoriano y Leandro Palladino, que quedaron fuera del equipo. Sus propios compañeros se encargarían de dedicarles cada uno de los triunfos.

Tras una gira por Belgrado y Madrid, donde jugó sendos torneos preparatorios, la Selección nacional llegó el 11 de agosto a Atenas. No se trataba de un torneo cualquiera. Los Juegos Olímpicos implicaban una experiencia diferente: la convivencia cotidiana en la Villa Olímpica con el resto de los atletas le otorgaba un plus. El plantel se alojó en distintos departamentos, de tres habitaciones cada uno. Manu, al igual que en Indianápolis, compartió el suyo con Hugo Sconochini. En las otras dos habitaciones de ese departamento estaban Rubén Wolkowyski con Fabricio Oberto, y Pepe Sánchez con Gabriel Fernández. Fue en Atenas donde Manu popularizó su sombrero playero al estilo Piluso que ya venía usando en San Antonio y que había utilizado en el preolímpico de Puerto Rico.

El objetivo, claro, era conquistar una medalla. Y debían sortear escollos durísimos para ganarla. El máximo favorito, como siempre, era el Dream Team, ganador de todas las medallas de oro desde que en 1992 concurrió a las Olimpíadas con el primer equipo integrado por jugadores de la NBA. Además, a la Argentina le tocó el denominado "grupo de la muerte": Serbia y Montenegro (la ex Yugoslavia, responsable de la derrota en el Mundial de Indianápolis); Grecia, en su condición de local; España que llegaba con muy buenos antecedentes; Italia; China y Nueva Zelanda. La Selección confiaba en sus fuerzas, pero el camino no era sencillo. El debut sería nada más y nada menos que frente a Serbia y Montenegro. La revancha del partido —que los argentinos habían vivido como "un robo"— tendría un sabor muy especial. Además, el encuentro suponía para Manu volver a encontrarse dentro de una cancha con Dejan Bodiroga, el fenomenal jugador frente al que había perdido en la final de la Euroliga cuando jugaba para el Kinder Bologna. Bodiroga había sido también decisivo en la victoria de su Selección sobre Argentina en Indianápolis. Las expectativas, que eran enormes, no fueron defraudadas. El partido se jugó el domingo 15 de agosto de 2004. Una jornada que pasaría a la historia por la victoria conseguida y porque sería el día en que Emanuel Ginóbili conquistaría en forma definitiva el corazón de los argentinos. El quinteto inicial de la selección estuvo compuesto por Montecchia, Ginóbili, Nocioni, Oberto y Wolkowyski. En la primera mitad, mostró su mejor juego, con una gran defensa y una ofensiva con mucho gol. La eficacia en triples fue notable, convirtió 7 de 9, cuatro de ellos de la mano de Ginóbili, que además anotó 1 doble y 3 libres. Del lado de Serbia, Vladimir Radmanovic aportaba peligro con sus lanzamientos de tres. Así, al cabo del segundo cuarto Argentina llevaba una ventaja de 10 puntos (49 a 39). La cosa cambió en la segunda parte. Se perdió efectividad en el ataque y la defensa no fue la misma. Con todo, Argentina pudo mantener la diferencia: al término del tercer cuarto tenía 2 puntos a su favor. En el último cuarto, Serbia estaba en buena forma, pero Argentina no encontraba el juego que había tenido al comienzo. Así fue como, apenas pasado el primer minuto, y por primera vez en el partido, los serbios pasaron al frente por 63 a 61. La última parte se jugó con mucho nervio y sólo algunas apariciones de Luis Scola y Carlos Delfino mantuvieron de pie a los argentinos. A 2 minutos 33 segundos del final, como sucede con los grandes jugadores, surgió Dejan Bodiroga con un triple que puso a los serbios en ventaja 78 a 75. A fuerza de faltas sobre su jugador menos seguro para los libres, Tomasevic, Argentina logró mantenerse cerca. Los últimos segundos fueron para el infarto. A 16 segundos del final, cuando Serbia llevaba tres de ventaja (81 a 78), una jugada genial de Manu permitió el doble y un libre adicional para el 81 a 81. Cuando el partido se consumía, una falta de Oberto sobre Tomasevic provocó el lanzamiento de los dos libres. Oberto debió salir por cinco faltas y el técnico Rubén Magnano, en lugar de hacer ingresar a un pivote en su reemplazo, puso en la cancha a Alejandro Montecchia, un base, más rápido y más liviano. Tomasevic erró el primer lanzamiento. Pero el segundo fue adentro y Serbia se puso 82 a 81. Con la conversión del libre, el banco serbio saltó en un festejo anticipado. Quedaban 3 segundos y 8 décimas, poco tiempo para pensar. Sólo para sacar y para el milagro. Chapu Nocioni repuso rápido con un pase a Montecchia, en el costado izquierdo, todavía en campo de Argentina. El Puma Montecchia la recibió cuando faltaban 3 segundos 7 décimas. Avanzó haciendo picar la pelota dos veces para superar a su marcador Milos Vujanic. A 2 segundos 5 décimas, hizo un giro sobre su izquierda y avanzó a toda velocidad. Pasó la mitad de la cancha y a su marcador. Por el otro costado, Manu ya había empezado a correr en paralelo a su amigo de Bahiense. A 1 segundo 3 décimas, Montecchia ya estaba en campo de Serbia. A 1 segundo 1 décima lanzó el pase hacia Manu, que la recibió con la marca de Igor Rakocevic. Quedaban sólo 5 décimas para el final. Al mismo tiempo que la recibió, se arqueó en el aire, se inclinó hacia la derecha y lanzó hacia la izquierda. Así, en el aire, a 3 décimas, el balón comenzó a salir de sus manos rumbo a la canasta. Manu y el balón comenzaron a caer casi juntos. Su mirada estaba fija en el balón al mismo tiempo que iba cayendo de espaldas. La pelota pegó en el tablero e ingresó. Justo a tiempo para la explosión. 83 a 82 y final. Manu quedó recostado sobre su costado izquierdo, mitad adentro y mitad afuera de la cancha. De reojo, chequeó el doble de la gloria. Ahora sí, con su cuerpo totalmente estirado boca abajo, ensayó un festejo con los brazos extendidos, pegados al piso y con los puños apretados, como tomándose de uno de los anillos del símbolo olímpico dibujado justo en ese lugar. Y adivinando la llegada de sus compañeros cerró los ojos, se llevó los puños a la frente y apoyó la cabeza en ellos. Uno tras otro —mientras el técnico Magnano ensayaba una increíble vuelta olímpica— fueron cayendo sobre él en un desaforado festejo los demás jugadores. Primero Montecchia, después Scola —que saltó desde el banco—, Pepe Sánchez... La montaña humana, asfixiante pero llena de vida, formó una masa uniforme de locura desatada. Y Manu allí, con los ojos cerrados. Tal vez recordando aquellas palabras de Fernando Piña, su entrenador, el día que descendió con Bahiense del Norte: "Vos vas a llegar muy alto, muy lejos...". Había llegado y tocaba el cielo con las manos.

"Tiré un zapato y entró", dijo Manu, con la humildad de siempre, después del partido en el que anotó 27 puntos y fue la gran figura. "Me sentí como el Negro Enrique en el Mundial de México cuando le dio el pase a Maradona para el gol contra Inglaterra", dijo con una sonrisa y picardía Alejandro Montecchia con relación a su pase a Manu para el doble de la consagración. Más allá de su modestia, la alusión del Puma al mejor gol en la historia de los mundiales de fútbol convertido por Diego no es antojadiza. El doble de Ginóbili pasaría a la historia de las grandes jugadas del deporte argentino de todos los tiempos. Y la figura de Emanuel alcanzaría, entonces, una dimensión inigualable para un basquetbolista. En Atenas —y antes del título que también llegaría— se acababa de recibir de ídolo.

"Manudona"

El camino hacia la gloria final estuvo signado por distintos momentos deportivos. Luego de la gran victoria ante Serbia, llegó una derrota frente a España por 87 a 76 (Scola, 28 puntos y Manu, 17) y después dos triunfos consecutivos: a China por 82 a 57 (Nocioni, 17, Scola 15 y Manu, 14 puntos) y a Nueva Zelanda por 98 a 94 (Scola, 25, Ginóbili, 19 y Oberto, 14). La derrota frente a Italia 76 a 75 (Ginóbili y Scola, 19 puntos) no modificó la clasificación para cuartos de final que se había conseguido en el partido anterior. Sin embargo, el rival en cuartos fue el duro equipo griego, de local y dueño de una hinchada que impresionaba. Con una gran determinación, Argentina la derrotó por 69 a 64 (Ginóbili y Oberto, 13 puntos) y pasó a semifinales. "Para mí —dice Montecchia— fue el más difícil. El equipo puso lo que hay que poner y en ningún momento se quebró. Siempre estuvimos bien de la cabeza y eso nos diferenció del resto. Nosotros, cuando tuvimos que ganar, siempre ganamos." Pero hacía falta algo más que garra para el siguiente partido. Otra vez el Dream Team, con la dirección técnica de Larry Brown, que tenía en su equipo al mismísimo Tim Duncan, Allen Iverson, Stephon Marbury, Lamar Odom y Richard Jefferson, entre otros consagrados. Y fue otro triunfo histórico, por 89 a 81, que dejó sin medalla de oro a los Estados Unidos. El equipo había tenido una actuación brillante. Cada uno de los jugadores aportó su coraje y su juego. Pepe Sánchez con 7 asistencias, Oberto tomando 6 rebotes, Wolkowyski y Scola con 4, Nocioni con 13 puntos y 5 rebotes, Montecchia con 12 puntos, con Herrmann y todos los demás. Y con un Ginóbili en todo su esplendor, autor de 29 puntos (5 de 7 en dobles, 4 de 6 en triples, 7 de 8 en libres) y dueño de la llave para otro festejo alocado en Grecia y en la Argentina. La única mancha fue la lesión de uno de sus baluartes, Fabricio Oberto, que sufrió una fractura del quinto metacarpiano derecho, y que se perdería la final frente a Italia.

El sábado 28 de agosto de 2004 fue el gran día. Los jugadores y el cuerpo técnico sabían que estaban ante una oportunidad que, tal vez, no se volvería a repetir. Y salieron a la cancha con la seguridad de no desaprovecharla. En el primer cuarto, la Argentina jugó muy concentrada y terminó 23 a 16. Esa tendencia se consolidó en el segundo, con una notable tarea de Scola y de Ginóbili, aunque Italia, a fuerza de triples, se acercó en el marcador para finalizar 43 a 41. Allí se vivió un momento de zozobra, que hizo recordar al Mundial de Indianápolis, cuando Manu cayó con signos de dolor luego de un *foul* y fue llevado al vestuario. En esta oportunidad, sin embargo, siguió jugando. En el tercer cuarto, Italia logró pasar al frente con una diferencia de tres puntos. Pero como en todo el partido, el equipo sacó a relucir su coraje y su inspiración para retomar el control y pasar al frente por 60 a 54. Y con Ginóbili dando muestras de su talento, con Scola jugando el partido de su vida y con Alejandro Montecchia clavando tres triples clave en el último cuarto, empezó a quedar claro que la medalla de oro tenía dueño. El final llegó tras una impresionante volcada de Scola para dejar el partido 84 a 69. Y con la chicharra llegó la gloria. Casualidad o no, en ese final, justo en ese momento, sobre la mitad de la cancha terminaron muy cerca tres jugadores que se unieron en un primer festejo: Emanuel Ginóbili, Pepe Sánchez y Alejandro Montecchia. Los tres nacidos en Bahía Blanca. Los tres surgidos en Bahiense del Norte. Los tres unidos en un instante sublime, irrepetible. Con el rostro marcado por la emoción y en un abrazo que los trascendía. Allí estaban los tres. Fieles representantes de una escuela única que lleva en los genes una mística diferente. Y con ellos, fusionados para formar el mejor equipo, el cuerpo técnico con Rubén Magnano a la cabeza, Luis Scola, Walter Herrmann, Leonardo Gutiérrez —los primeros en llegar a la pila humana que se formó en la mitad de la cancha—, Fabricio Oberto con su brazo enyesado, el Chapu Nocioni, el Colo Wolkowyski, Gabriel Fernández, Hugo Sconochini, Carlitos Delfino. Una camada digna de sus mayores. De Beto Cabrera, de León Najnudel que, seguramente, estaban allí mezclados entre todos ellos. Orgullosos, rebosantes de alegría, con la satisfacción de saber que la misión estaba cumplida. Allí estaban todos ellos en el podio, un escalón más arriba que Italia, y dos por sobre Estados Unidos. Con la bandera argentina en lo más alto del mástil. Y con las medallas de oro en el pecho, un ramo de flores en las manos y la corona de laureles en la cabeza. Como verdaderos dioses del deporte. Convertidos en los héroes del mayor logro del básquet nacional. Y Manu, con una sonrisa de oreja a oreja, con una alegría transparente, llevándose el puño derecho cerrado al corazón para luego, con dos de sus dedos, y justo cuando la cámara lo enfocaba, enviar un beso a los millones de argentinos que lo veían por televisión. En todos los rincones del país recibieron su saludo. De la misma manera que habían seguido atentamente el desenlace del partido. Tres millones de argentinos en la Ciudad de Buenos Aires y el Conurbano —según los ratings de la TV— y muchos más en el resto del país fueron testigos emocionados de la gran producción de todo el equipo. De Luis Scola, autor de 25 puntos. Y de Manu, elegido, además, con el voto del 64 por ciento de los periodistas como el MVP del torneo. Sus números impresionan: 19,3 puntos de promedio (con el 70,83 por ciento de lanzamientos en cancha, el mejor de todo el campeonato), 3,25 asistencias, 4 rebotes y 1,37 robos por partido. Y figuró, además, en diez rubros, entre los diez mejores del campeonato. Por ejemplo, quinto entre los goleadores, séptimo en asistencias, tercero en total de libres convertidos. Manu se había transformado, también, en el único jugador de la historia del básquet en ganar una Euroliga, un campeonato de la NBA y los Juegos Olímpicos. Los ecos del triunfo argentino se expandieron por todo el mundo con una catarata de elogios por el juego de la Selección y, sobre todo, de Emanuel Ginóbili. La prensa de los Estados Unidos,

Francia, España, Italia y Latinoamérica se rindió ante el nuevo campeón. Pero fue una prestigiosa revista de Europa, la española *Gigantes del Basket*, la que mejor definió la dimensión alcanzada por el zurdo bahiense. "Ginóbili es Manudona", tituló en su portada con una foto de Emanuel, haciendo una referencia inevitable a Diego Armando Maradona, el más grande futbolista de la historia. "Lo de los Juegos Olímpicos fue una exhibición asombrosa —dice Paco Torres, el director de *Gigantes*, que, además, sostiene que es poco habitual en su revista la aparición en la portada de un jugador que no se desempeñe en España—. Ginóbili fue el mejor. Se la merece. Ha estado ahí por derecho propio."

Pero al mejor jugador de los juegos, el día de la consagración, le pasó algo por demás curioso. En la confusión del festejo, que se prolongó en el vestuario primero y en el viaje de retorno en micro a la Villa Olímpica después, nadie reparó que Emanuel no estaba entre los pasajeros. "Nos dejamos olvidados a Ginóbili en el estadio —recuerda todavía sorprendido Rubén Magnano—. Recién nos dimos cuenta a mitad del camino. Y vaya sorpresa que nos llevamos. Estábamos tan alterados con todo lo que vivíamos que se nos pasó." En esta oportunidad, Emanuel no esperó en la puerta del estadio a que lo fueran a buscar, a diferencia de cuando tenía tres años y su padre se lo olvidó en la cancha del club Pacífico. Esta vez regresó lo más rápido posible a la Villa con un transporte del Comité Olímpico. Un festejo lo estaba esperando. Y no se lo perdería por nada del mundo.

UN SUEÑO AMERICANO, ARGENTINO

Luego de unas merecidas vacaciones en Cerdeña y de cumplir compromisos comerciales con Nike en Italia, Manu regresó a la Argentina el 11 de septiembre, cuando los ecos de la victoria aún no se habían apagado. Traía consigo las sensaciones que había vivido y que debió relatar en los principales programas de televisión a los que fue inmediatamente invitado. En sus valijas estaba la red del aro del partido frente a Serbia y Montenegro —la del "zapato"—, que pudo guardar como recuerdo. Pero no el balón de la final que le habían regalado y que, según sospechas generalizadas —aunque sin pase de factura—, algún otro jugador le birló para su colección personal.

Esos días en Buenos Aires fueron a agenda completa. El mismo 11 de septiembre, dos horas después de haber bajado del avión, dio una clase didáctica con niños en riesgo social. En un hotel céntrico —y en el marco del programa Proniño de Movicom Bellsouth— lo esperaba una comitiva muy especial: cien niñas y niños de entre 10 y 14 años, pertenecientes a las escuelas N° 7 Constancio Vigil (Hurlingam) y N° 20 Hipólito Bouchard (Grand Bourg), beneficiadas por el programa de la compañía. Los chicos tuvieron la posibilidad de compartir durante dos horas su experiencia en los últimos juegos olímpicos, conversar sobre las reglas básicas del básquet y la importancia de jugar en equipo. "Es un milagro americano pero es argentino. Llegó adonde nadie puede llegar y por el camino correcto. Creo que ocupó el lugar de Maradona, al que en ese momento habíamos perdido", dice Fabián Wencelblat, director de la cuenta Movicom BellSouth para la agencia de publicidad Graffiti, que trabajaba entonces con la firma de telefonía celular. Manu era la figura ideal para ligarlo con el programa de bien público de la compañía, Proniño, que tenía como objetivo luchar contra el trabajo infantil y contribuir a la escolarización de esos niños. En julio de 2005, firmaría con Movistar —ese sería el nombre de la compañía luego de la fusión entre Movicom y Unifón— otro contrato que le permitiría a la compañía de telefonía móvil del grupo español Telefónica utilizar, por un año y con exclusividad, el nombre y la imagen del bahiense dentro del rubro de las telecomunicaciones.

En aquellos días, Manu grabó también otra publicidad para Gatorade —con casi trece horas de filmación— y firmó acuerdos con el Banco Provincia de Buenos Aires.

Con la entidad bancaria, hizo una campaña de comunicación para televisión y vía pública. Antes había participado de un comercial —llamado "Sombras"— que gira en torno a la sensación que Manu despierta en uno de sus alumnos. Él le está enseñando a un grupo de chicos de unos 7 u 8 años pautas de vida, cosas que les van a servir para cumplir sus sueños. La cámara elige a uno de los chicos que parece vivir toda la situación de una manera muy especial. Después de algunos consejos de Manu, y también de algunas demostraciones, el chico se sorprende al ver que su sombra (gracias a la caída del sol) logra equiparar la altura de Manu, que está parado sobre un muro (sobre el cual crece la sombra del chico). El comercial termina con la frase "Desde siempre acompañando los sueños de la gente".

Por entonces, todos los medios coincidían en que Emanuel estaba ya entre los deportistas más importantes de la historia del país. Su nombre se asociaba a los de Juan Manuel Fangio, Guillermo Vilas, Carlos Monzón, Roberto De Vicenzo y, claro, Diego Armando Maradona. Manu se desligaba de esa discusión y sólo declaraba que era tema de opinión de los especialistas. En octubre, el canal TyC Sports —tras una votación de 1500 deportistas— lo distinguió como "deportista de la década". En Bahía Blanca, recibió la "Medalla al Mérito", la máxima distinción que otorga el Concejo Deliberante a sus ciudadanos ilustres. La prestigiosa revista *Sports Illustrated* de los Estados Unidos reflejó el fenómeno generado por Manu con una nota titulada "Un héroe escondido". Hacia fin de año, siguió cosechando halagos. Una encuesta acerca de "los argentinos más admirados" de la consultora D'Alessio IROL y *Clarín.com* ubicó a Ginóbili como "figura argentina de 2004", por encima del presidente Néstor Kirchner y del ingeniero Juan Carlos Blumberg, el padre de Axel, el joven asesinado tras un secuestro. El mismo diario *Clarín* lo distinguió, por segunda vez, con el Premio Consagración de Oro. Casi al mismo tiempo, el Círculo de Periodistas Deportivos le entregó el Olimpia de Oro en forma compartida con el futbolista Carlos Tévez, en una decisión sin

antecedentes, como reconocimiento al fútbol y al básquetbol argentino ganadores de medallas de oro en los
Juegos Olímpicos después de cincuenta y dos años. Manu
no pudo estar en persona para recoger los premios debido
a que ya había comenzado —y de qué manera— su tercera
temporada en la NBA con los Spurs.

El arranque fue promisorio. Si el primer año fue de
adaptación y el segundo de consolidación, este tercero sería el de la consagración definitiva. Si bien en la primera
temporada ya había sido parte importante de la obtención
del segundo campeonato de los Spurs, todavía era un *rookie*. En esta, 2004-2005, tendría un rol destacado y sería la
columna vertebral, junto a Tim Duncan y Tony Parker.
"Me siento más líder, más responsable", le dijo a *Olé* el 3 de
noviembre de 2004. "El objetivo es ganar el título", a *La
Nación* el 4 de ese mismo mes. Y Manu fue más líder, más
responsable del grupo y llegó al título. Con notables pasos intermedios, como el partido contra Miami Heat en
noviembre de 2004, en el que convirtió 29 puntos con 7 rebotes, 7 asistencias, 6 robos, 1 tapa y 4 pérdidas; un partido
que quedó inmortalizado en una imagen de su festejo tirando puñetazos al aire después de convertir un triple desde una esquina. La confianza de Popovich y de sus compañeros en su juego era evidente. El 21 de enero de 2005,
anotó 48 puntos (11 de 15 en dobles, 5 de 7 en triples,
11 de 12 en libres), además de 5 rebotes y 6 asistencias,
en la victoria frente a Phoenix Suns, en tiempo suplementario, por 128 a 123. Manu superó su propio récord
de noviembre de 2003, cuando había anotado 33 puntos
ante los Lakers. Y se convirtió en el latino que más puntos anotó en un partido de la NBA. "Si nos fijamos en los
números finales, puedo decir que fue el partido de mi vida", escribió Emanuel en *La Nación* del 23 de enero de
2005. La posibilidad de participar en el Juego de las Estrellas, el All Stars Game, crecía en cada una de sus pre-
sentaciones. Y el 8 de febrero fue elegido en la votación
de los entrenadores —menos Popovich, ya que los técnicos no pueden elegir a sus propios jugadores— como uno

de los suplentes del equipo de la Conferencia del Oeste. Los titulares se deciden con el voto de la gente por Internet. En esa instancia, Manu recibió más de 500.000 y había quedado quinto entre los escoltas y bases de su zona. "Lo tomo como un regalo", dijo Manu en una teleconferencia. Y el regalo llegó el 20 de febrero en Denver y lo disfrutó como cuando veía esos partidos en la cocina de la casa de sus padres. Ahora él era la estrella. Y millones de personas en el mundo y en la Argentina —el partido fue televisado en directo por América TV— lo verían jugar junto al resto de los monstruos de la NBA. Los titulares de su equipo, el de la Conferencia del Oeste, eran Kobe Bryant —"disfruto de verlo jugar a Ginóbili", le dijo a *Clarín*—, Tracy McGrady, Kevin Garnett, Tim Duncan y Yao Ming. Y entre los suplentes: Steve Nash, Ray Allen, Rashard Lewis, Shawn Marion, Dirk Nowitzki, Amare Stoudemire y, por supuesto, Manu. De otro lado, en la Conferencia del Este, Allen Iverson, LeBron James, Vince Carter, Grant Hill y Shaquille O'Neal como titulares. Los suplentes: Gilbert Arenas, Dwayne Wade, Paul Pierce, Antwan Jamison, Ben Wallace, Zydrunas Ilgauskas y Jermaine O'Neal. Con su camiseta blanca del Oeste, con el número 20, jugó 21 minutos, muchos más de los que suponía, y anotó 8 tantos. Y a pesar de que la derrota de su equipo por 125 a 115 fue una anécdota, no dejó de molestarle haber perdido. "Nunca imaginé que podría jugar un partido rodeado de tantos monstruos, y en lo individual es lo mejor que me ha pasado en la NBA. Fue una experiencia única e inolvidable" (*La Nación*, 21 de febrero de 2005). Manu pudo gozar, además, de la presencia de Yuyo y Raquel, que viajaron especialmente para el juego. Los padres de Manu pudieron verlo en acción. No sólo dentro de la cancha sino también en todo lo que rodea a los elegidos para un acontecimiento de esta naturaleza. Mimados en extremo y tratados como lo que son: las estrellas de la NBA. Emanuel era, ahora, uno de ellos. El sueño americano —pero argentino— estaba cumplido.

LA CONSAGRACIÓN

Tras una racha negativa en la que Emanuel y Tim Duncan estuvieron lesionados, los Spurs se prepararon para comenzar, hacia fines de abril, los *playoffs*. Las estadísticas de Manu en la temporada regular —en la que exhibió su nuevo *look* con pelo largo y flequillo rebelde que saltaba de un lado al otro— volvieron a demostrar su crecimiento sostenido como jugador: 16 puntos (47 por ciento de efectividad en dobles, 37 por ciento en triples y 80 por ciento en libres), 4,4 rebotes, 3,9 asistencias, 1,61 robos y 29,6 minutos promedio por partido. Números que volverían a crecer en la instancia definitiva de los *playoffs* que comenzarían entre fines de abril y los primeros días de mayo. No resultó un rival fácil el que les tocó en suerte a los Spurs: Denver Nuggets, que se hacía fuerte en la altura de su ciudad (1600 metros). Sin embargo, San Antonio lo derrotó por 4 a 1. En el tercer cotejo —que puso la serie 2 a 1—, Manu anotó 31 puntos, tomó 9 rebotes y dio 3 asistencias en 31 minutos de juego. Su mejor desempeño hasta entonces en *playoffs*. La determinación con la que jugó Emanuel hizo que tuviera que soportar un duro golpe de Carmelo Anthony, que fue expulsado. Las penetraciones de Emanuel comenzaban a hacer estragos en la defensa de los Nuggets. El técnico rival, George Karl, intentó colocar a Manu en el rol de "malo de la película" al cuestionar su juego y declarar que "sólo hace falta agachar la cabeza y correr. Es un nuevo estilo. Se mete entre la gente y tira codazos. Te pega tanto como le pegan a él" (*Clarín*, 2 de mayo). Si la intención de Karl fue condicionar a Manu y ponerle la tribuna en contra, consiguió todo lo contrario. El técnico de los Nuggets no conocía la historia de Manu. Los golpes —como los que recibía cuando jugaba en la primera de Bahiense del Norte y Cecil Valcarcel se sorprendía al verlo levantarse y seguir adelante sin quejas— o la presión de la hinchada rival —como las que había vivido en su paso por Bolonia— no hacían más que fortalecerlo. La prueba llegó en el siguiente juego. A pesar de los comentarios de cierta prensa local, de los silbidos de los fanáticos de Denver cada vez que tocaba el balón, Manu metió 24 puntos y los Spurs volvieron a ganar. Fue en tiempo suplementario por 126 a 115 y dejó la serie 3 a 1. Ya a esa altura, si algo le faltaba a Manu, era ganarse el respeto de los rivales. Y también lo logró. "Le podés pegar en el primero o en el último cuarto, pero ese chico no se va a detener" (Kenyon Martin, *Clarín*, 6 de mayo). En el siguiente partido, de local, San Antonio volvió a ganar (18 puntos de Manu) y pasó a las semifinales de la Conferencia del Oeste, donde debía enfrentar a Seattle Sonics. La polémica con Popovich —que seguía haciendo entrar a Manu como suplente— no tenía fin. La táctica le daba resultados y la seguía aplicando a pesar de las quejas de los fans de Manu. Y otra vez la serie fue ganada por los Spurs por 4 a 2. En el quinto partido, Ginóbili recuperó la titularidad, volvió a superarse y cumplió su mejor actuación en *playoffs* al convertir 39 puntos (6 de 9 en dobles, 4 de 6 en triples y 15 de 17 en triples) en la victoria por 103 a 90.

Emanuel ya era un ídolo absoluto en San Antonio. El desempeño en su tercera temporada lo había elevado a una categoría de "intocable" para la gente: era su preferido. Incluso superaba las fronteras de la ciudad que representaba. A través de una encuesta, había sido elegido el mejor jugador de la NBA entre los basquetbolistas latinos y de España, por sobre el mexicano Eduardo Nájera y el español Paul Gasol. La "Manumanía" se había desatado. La camiseta número 20 de los Spurs pasó a ser la más vendida. Una encuesta del canal de noticias de San Antonio WOAI determinó que el 51 por ciento de los fanáticos recurriría a Manu en el momento decisivo de un partido. En coincidencia con el estreno mundial de *La guerra de las galaxias, Episodio III*, comenzó a ser comparado con "la fuerza", que es la que representa el bien en la taquillera película de George Lucas. Las remeras y carteles con la leyenda "Obi-Wan Ginóbili [en lugar de Obi-Wan Kenobi, el maestro Jedi]-The force be with Manu" (que la fuerza sea con Manu) comenzaron a expandirse entre los hinchas de los Spurs. La idolatría llegó a tal extremo que una pareja de San Antonio —Jorge Ramírez y Renee San Miguel— resolvió ponerle Ginóbili de primer nombre a su hijo: Ginóbili Ray Ramírez, así llamaron al niño nacido en el mes de junio. Poco después, la revista ESPN *Deportes* —en su primer número— situaría a Emanuel en el primer lugar de un ránking de ciento uno hispanos más influyentes. Incluso en la Argentina ya tenía su propia canción. "La milonga de Manu", compuesta por el músico bahiense Néstor Tomassini, criado en el mismo barrio que Ginóbili. "Compuse una milonga que me salió del alma. La letra es del poeta uruguayo Leo Silva, que le dio un toque candombero." El estribillo estilo murga, "que pega fuerte" —observa Tomassini—, dice: "Sale a brillar. Con ese don de alas blancas, vuela en la cancha, buscando más con el corazón. Hechizando al público presente, vuelca el bahiense sin parar. Gana la emoción. Llueve la ovación". Y ganaría la emoción y llegaría la ovación.

La final de la Conferencia del Oeste fue frente a Phoenix Suns, el mismo equipo ante el cual Manu había convertido 48 puntos en el mes de enero. Pero las circunstancias no eran las mismas. Se trataba de una final, y la ventaja de la localía era para los Suns, que contaban en sus filas con un entrenador que conocía a Manu de Italia (Mike D'Antoni, elegido técnico del año) y con Steve Nash, el genial base, elegido el MVP de la temporada. Manu y los Spurs empezaron con el pie derecho. En el primer partido, de visitante, ganaron 121 a 114, Ginóbili convirtió 20 puntos, con un triple increíble desde la mitad de la cancha cuando terminaba el primer cuarto. El segundo y el tercero lo volvieron a ganar, 111 a 108 (30 puntos de Duncan y 26 de Manu) y 102 a 92 (33 puntos y 15 rebotes de Duncan, 18 tantos y 9 rebotes de Manu). La fiesta no pudo estallar en el cuarto partido a pesar de los 28 puntos de Manu, y San Antonio cayó por 111 a 106. Pero el quinto fue decisivo y con 31 puntos de Duncan, 19 de

Manu y 18 de Parker, ganaron la serie 4 a 1 y consiguieron el pasaje a la final de la temporada 2004-2005.

Para esa instancia, Manu invitó a toda su familia. Sería la primera vez que estarían todos juntos en una de sus finales. Yuyo, Raquel y Leandro se unirían a Manu, Marianela y Sepo, que estaba en San Antonio desde el comienzo de los *playoffs*. También se sumarían Huevo Sánchez y Alberto Antón, el presidente de Bahiense del Norte. Todos ellos serían testigos de la trascendencia de Manu en San Antonio. Ya al bajar del avión, en el aeropuerto, podían ver la primera señal: un gran afiche con la imagen de Manu en primer plano, con Tim Duncan y Tony Parker con la leyenda "Go, Spurs, Go". En el trayecto por las autopistas, a los costados, los distintos puestos con venta de camisetas y otros elementos relacionados con los Spurs, en especial con Manu. Y podrían ver las publicidades en las que participaba. Imagen en San Antonio de Time Warner, la empresa de televisión por cable, Internet y telefonía. Y en la promoción gráfica del Lincoln Navegator, último modelo de la compañía de automóviles Mercury.

La ciudad toda estaba preparada para la gran final. Los comercios participaban de una manera u otra con obsequios alusivos a los Spurs. "Donde nacen las leyendas", sería el lema de la NBA para esta final. Nunca mejor elegido para lo que vendría.

El rival sería el duro campeón, Detroit Pistons, con sus figuras Rasheed Wallace, Tayshaun Prince, Chauncey Billups, Richard Hamilton y Ben Wallace. De los doce seleccionados para los *playoffs* por el entrenador Larry Brown —aquel que dirigió al Dream Team en el Preolímpico de Puerto Rico en 1999 y que había saludado en el vestuario a los jugadores de la Selección— quedó marginado el argentino Carlos Delfino, quien, junto al "Chapu" Nocioni en Chicago Bulls, habían engrosado esa temporada el lote de connacionales en la NBA. Los dos primeros partidos de la serie, al mejor de siete, arrancarían con dos cotejos en San Antonio. Los tres siguientes serían en Detroit, y, en caso de ser necesario, se dirimirían los últimos dos en San Antonio.

El jueves 9 de junio, día de la primera final, otra vez el SBC Center estuvo a pleno. Pero a diferencia de 2003, esta vez, las camisetas número 20 —podía verse también la 5 de la Selección argentina— y los carteles alusivos a Manu Ginóbili se multiplicaron por todo el estadio. El coyote, la mascota, volvía a dar muestras de su simpatía mientras se consumían kilos de pochoclo y se bebían litros y litros de cerveza. Como en cada uno de los partidos, Manu cumplió con el rito del precalentamiento, firmó decenas de autógrafos, atendió al periodismo y escuchó la charla técnica. Con sus zapatillas Nike número 48, con su apodo "Manu" escrito en relieve en uno de los costados, y su camiseta número 20 se aprestó a salir rumbo a la cancha. A la hora de la presentación, el anuncio del locutor "From Argentina, Manu Ginóbili" erizó la piel de los argentinos presentes en el estadio que, a diferencia de 2003, ya no eran sólo los periodistas que cubrían para los medios nacionales. El show de la NBA volvía a estar en el centro de la escena mundial: la transmisión televisiva era tomada por 205 países en 45 idiomas distintos. Y Manu no defraudó. Fue el goleador y jugador decisivo del partido con 26 puntos en el triunfo de los Spurs por 84 a 69. "No voy a anotar todos los partidos 26 puntos", había dicho Emanuel luego de ese partido. Tenía razón: no convirtió 26. Pero sí 27, además de 7 asistencias, en el segundo triunfo de los Spurs, esta vez por 97 a 76. La serie quedó así 2 a 0. Las penetraciones y los efectivos lanzamientos de Manu hicieron que los fanáticos sintieran que el sueño de otro título estaba más cerca. La ovación que el público le dedicó cuando Popovich lo sacó poco antes del final reveló el afecto y la idolatría que provocaba. Y la prensa también lo reflejó. No sólo los más importantes medios de los Estados Unidos. Otra vez la revista *Gigantes*, de España, puso en tapa al bahiense. "Manu Ginóbili es el asombro de la NBA", decía el título. "Era el tío más impactante y por eso ha salido en la portada —confirma Paco, su director—. Si yo tuviera que incluir ahora mismo a 10 jugadores de la NBA, los 10 mejores, desde luego Manu estaría entre ellos."

Los especialistas de distintas partes del planeta repetían esta misma opinión.

Sin embargo, Detroit, y más aún de local, era un rival dificilísimo. Y así lo demostró a la hora del tercer y del cuarto partido, que ganó con autoridad. Uno por 96 a 79, en el que Manu recibió un golpe en su rodilla izquierda ("a pesar del dolor no jugué nada bien", *Clarín* del 15 de junio). El otro fue una paliza: 102 a 71. Manu dio la cara y reconoció que "fue un papelón. Estoy avergonzado. No se puede perder una final de esta manera" (*La Nación*, 18 de julio). Esta autocrítica puso en evidencia el liderazgo de Emanuel, su personalidad y su influencia dentro del grupo. Sus palabras no cayeron en saco roto. Los Spurs encararon el quinto partido con más determinación; el trámite fue más parejo y, a quince segundos del final, quedaron 89 iguales. Popovich le dio la última jugada a Manu, pero su tiro del final no quiso entrar y debieron ir al suplementario. Cuando sólo faltaban cinco segundos y dos puntos abajo, tras una asistencia de Manu, el veterano Robert Horry, convertido en el héroe de la noche, clavó un triple que definió el partido con un 96 a 95. Los de San Antonio tendrían ahora dos oportunidades para liquidar el pleito en su ciudad. En la primera de ellas no pudo ser. Los Pistons se llevaron el triunfo por 95 a 86 y forzaron al séptimo partido. El jueves 23 de junio de 2005, las 18.500 personas que colmaban el SBC Center fueron testigos de un nuevo título para los Spurs y para Manu. Entre ellos, los Ginóbili, Yuyo, Leandro y Sepo, a excepción de Raquel —que se quedó en el sector reservado a los familiares para seguir con su rutina de no ver los partidos—. Y, claro, Huevo Sánchez. También los cien millones de espectadores que en distintos países del mundo siguieron por televisión las alternativas del partido definitorio. En la Argentina, sobre todo. En Bahía Blanca, en el club de barrio, en Bahiense del Norte, aunque esta vez no en el salón contiguo al quincho sino en la cancha de paddle donde se instaló una pantalla gigante. Y frente a ella una improvisada platea de hinchas, con el tío Raúl como representante de la familia en la ciudad. Mezclados entre los espectadores, periodistas de todo el país y del exterior cubrían la final en la cuna del ídolo. En la casa de uno de los mejores amigos de Manu, Germán Alonso, ya contador público, junto a Guillermo Barbieri y a Federico Radavero, también basquetbolista profesional, cumplieron con el rito —sin cambio alguno— de seguir a su amigo en la habitación de arriba. Como Cecil Valcarcel o Norita Ferrante, cada uno desde su casa. En Buenos Aires, Federico Roses y Gonzalo Suardíaz, ahora contador público uno y administrador de empresas el otro. Y Sergio "Oveja" Hernández, nuevo entrenador de la Selección argentina. En La Plata, Fernando Piña. En Punta Alta, Leonardo Montivero, el primer ídolo de Manu. En Chubut, Fabián de Ángelis, su entrenador de Premini. En España, en ciudades distintas, Alejandro Montecchia, casi un hermano fuera y dentro de la cancha; Hernán Jasen, jugador de Estudiantes Adecco y Luis Decio, su compañero de la infancia. Y otros integrantes del seleccionado nacional esparcidos por el mundo. Y millones de argentinos que, a través de América TV y el emocionado relato de los periodistas Juan Pablo Varsky y Leo Montero, vieron a Manu en acción. Todos ellos unidos por esa misma persona —unos pocos con una historia en común, los otros con un vínculo reciente— que desde la pantalla mostraba cómo jugaba su físico en cada una de las penetraciones, cómo levantaba al estadio con sus movimientos. Y cómo, junto con Tim Duncan, imponía su personalidad para, luego de un inicio parejo y tenso, comenzar a volcar sobre el final el partido a favor de los Spurs. El zurdo de Bahía anotando 23 puntos, 11 en el último cuarto. Y el pivote de las Islas Vírgenes convirtiendo 25. Y todos ellos pudieron ver, a 10 segundos del final, con el partido 79 a 74 a favor de los Spurs, cómo Manu recibió el balón en la mitad de la cancha y enfiló derecho hacia el aro. Pero en lugar de volcarlo en una jugada personal que habría sido espectacular, pensó más en el equipo, pasó debajo de la canasta, regresó sobre sus pasos hacia la mitad de la cancha para consumir el escaso tiempo que quedaba, obligar a una falta y convertir los dos libres para dejar el partido en 81 a 74. Y desatar un festejo único. El abrazo con Duncan, la trepada a caballito sobre Bowen, la búsqueda con la mirada de su familia en la platea y la emoción de verlos allí mismo. Testigos de la consagración definitiva de Emanuel, que, enfundado en la bandera argentina, acababa de conquistar América.

RAÍCES

"No podría estar más feliz. Necesito otro cuerpo para sentirlo. Es un sentimiento increíble", dijo Emanuel en inglés, en español y en italiano, como era costumbre ya, tras el partido, en respuesta a todas las preguntas que le hicieron los periodistas. Su desempeño dentro de la cancha lo había colocado otra vez en el centro de las miradas. Su evolución quedó reflejada también en las estadísticas de los *playoffs*. En los 23 partidos que jugó, tuvo un promedio de 33 minutos, 20,8 tantos (51 por ciento de efectividad en dobles, 44 en triples y 79 en libres), 5,8 rebotes, 4,2 asistencias y 1,22 robos. El MVP de las finales fue para Tim Duncan por 6 a 4 (votan 9 representantes de distintos medios de prensa y el décimo a través del sufragio del público por Internet). Todavía con los ecos de la polémica acerca de si el premio le hubiera correspondido, y de un nuevo desfile en caravana en lancha por el río San Antonio —esta vez acompañado de su familia— y del gran reconocimiento de la gente y del periodismo —una foto suya fue la portada de la revista *Sport Illustrated* dedicada al campeonato de los Spurs—, Manu regresó a la Argentina. Más de cien periodistas lo aguardaban en el aeropuerto de Ezeiza. El ídolo comenzaba a recibir las mieles —y las presiones— de una popularidad que nunca antes había tenido. Ya estaba a la altura de las figuras más representativas. Ya generaba en el básquet un fenómeno comparable al que provocó en el tenis Guillermo Vilas. Habría un antes y un después en esos deportes tras la irrupción y el magnetismo de estos ídolos. Manu lo pudo percibir en su propia piel en sus actividades de esos días. En la visita al hospital Posadas, donde se produjo un desborde increíble que sobrepasó la seguridad prevista. En la recorrida por una escuela del barrio de Flores. En las clínicas organizadas por la NBA que dio junto a otros jugadores. En Buenos Aires primero y en Bahía Blanca después. Claro que su ciudad fue más cuidadosa con su ídolo. Se lo vio feliz, a Manu. Acompañado por Marianela. Visitando a los chicos enfermos en el Hospital Municipal, a dos cuadras de su casa. Y con la compañía de Greg Popovich, que quiso viajar a conocer el lugar donde había nacido y crecido Manu, a quien ya consideraba el jugador más competitivo que dirigió en su vida. Un Popovich deslumbrado, seducido por Emanuel en todos los términos posibles. Allí estaba el mismísimo Pop en Bahiense del Norte, pisando la misma cancha donde jugó Manu como si estando allí, más cerca, pudiera imbuirse del mismo espíritu que caracteriza al zurdo número 20. Un Popovich alegre, lejos del gesto adusto del director técnico, que también disfrutó de estar ante más de 3500 personas en la charla pública que dio Manu.

Y después, cuando los periodistas de la Argentina y de los Estados Unidos que lo acompañaron en el regreso a su tierra natal se habían ido, Manu volvió a estar en contacto con su gente. Por primera vez en muchos años, estaría casi dos meses de vacaciones en su ciudad antes de regresar a los entrenamientos con los Spurs para la temporada 2005-2006. Tiempo en el que compatibilizó su descanso con todas las actividades propias del deportista exitoso en que se había convertido. Participó del programa de Marcelo Tinelli, donde se puso más nervioso al intentar un tiro a la canasta que cuando jugó la final de la NBA. Fue especialmente invitado al programa de Diego Maradona, La Noche del Diez; allí, el mayor ídolo de los argentinos lo señaló como el que tomó su posta y lo consideró el representante más grande que tienen hoy los argentinos en el mundo.

Le dedicó tiempo también a organizar su Fundación para ayudar a los chicos carenciados. Y para ocuparse como un verdadero profesional del aspecto financiero de los acuerdos comerciales que genera y de las propuestas de grandes empresas que quieren asociar la marca a su figura. Es que tras la segunda coronación, muchos especialistas en marketing le auguran un futuro cercano como estrella de la publicidad global. Pero además se hizo espacio para, con todo entusiasmo, como persona sencilla que es, organizar junto con su esposa una fiesta de disfraces para celebrar su primer año de casados y el cumpleaños de ambos. Ahí sí, cuidando su privacidad, sin cámaras a la vista, es capaz de disfrutar de esa fiesta, viendo a sus amigos disfrazados —uno de ellos como Ben Wallace, el oponente con *look* afro de Detroit Pistons—, o aparecer él mismo, aprovechando su perfil natural, disfrazado de Pinocho.

Tiempo para estar con su familia. Con Leandro, ya retirado de la práctica activa del básquet luego de una dilatada trayectoria, y dedicado ahora al geriátrico que instaló Manu en Bahía. Con Sepo, que todavía se sorprende cuando ve las gigantografías de Manu en alguna publicidad en Buenos Aires, ciudad a la que va para competir en la temporada con su equipo Libertad de Sunchales de la Liga Nacional. Con Raquel. Con Yuyo, que sigue ligado a Bahiense del Norte y que, con la misma pasión con que acompañaba a sus hijos, no se pierde ninguno de los partidos que juegan los chicos del club.

Tiempo para confirmar cómo su figura ayuda a consolidar la práctica del básquet en Bahía Blanca, donde tres mil chicos muchos de ellos con la camiseta número 20, compiten cada fin de semana y juegan anualmente tres mil partidos. Para verificar que la escuelita de básquet de Bahiense, su club, está colapsada con cerca de doscientos chicos anotados. Y que suceda lo mismo en otras escuelitas de otros clubes de la ciudad y del país. Y en los campus de verano de Huevo Sánchez en Mar del Plata, donde participan ahora muchos más chicos.

Tiempo para tocar tierra de la suya. Para cargar energías. Para aunar a ese Manu que ya es una superestrella con el que siempre fue. Y formar el Emanuel de hoy, ciudadano del mundo y generador de pasiones. El que sigue llevando adentro la camiseta de Bahiense del Norte, club que —como él— no olvida sus orígenes y sigue apostando a la coherencia. Con un director técnico, Alejandro Navallo, que lleva más de diez años en el cargo y que le permitió al club en 2002 adjudicarse todos los torneos de las divisiones menores y ser subcampeón en la primera. Bahiense del Norte, que a imagen y semejanza de Manu, apuesta al futuro, a modernizarse sin perder la identidad, firmando un convenio con empresas vinculadas al Benetton Treviso de Italia y al CSKA de Moscú para la realización en Bahía Blanca —y en el mismo club— de una Academia para la formación integral de jóvenes talentos argentinos en el básquet.

El tiempo de Emanuel Ginóbili. El que representa a todos. El que alguna vez dijo que se retiraría a los 33 años pero que, a los 28, después de ganar todo, quiere seguir cosechando títulos como si no hubiese ganado ninguno. El que se imagina viviendo en Bahía Blanca cuando llegue el momento del retiro. El bisnieto de David. El nieto de Primo y de Constantino. El hijo de Yuyo y Raquel. El que quiere estar cerca de sus raíces, que son las que le dan el impulso para saltar bien alto y volar —sin techo—, dentro y fuera de la cancha. Sin marearse nunca. Raíces que le permiten volver. Siempre volver. Y tener los pies bien plantados sobre la tierra.

Agradecimientos

Al historiador Félix Weinberg, por su sabiduría. Y por ayudarme a describir, aunque sea en parte, la Bahía Blanca de comienzos del siglo XX.

A Juan Carlos Paglialunga, presidente del Centro Marchigiano de Bahía Blanca, y a César Puliafito, que me permitieron hurgar en las raíces de la inmigración italiana.

A Roberto Seibane, de la Asociación Bahiense de Básquetbol, que con su paciente labor mantiene viva la historia del básquet de su ciudad.

A los socios de Bahiense Juniors y Bahiense del Norte, por el amor con el que me transmitieron cada una de sus experiencias.

A todos y cada uno de los familiares y amigos de Emanuel, que con entusiasmo y admiración me cedieron horas de su tiempo para ayudarme a reconstruir los distintos momentos de su vida.

A mi colega española Pilar Casado, que me abrió las puertas del mundo del básquet de Europa.

A Carla Quiroga, amiga y periodista de lujo, por su integridad, pasión y profesionalismo.

A Leo Martínez, por su ayuda en el último tramo de la investigación.

A mis hermanos Reina, Raquel, José y Carlos, que me aportaron, cada uno desde su lugar en el mundo, lo mejor.

A Rubén Saig, por su mirada de periodista agudo y de mejor amigo.

Al doctor Juan Carlos Stagnaro, por ayudarme, una vez más, a llegar con el barco hasta la otra orilla.

A Julia Saltzmann y a todo el equipo de Aguilar, por su contención y profesionalismo.

A mi amigo, el veterano periodista Abel González, por sus enseñanzas, por su paciencia y por permitirme aún ser alumno del mejor maestro.

Este libro se terminó de imprimir en el mes
de diciembre de 2005 en Color Efe,
Paso 192, (1870) Avellaneda,
República Argentina.